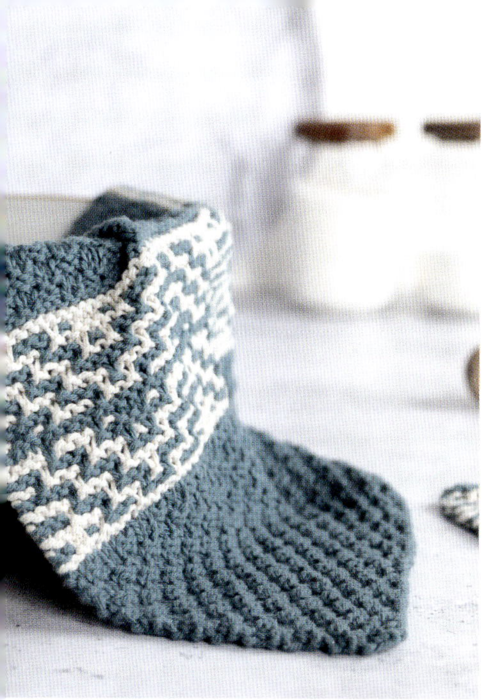
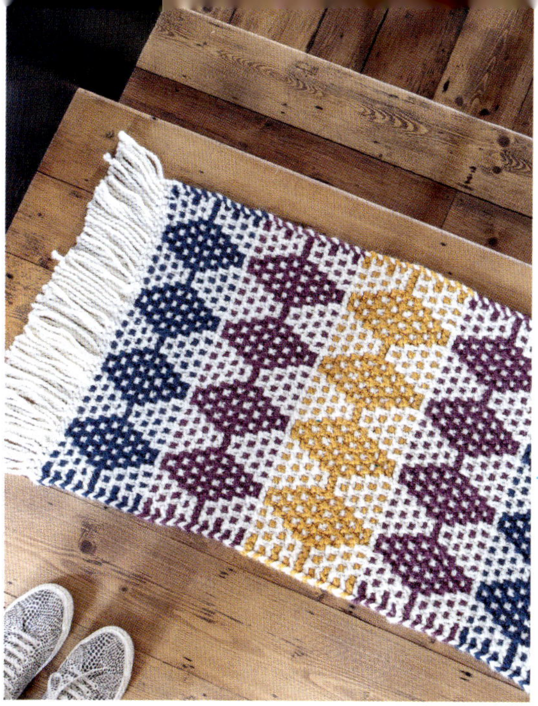
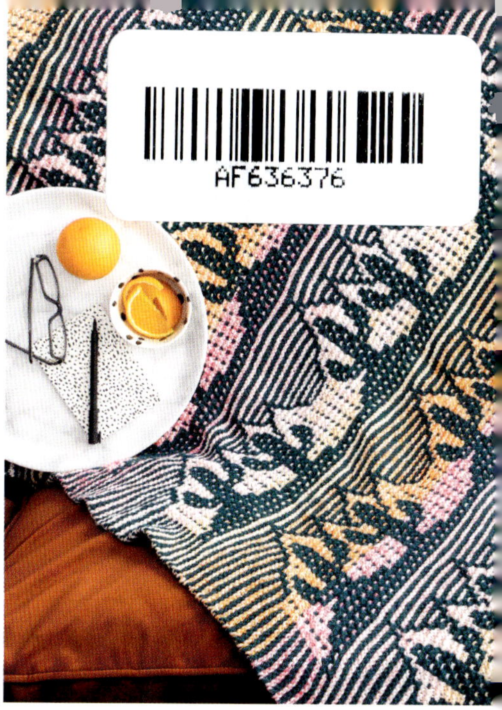

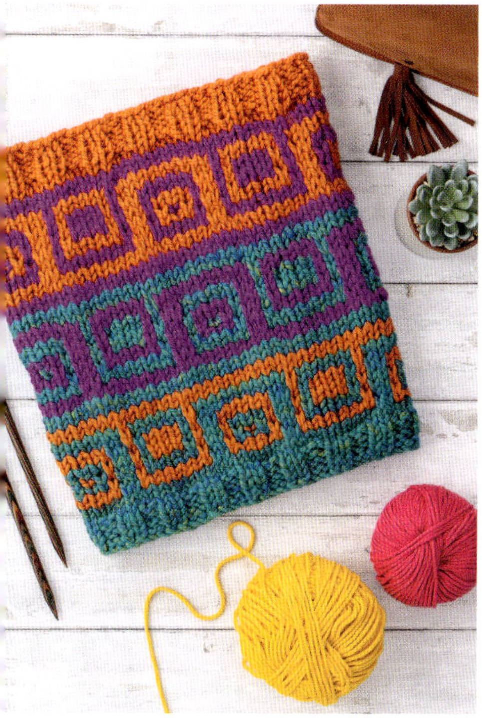
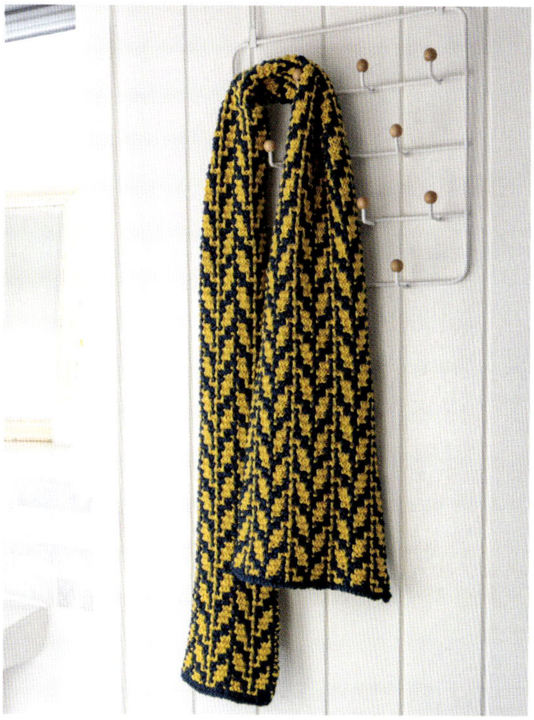
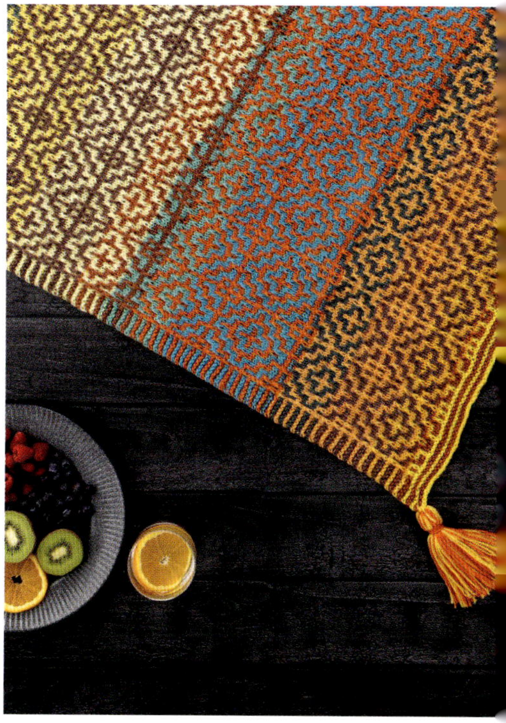
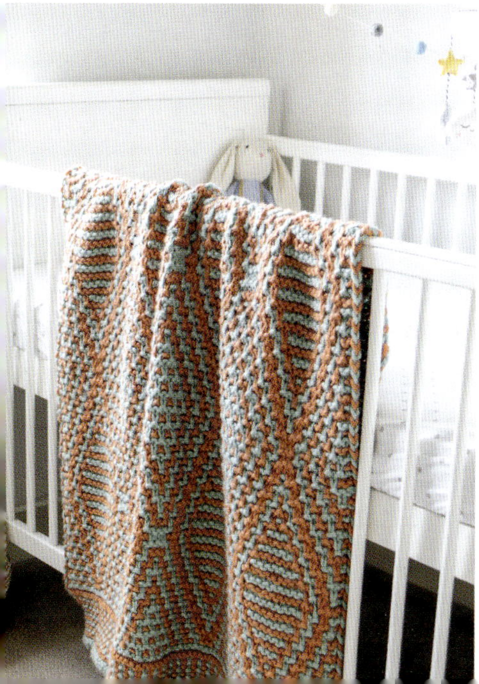
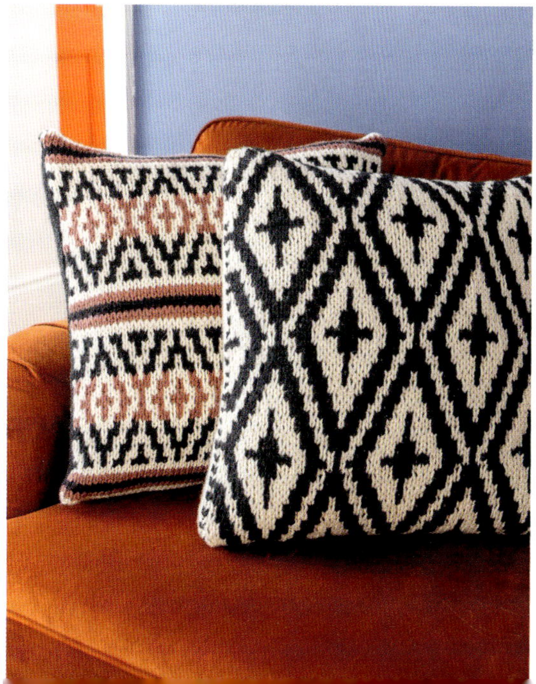
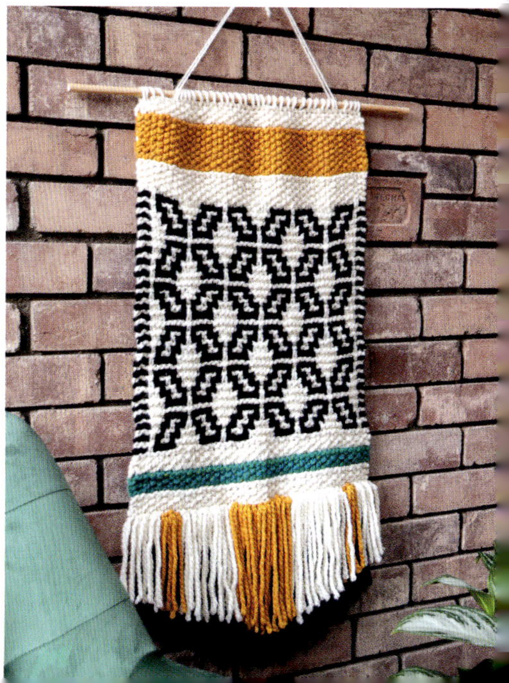

Einführung

Seit ich in der Highschool mit dem Stricken angefangen habe, muss ich immer mindestens ein Projekt auf meinen Nadeln haben. Eine liebe Freundin der Familie hatte mir die Grundlagen des Strickens gezeigt und mich zu einem Wollladen mitgenommen – ich war sofort süchtig! Auch jetzt noch bin ich immer wieder beeindruckt, wenn ich die wunderschönen Farben der Garne in meinen eigenen Arbeiten oder denen anderer sehe.

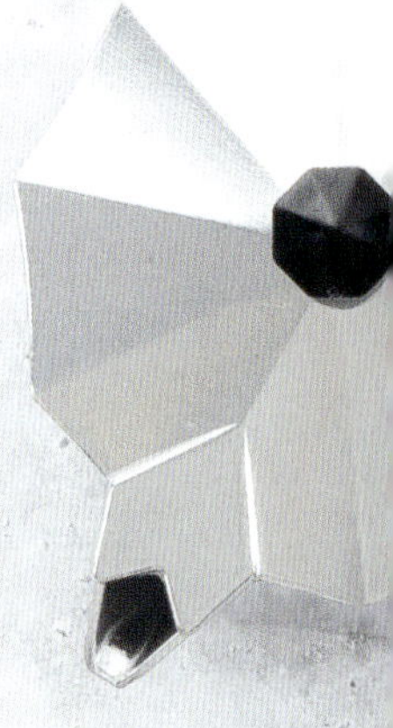

Stricken hilft mir, Stress abzubauen. Es ist meine Insel der Ruhe bei großen Veränderungen. Wie eine gute Freundin half es mir durch meine Prüfungswoche im Studium. Es war eine konstruktive Form der Aufschieberitis beim Schreiben meiner Abschlussarbeit und hielt mich in den Nachtschichten bei der Air Force wach. Ich habe sogar einen halb fertigen Schal mit ins Krankenhaus genommen, als meine älteste Tochter sich entschied, zur Welt zu kommen. Ich gebe es zu: Ich habe nicht eine Masche auf der Entbindungsstation gestrickt, aber allein die Absicht zu stricken hat mich als ganz frische Mama irgendwie entspannt.

Wenn du wie ich bist, klingt das vielleicht vertraut: In meinen ersten Jahren als Strickerin erhielten meine Lieben einen einfachen Schal und dicke, unförmige Mützen voller Laufmaschen. Die Empfänger*innen der Geschenke lächelten höflich und die Strickwaren wurden geflissentlich sicher verstaut, ohne jemals getragen zu werden.

Beim Stricken ist es quasi ein Initiationsritus, wenn endlich ein Familienmitglied oder eine enge Freundin das Gestrickte genug mag, um es öffentlich zu tragen. Jemand, der nicht strickt, weiß nicht, wie schön es ist, ein neues Projekt zu beginnen, eine neue Technik auszuprobieren und das fertige Produkt dann an jemanden zu verschenken, der es zu schätzen weiß!

Nach mehreren Jahren des Strickens habe ich mich daran gewagt, meine eigenen Anleitungen zu entwerfen. Die Möglichkeiten beim Strickdesign haben sich als unendlich erwiesen und es gibt immer etwas Neues zu lernen. Ich liebe es, mit leuchtenden Farben, markanten geometrischen Formen und einfachen Maschen zu experimentieren. (Ich binge übrigens auch unheimlich gerne meine Lieblingsshows und stricke dabei. #knitflix)

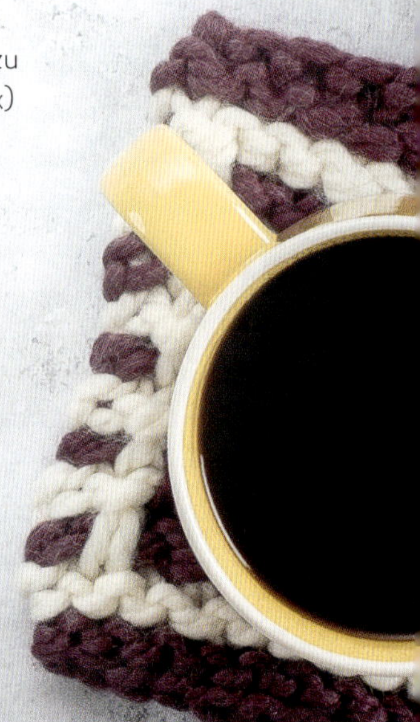

Mosaikstricken mag zunächst kompliziert aussehen, aber wenn du die Grundtechnik erlernt hast, ist es für motivierte Anfänger*innen eigentlich recht einfach. Wenn du rechts und links stricken, Maschen abheben und Streifen stricken kannst, hast du alle Voraussetzungen fürs Mosaikstricken schon erfüllt! Es hat mir riesigen Spaß gemacht, Mosaikstricken mit schönen, modernen Motiven in einem Buch zu präsentieren. Es war eine unerwartete und wunderbare Erfahrung, dieses Buch zu schreiben.

Mit diesem Buch hast du dich entschieden, etwas Neues auszuprobieren. Nimm meine Ideen und mach damit, was du willst! Nutze die Tipps und die Diagrammvorlage unter »Dein eigenes Motiv entwerfen«, um deine eigenen Muster zu entwickeln. Du brauchst dafür nur Stricknadeln, Garn in zwei Farben und ein bisschen Köpfchen. Du schaffst das! Teile deine Werke in den sozialen Medien unter #mosaikstrickenworkshop. Das Schönste am Designer-Dasein ist zu sehen, was ihr macht! Ihr inspiriert mich.

Alles Liebe

Ashleigh

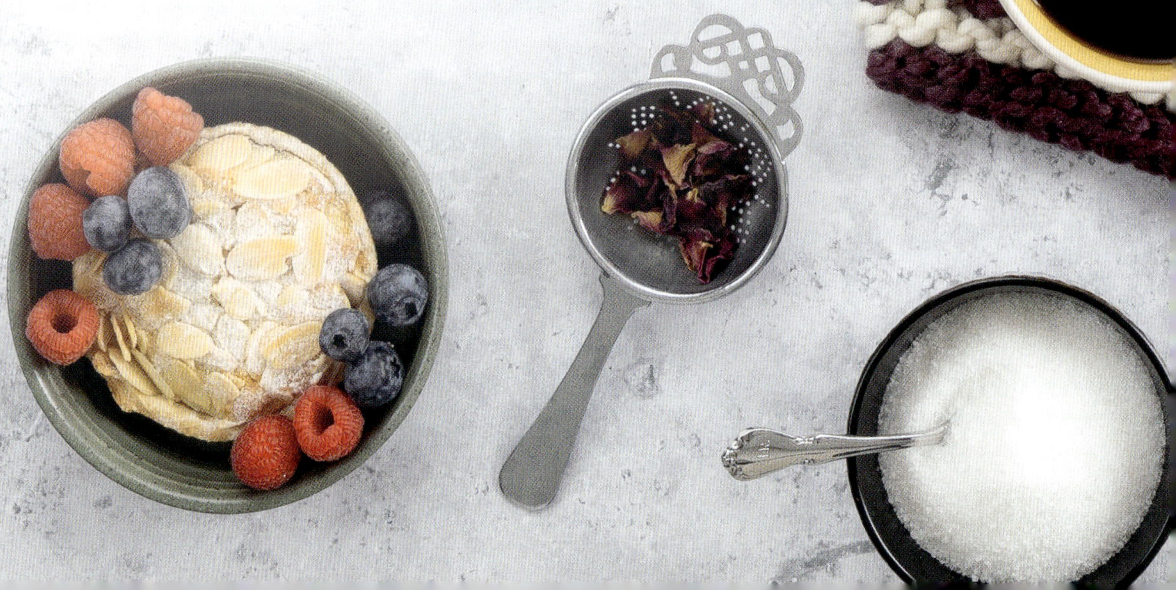

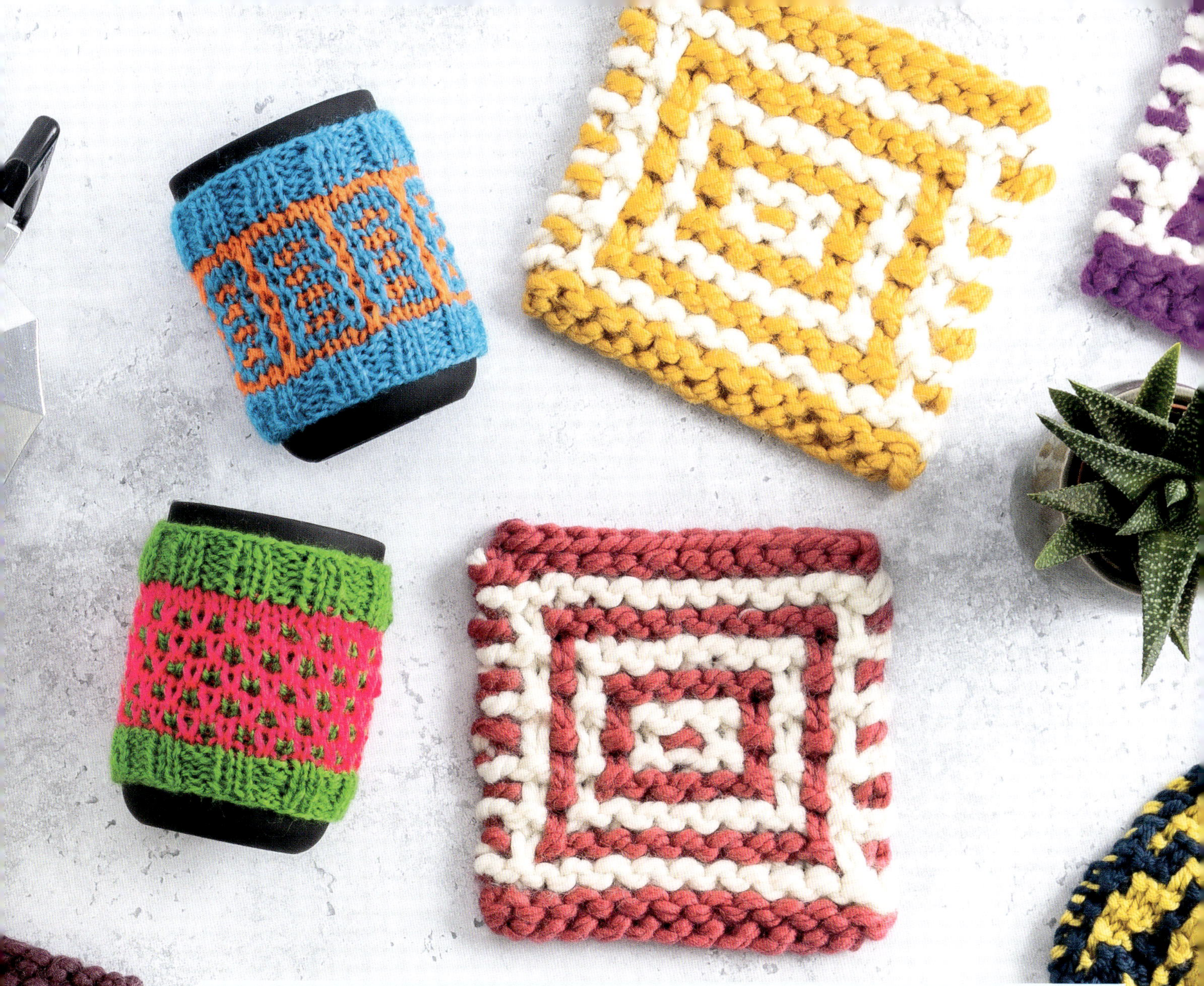

Was ist Mosaikstricken?

Aus dem Weg, Fair Isle und Intarsien, denn jetzt ist Mosaikstricken dran!

Ich hatte schon mehr als ein Jahrzehnt Strickerfahrung, als ich meine Liebe zum Mosaikstricken entdeckt habe. Bei Fair Isle und Intarsien musst du mehrere Farben gleichzeitig meistern, lange Fäden mitführen und manchmal sogar kleine Garnspulen verwenden. Das alles ist beim Mosaikstricken nicht nötig!

Beim Mosaikstricken verwendest du immer nur eine Farbe zu einer Zeit, weshalb es ein toller Einstieg in das mehrfarbige Stricken ist. Es ist ein Paradies für bunte Muster!

Wenn du schon einmal Streifen in zwei Farben gestrickt hast, kannst du Mosaik stricken (es wird auch manchmal Stricken mit Hebemaschen genannt).

Kurz gesagt, entsteht das Mosaikmuster, indem über zwei Reihen eine Farbe verwendet wird und Maschen von der darunter liegenden Reihe abgehoben werden. Dann wechselst du für zwei Reihen zur anderen Farbe und hebst die Maschen von der vorherigen Reihe ab.

Mosaikmuster können in Reihen oder in der Runde gearbeitet werden, und du kannst glatt rechts, rechts oder eine Kombination aus beidem stricken, um ganz unterschiedliche Strukturen zu schaffen.

In diesem Buch werden alle Projekte in Reihen mit möglichst wenig Formgebung gearbeitet, damit die Technik auch für Anfänger*innen zugänglich ist (ein paar Anleitungen enthalten allerdings witzige, ganz und gar optionale Ergänzungen wie Fransen und Quasten, falls du etwas Ungewöhnlicheres ausprobieren möchtest).

Der Begriff „Mosaikstricken" wurde erstmals Ende der 1960er-Jahre von Barbara G. Walker verwendet. Einfache Hebemaschen wurden schon zuvor verwendet, aber sie benutzte sie noch einmal ganz anders. Ihr Buch über Mosaikstricken enthält Hunderte von Mosaikmustern und bietet endlose Möglichkeiten, um deine eigenen Designs zu entwickeln. Ihre wunderbaren Motive sind die Inspiration für viele der Projekte, die du hier findest.

DIE GRUNDLAGEN

Kannst du eine rechte Masche stricken? Kannst du eine Masche abheben? Wenn ja, kannst du Mosaik stricken! Im Grunde entstehen Mosaikmuster, indem du Streifen strickst und Maschen abhebst, sodass tolle geometrische Motive entstehen.

Mosaikmuster können in den einfachsten Stricktechniken gearbeitet werden: glatt rechts, kraus rechts oder eine Kombination aus beiden. Sie können in Reihen oder in der Runde gestrickt werden (wobei dieses Buch nur in Reihen gestrickte Projekte enthält).

Alle Anleitungen in diesem Buch kannst du verändern und sie glatt rechts oder kraus stricken. Der Unterschied liegt nur darin, dass du beim krausen Maschenmuster die Hin- und Rückreihen rechts strickst, während du bei glatt rechts gestrickten Arbeiten die Hinreihen rechts und die Rückreihen links strickst. Du kannst auch beide Techniken kombinieren und die Rückreihen der einen Farbe rechts und die der anderen Farbe links stricken!

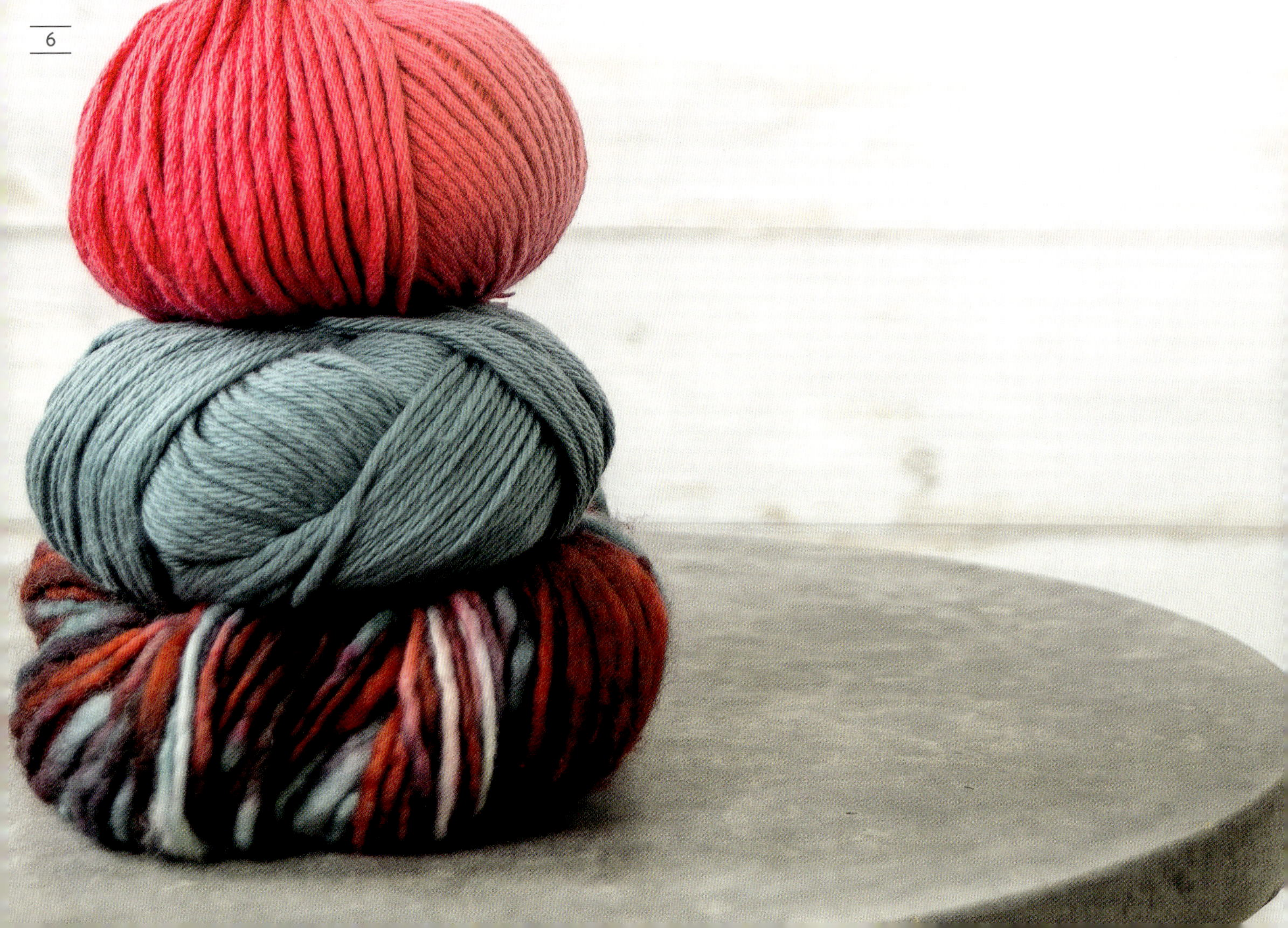

Erste Schritte

Bist du bereit loszulegen? Dann komm! Mosaikstricken ist viel einfacher, als es aussieht. Ich führe dich erst mal durch ein paar Grundlagen, damit dein Strickerlebnis ein Erfolg wird (ich habe viele Bilder eingefügt, falls du zufällig eher visuell lernst, so wie ich).

STREIFEN, STREIFEN UND NOCH MEHR STREIFEN!

Jede Farbe in einem Mosaikmuster wird jeweils über zwei Reihen gestrickt (eine Hinreihe und eine Rückreihe). Die andere Farbe lässt du am Anfang der Hinreihe hängen – du brauchst sie erst, wenn die zwei Reihen in der ersten Farbe fertig sind. Wenn du die Farbe wechselst, beendest du einfach die Rückreihe, drehst die Arbeit, sodass die Vorderseite zu dir zeigt, lässt den Faden hängen, mit dem du bis eben gestrickt hast, nimmst den Faden der nächsten Farbe von hinter dem ersten Faden auf und führst ihn an der Seite der Arbeit hoch. Beim Mosaikstricken wechselst du die Farbe immer nach einer Rückreihe. Ich nenne die Farbe, in der du den jeweiligen Streifen strickst, die »aktive« Farbe, während die am Anfang der Hinreihe hängende Farbe die »inaktive« Farbe ist.

DIE EINFACHE HEBEMASCHE

Um die schönen geometrischen Mosaikmuster zu erzielen, strickst du, wie gesagt, zweireihige Streifen und hebst dabei bestimmte Maschen ab. Maschen werden IMMER wie zum Linksstricken abgehoben (in Hin- und Rückreihe). Wenn eine Masche abgehoben wird, wird der Arbeitsfaden immer auf der Rückseite der Arbeit gehalten – in den Hinreihen wird jede Masche wie zum Linksstricken abgehoben und der Faden dahinter entlang geführt, in den Rückreihen wird jede Masche wie zum Linksstricken abgehoben und der Faden davor entlang geführt.

Wie bei den meisten mehrfarbigen Arbeiten sind Mosaikmotive einseitig. Die Rückseite der Arbeit ist klar zu unterscheiden. Sie sieht in etwa wie zweireihige Streifen mit kurzen mitgeführten Fäden aus, wie auf dem Bild unten zu sehen ist.

MASCHEN AUFNEHMEN UND ABKETTEN

Du wirst sehen, dass ich im Buch durchweg einen einfachen Maschenanschlag mit langem Faden und entweder gestricktes oder isländisches Abketten empfehle. Das sind jedoch wirklich nur Empfehlungen. Du kannst auch einfach deine bevorzugten Methoden verwenden, wenn du möchtest.

Der einfache Maschenanschlag ist eine vielseitige Technik, mit der viele Anfänger*innen beginnen. Die erste Reihe ist dabei traditionell eine Rückreihe, aber wenn dir gefällt, wie es aussieht, kannst du sie auch zur Hinreihe machen – mach es einfach, wie es dir gefällt!

Beim Abketten ist das gestrickte Abketten meistens die erste Methode, die Anfänger*innen lernen. Du erhältst einen robusten, sauberen Rand. Diese Methode kannst du für alle Projekte in diesem Buch verwenden.

Isländisches Abketten ist nur ein bisschen komplizierter, aber ich liebe es, weil du einen sehr dehnbaren Rand erhältst, der gut für kraus Gestricktes passt.

Wenn dir diese Methoden nicht bekannt sind, sieh dir den Abschnitt zu den Techniken am Ende des Buchs an, wo ich sie dir schrittweise erläutere.

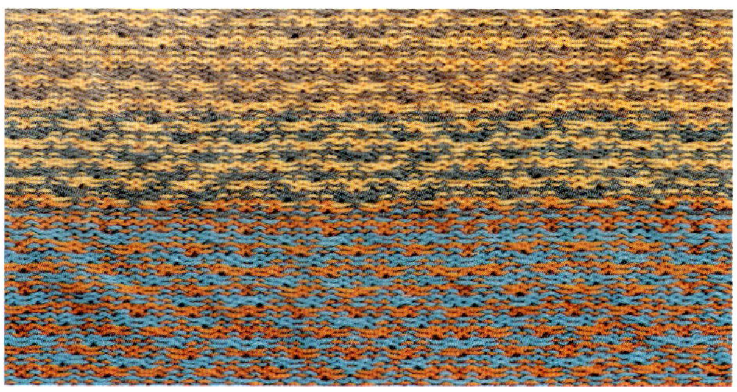

Rückseite des Farbspiel-Dreieckstuchs

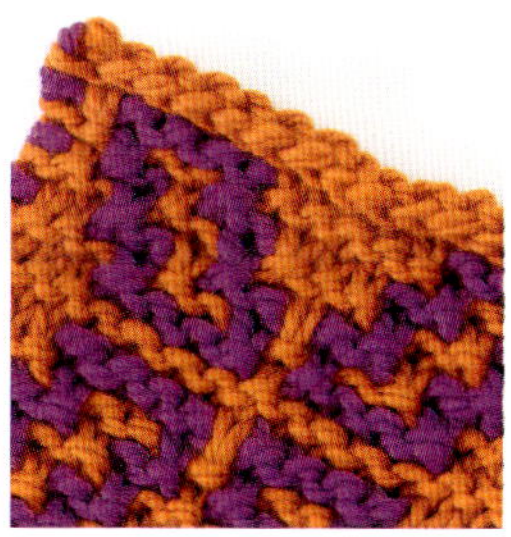

Isländisches Abketten

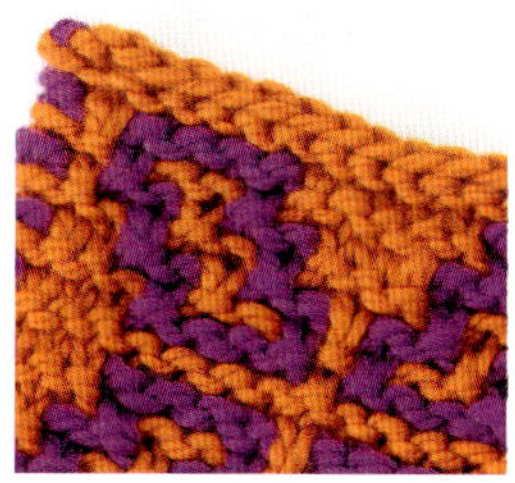

Gestricktes Abketten

DIE SCHRIFTLICHEN ANLEITUNGEN LESEN

Für jedes Projekt in diesem Buch gibt es eine schriftliche Anleitung und ein Diagramm. Weitere Informationen zu Diagrammen findest du unter »Diagramme lesen«. Die Anleitungen beschreiben das Stricken von Hebemaschen, aber sie geben jeweils auch die Garnfarbe des Arbeitsfadens an.

Wir wollen es uns in der Praxis ansehen. Hier ist die Anleitung für vier Wiederholungen der 1. bis 4. Reihe des Zitterpappel-Schals. (Du kannst dir das Diagramm dafür in »Diagramme lesen« anschauen.)

1. R (Hinr): Mit Mustard 1 M re, *1 M abh, 1 M re, 2 M abh, 3 M re, 1 M abh, 4 M re; ab * noch 3x wdh, 1 M abh, 1 M re.

2. und 4. R: Die re M aus der vorherigen Reihe mit der aktiven Farbe re stricken und alle Hebemaschen aus der vorherigen R mit dem Faden vorn abheben.

3. R: Mit Steel Blue 1 M re, *4 M re, 1 M abh, 1 M re, 1 M abh, 2 M re, 3 M abh; ab * noch 3x wdh, 2 M re.

Hier erkläre ich noch einmal genau, wie du die 1. und 2. Reihe strickst:

1. R: Halte die Arbeit zunächst so, dass die Vorderseite zu dir zeigt. Mit der Garnfarbe Mustard strickst du eine rechte Masche, strickst viermal die Sequenz (eine Masche wie zum Linkstricken mit Faden hinten abheben, eine Masche rechts stricken, zwei Maschen wie zum Linksstricken mit dem Faden hinten abheben, vier Maschen rechts stricken), hebst dann eine Masche wie zum Linkstricken mit dem Faden hinten ab, strickst vier Maschen rechts.

2. R: Diese Reihe arbeitest du genau wie die 1. Reihe, aber umgekehrt. Am besten geht das, indem du dir deine Arbeit ansiehst: Stricke jede Masche rechts, die du in Mustard siehst (aktive Farbe), und hebe jede Masche mit dem Garn vorne (zu dir zeigend) ab, die du in Steel Blue siehst.

GLATT RECHTS STRICKEN

Wolltest du das Muster glatt rechts statt kraus rechts stricken, würde sich nur die Anleitung für die Rückreihen ändern:

2. und 4. R (Rückr): Dieselben M mit der aktiven Farbe li stricken, die in vorheriger R re gestrickt wurden, und alle Hebemaschen aus der vorherigen R mit Garn vorn abh.

Das war's schon!

TIPP

Ich habe bei jedem Muster am Anfang und Ende jeder Reihe vier Randmaschen kraus rechts gestrickt – dadurch rollt sich die glatt gestrickte Version nicht so stark auf.

Für jedes Projekt in diesem Buch findest du eine Anleitung sowie einige schriftliche Anweisungen in den Diagrammen für eventuelle glatt oder kraus gestrickte Abschnitte.

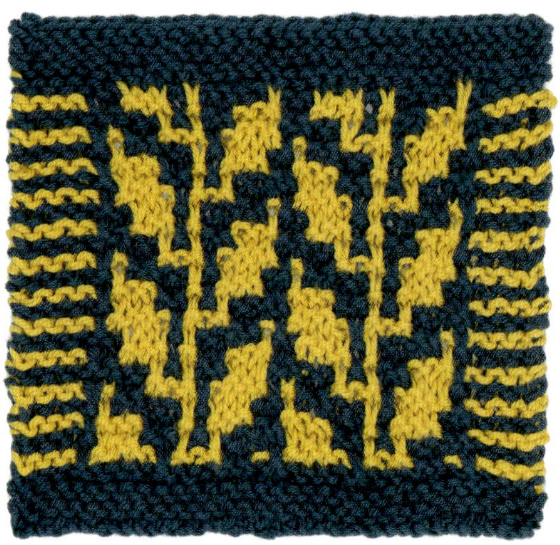

Kraus rechts gestricktes Muster

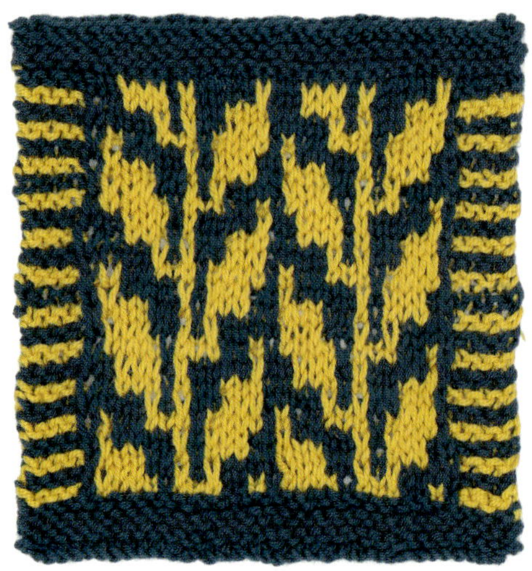

Glatt rechts gestricktes Muster

GARN AN DER SEITE HOCHFÜHREN

Immer wenn du zweireihige Streifen (oder Mosaikmuster!) strickst, führst du das Garn am Rand deiner Arbeit hoch. Dabei hast du verschiedene Möglichkeiten:

Variante A:

Sagen wir mal, du hast gerade zwei Reihen der Farbe A gestrickt und willst nun zwei Reihen in Farbe B stricken. Bei den meisten Designs in diesem Buch steht in der Anleitung, dass du die erste und letzte Masche jeder Reihe immer in der aktiven Farbe strickst.

Am unauffälligsten wechselst du die Farben, indem du die neue Farbe **hinter** der alten Farbe hochhebst, um mit der neuen Farbe zu stricken. Das Ergebnis ist ein Rand, der dem einer kraus rechts gestrickten Arbeit ähnelt. Es unterscheidet sich kaum von der Rückseite deiner Arbeit.

Bringst du den neuen Faden **vor** der alten Farbe hoch, siehst du am rechten Rand deiner Arbeit kleine mitgeführte Fäden.

Variante B:

Möchtest du einen saubereren Rand arbeiten, zeige ich dir hier eine Methode, die nahezu gleich aussehende Ränder erzielt (dieser Rand wird bei einigen Modellen in diesem Buch verwendet).

Hebe in jeder Hinreihe die neue Farbe vor die alte Farbe, stricke dann die erste Masche verschränkt rechts und hebe die letzte Masche mit vorne gehaltenem Faden ab.

In jeder Rückreihe strickst du die erste Masche rechts und hebst die letzte Masche mit vorne gehaltenem Faden ab.

Hinweis: Wenn du dich für diese Technik bei einem Projekt entscheidest, das eigentlich Variante A vorschlägt, gibst du beim Maschenanschlag zwei Maschen hinzu. Du arbeitest die erste und letzte Masche am Anfang bzw. Ende der Reihe entsprechend der oben stehenden Anleitung und befolgst ansonsten die Anleitung für das Projekt.

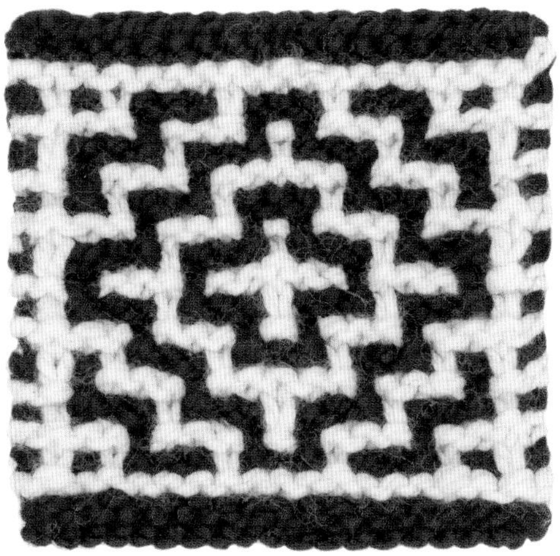

Variante A

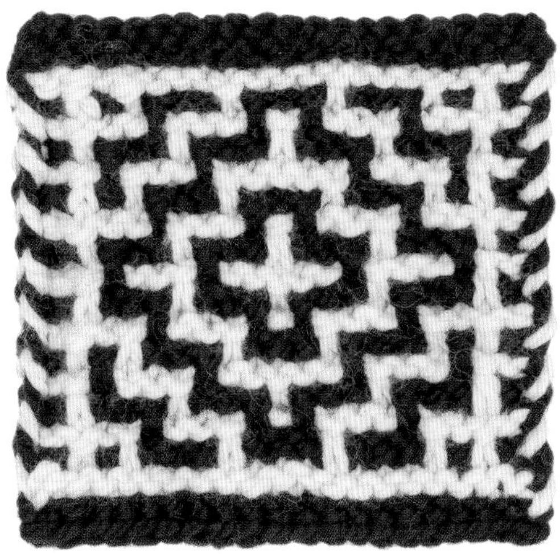

Variante B

Diagramme lesen

Ich kann's verstehen. Diagramme sehen erstmal kompliziert aus, besonders für Strickanfänger*innen – früher habe ich Anleitungen mit Diagrammen entweder komplett vermieden oder das Diagramm in eine Anleitung übertragen, einfach, weil ich so viel Zeit mit dem Erlernen der »Stricksprache« verbracht habe. (Mein Mann ist immer erstaunt, dass reihenweise Anleitungen wie »2 M zus, Umschl, 2 M re, 2 M li« für eine Strickerin ganz und gar verständlich sind!)

Aber beachte – Diagramme gehören einfach zum mehrfarbigen Stricken. Man kann zwar auch Anleitungen dafür schreiben (du findest für jedes Design in diesem Buch auch eine Anleitung), aber mit schriftlichen Anweisungen kann man sich die Musterung nur schwer vorstellen. Wenn du willst, befolge die schriftlichen Anleitungen in diesem Buch, aber versuche es doch auch einmal mit den Diagrammen. Vielleicht kommst du hervorragend mit ihnen klar!

WIE SEHEN MOSAIK-DIAGRAMME AUS?

Mosaikmuster können unterschiedlich abgebildet werden. Ich mag es am liebsten, wenn die Diagramme fast genauso aussehen wie das Gestrickte. Dabei füge ich einfache Anweisungen vor jedem Diagramm ein, um zu erklären, was du beim Nacharbeiten des Diagramms tun musst.

Unten siehst du das Diagramm vom Zitterpappel-Schal.

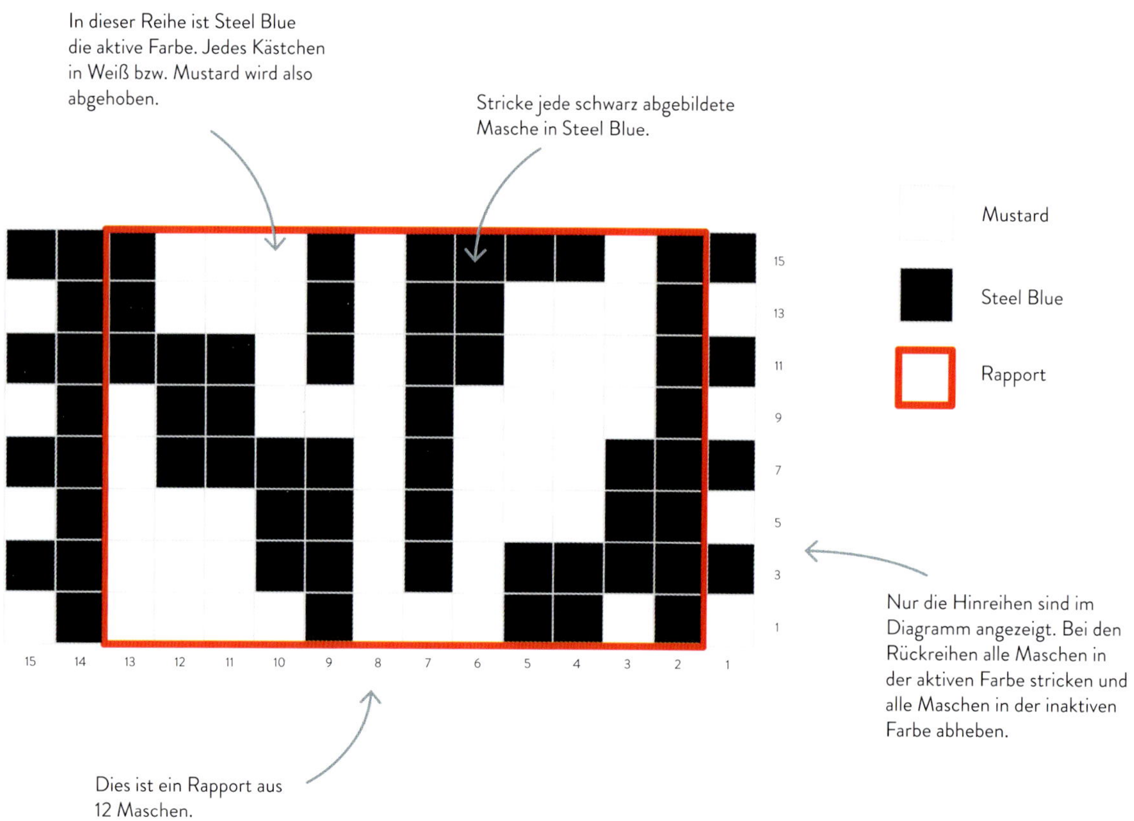

SO LIEST DU DIE DIAGRAMME

Zunächst einmal wirst du merken, dass das Diagramm 15 Maschen breit und 16 Reihen hoch ist (die 16. Reihe ist mit der 15. Reihe zusammengefasst und nicht abgebildet), mit einer Randmasche vor dem Rapport und zwei Randmaschen nach dem Rapport. Die Randmaschen werden NUR am Anfang und Ende jeder Reihe gearbeitet.

Die roten Linien im Diagramm sind Rapportlinien. Du wiederholst den Teil zwischen den Linien, um das Motiv zu bilden.

Im Beispiel links ist der Rapport 12 Maschen breit und wird alle 16 Reihen wiederholt.

Wenn du das Motiv laut Anleitung horizontal viermal wiederholen sollst, strickst du eine Randmasche, dann viermal die 2. bis 13. Masche und schließlich die letzten zwei Randmaschen.

Wenn du das Motiv vertikal zweimal wiederholen sollst, arbeitest du die 1. bis 16. Reihe und dann noch einmal die 1. bis 16. Reihe.

Beim Stricken kannst du Maschenmarkierer am Anfang/Ende jedes Rapports anbringen, um das Muster besser zu erkennen.

Als Erstes wirst du beim Diagramm links merken, dass nur die Hinreihen (Hinr) bzw. die ungeraden Reihen abgebildet sind. Manche Designer*innen zeigen auch die Rückreihen (Rückr) in ihren Diagrammen, aber ich habe sie absichtlich weggelassen. Dadurch sind Diagramme möglich, in denen in Hin-, aber nicht in Rückreihen Maschen ab- bzw. zugenommen werden (ein Beispiel dafür siehst du beim Farbspiel-Dreieckstuch).

Wie beim mehrfarbigen Stricken üblich »liest« du das Diagramm so, wie du auch das Muster strickst: Du beginnst unten rechts und arbeitest von rechts nach links und von unten nach oben.

Die erste Masche in jeder Reihe zeigt die aktive Farbe an. In der 1. Reihe des Diagramms ist die erste Masche bzw. das erste Kästchen weiß, also Mustard. Daher strickst du in dieser Reihe die weißen Maschen in der Garnfarbe Mustard und hebst die schwarzen Maschen ab, wobei der Faden hinten liegt. Du arbeitest den Rapport entsprechend den Angaben in der Anleitung.

Bei anderen Strickstilen würdest du die nächste Reihe (die Rückreihe) nach dem Diagramm von links nach rechts arbeiten, aber diese Reihe ist nicht im Diagramm gezeigt! Der Grund dafür ist, dass das Diagramm quasi doppelt gelesen wird – du arbeitest erneut die gerade gestrickte Reihe und strickst alle Maschen in der aktiven Farbe bzw. hebst alle Maschen in der inaktiven Farbe wie zum Linksstricken ab, wobei der Faden vorne liegt.

Anfänger*innen rate ich, das Diagramm bei den Rückreihen zu ignorieren. Sieh dir einfach deine Arbeit an und stricke alle Maschen, die die aktive Farbe haben, und hebe alle anderen Maschen wie zum Linksstricken mit vorne liegendem Faden ab. Dann klappt das schon, versprochen!

Wenn du zwei Reihen in Mustard gearbeitet hast, wechselst du die Garnfarbe und machst mit der 3. Reihe im Diagramm weiter, die mit einem schwarzen Kästchen bzw. einer Masche in Steel Blue beginnt. Die schwarzen Kästchen sind jetzt deine aktive Farbe. Du strickst also alle schwarzen Kästchen und hebst alle weißen Kästchen mit hinten liegendem Faden ab. Anschließend arbeitest du die Rückreihe, indem du alle schwarz angezeigten Maschen strickst und alle weiß angezeigten Maschen wie zum Linksstricken mit vorne liegendem Faden abhebst.

ZUNAHMEN UND ABNAHMEN IN MOTIVEN

Du wirst sehen, dass beim Farbspiel-Dreieckstuch in jeder Hinreihe zugenommen wird, um die Dreiecksform zu erreichen. Zunahmen und Abnahmen sind in Mosaikmustern nicht schwierig. So machst du es:

Arbeite die Zu- oder Abnahme in der Hinreihe (meistens 1 M re herausstricken/ 1 M li herausstricken oder 2 M zus/2 M abh, 1 M re stricken) in der aktiven Farbe.

Wenn du in der Rückreihe zu der Zu- bzw. Abnahme kommst, strickst du die Masche einfach ganz normal rechts oder links, je nach Design.

EIN HINWEIS ZUM SCHWIERIGKEITSGRAD

*Da der Schwerpunkt in diesem Buch auf Mosaikmotiven für Anfänger*innen liegt, habe ich komplexe Formgebungen vermieden und mich auf Accessoires konzentriert, bei denen die Maschenprobe und Größe nicht so wichtig sind. Es gibt allerdings ein Modell mit Zunahmen, falls du das ausprobieren möchtest.*

Am Anfang jeder Anleitung siehst du ein Symbol für den Schwierigkeitsgrad. Dies zeigt dir an, ob du nebenbei dein Lieblingsprogramm anschauen kannst oder ob du gutes Licht und Ruhe brauchst, um an dem Projekt zu arbeiten.

SCHRITT-FÜR-SCHRITT-ANLEITUNG

In den nachfolgenden Abbildungen siehst du mehrere kraus rechts gestrickte Reihen, dann eine Wiederholung der 1. bis 16. Reihe des Diagramms für den Zitterpappel-Schal, und im nun Folgenden wird an der zweiten Wiederholung der 1. und 2. Reihe gearbeitet.

Abb. 1: 1. R (Hinr): Mit Mustard alle weißen M re stricken.

Abb. 2: 1. R (Hinr): Alle schwarzen M mit Faden hinten abheben.

Abb. 3: 2. R (Rückr): Mit Mustard alle M in Mustard re stricken.

Abb. 4: 2. R (Rückr): Alle M in Steel Blue mit Faden vorne abheben.

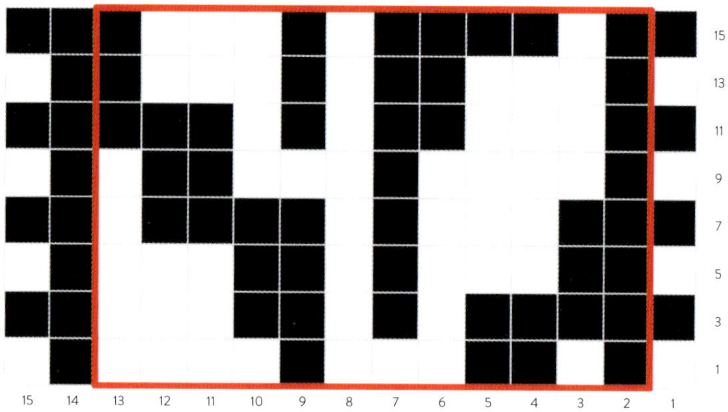

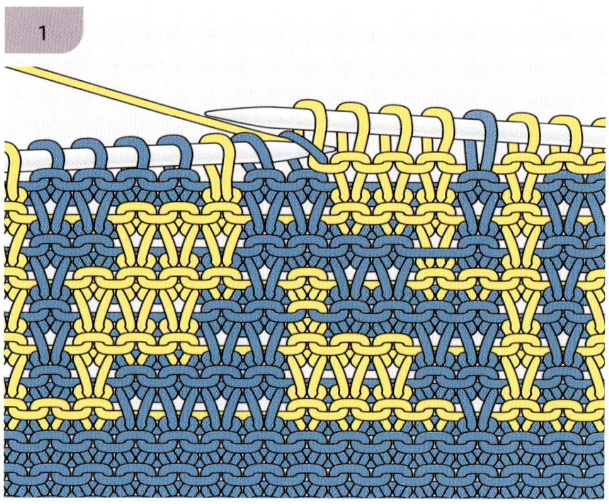

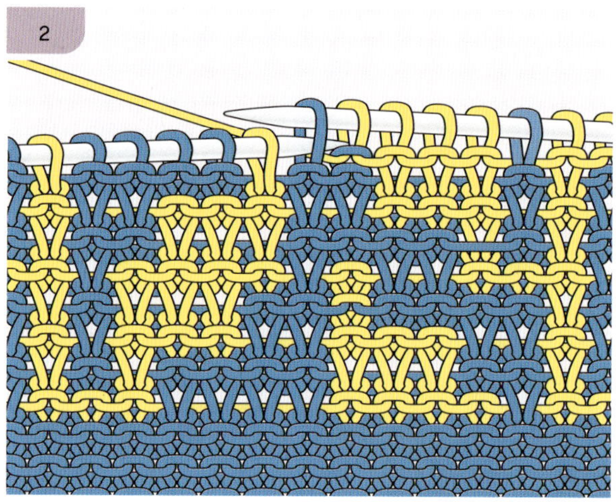

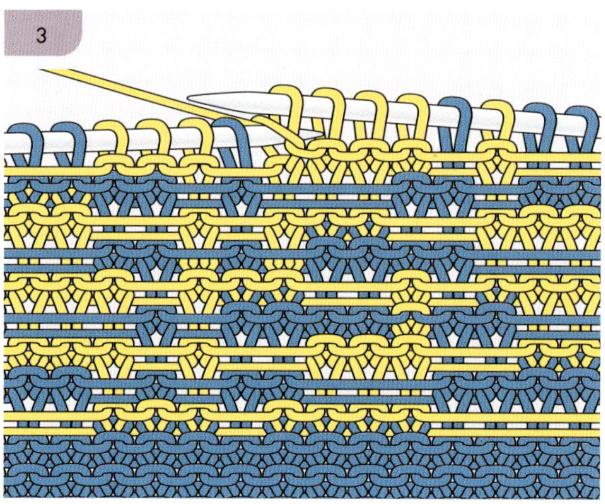

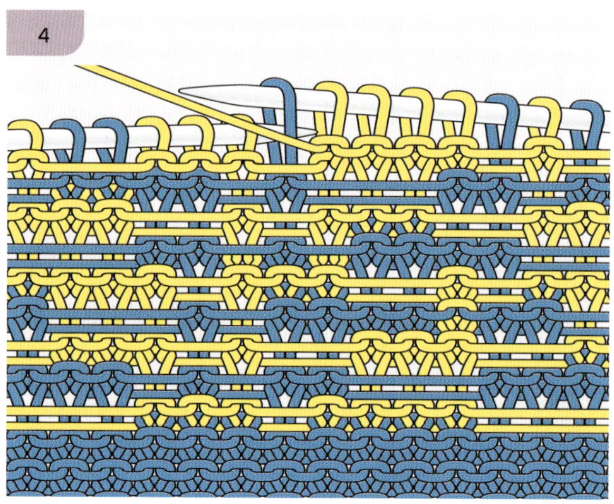

Hilfsmittel und Material

Mir gefiel schon immer, wie unkompliziert Stricken ist – man braucht nur zwei Nadeln und schon kann man mit etwas Grips und Durchhaltevermögen einen Faden in alles Mögliche verwandeln. Allerdings eignen sich manchmal bestimmte Garne besser als andere, die Nadelstärke ist in der Tat wichtig und es gibt ein paar Hilfsmittel, die das Ganze einfacher gestalten. Hier sind meine Empfehlungen für Hilfsmittel und Material, damit du die Muster in diesem Buch erfolgreich nacharbeiten kannst.

GARN

Die Garne in diesem Buch reichen von vierfädiger Baumwolle bis extra dickem Garn aus Acryl- und Wollgemisch. Du kannst jedes Garn mit ähnlicher Garnstärke und ähnlichem Fasergehalt verwenden, brauchst dann aber eventuell eine andere Menge als die in der Anleitung angegebene. Grund dafür sind die Faserzusammensetzung und die leichten Unterschiede bei der Garnstärke selbst innerhalb derselben Kategorie. Es lohnt sich meist, ein zusätzliches Knäuel für jede Farbe zu kaufen – für den Fall der Fälle (du kannst ja die Quittung aufbewahren oder die Reste für ein anderes Projekt verwenden).

Du kannst auch komplett von der Anleitung abweichen und eine völlig andere Garnstärke verwenden! Am Anfang der meisten Anleitungen gebe ich dir eine kurze Beschreibung, wie du die Anzahl der Wiederholungen in den Anleitungen ändern kannst, um das Design zu vergrößern oder zu verkleinern. Du könntest beispielsweise das Muster in der Sonntagsmorgen-Decke in Garnstärke DK (Double Knit) oder in 4-fädigem Garn häufiger wiederholen, um eine leichte Sommerdecke zu stricken!

Wenn du die Garnstärke änderst, verändern sich auch die Größe deines Musters und der Garnbedarf. Ich empfehle daher immer, ein kleines Muster mit dem gewählten Garn zu stricken, nicht nur, um eine Maschenprobe zu machen, sondern auch um sicherzugehen, dass dir das entstehende Textil und die Farbkombination gefallen. Du kannst die nachstehende Tabelle verwenden, um die verschiedenen Garnstärken zu »übersetzen«.

Alle Garne in diesem Buch sind maschinenwaschbar. Ich rate allerdings davon ab, sie in den Trockner zu geben.

Ich spanne meine Projekte gerne feucht, wenn ich ein Garn aus Naturfasern verwende, entweder nach einer sanften Wäsche in der Waschmaschine (wenn das Garn maschinenwaschbar ist) oder nach kurzem Einweichen im Waschbecken mit Wollwaschmittel bei empfindlicherem Garn. Anschließend lege ich die Arbeiten auf die Schaumstoff-Spielmatten meiner Tochter und stecke sie mit ein paar Nadeln fest.

Wenn dein Garn zu 100 % Acryl ist, empfehle ich, die Arbeit unter Dampf zu spannen (siehe Techniken: Spannen unter Dampf). Du wirst sehen, dass sich Garn mit hohem Acrylanteil nicht so gut wie Garn spannen lässt, das hauptsächlich aus Naturfasern besteht – es trägt aber trotzdem dazu bei, dass deine Arbeit glatter liegt und gleichmäßiger wird.

USA	GB	AUSTRALIEN	EMPFOHLENE NADELSTÄRKE
Lace	1 ply	2 ply	1,5–2,25 mm
Fingering	2 ply	3 ply	2,25–3 mm
Sock	3 ply	3 ply	2,25–3,5 mm
Sport	4 ply	5 ply	3,5–4,5 mm
DK Light Worsted	DK	8 ply	4,5–5,5 mm
Worsted	Aran	10 ply	5,5–6,5 mm
Bulky	Chunky	12 ply	6,5–9 mm
Super Bulky	Super Chunky	14 ply	9 mm oder größer

NADELN

Bei den meisten Projekten in diesem Buch ist die Maschenprobe nicht entscheidend. Es ist nicht schlimm, wenn dein Tuch oder deine Decke etwas größer oder kleiner wird als erwartet.

Die meisten Stricker*innen stricken bei Mosaikdesigns etwas fester als bei glatt oder kraus rechts Gestricktem (das liegt an den kleinen mitgeführten Fäden, die auf der Rückseite durch Abheben der Maschen entstehen). Ich empfehle daher, für mehrfarbige Abschnitte eine größere Nadelstärke zu nehmen und dann zu dünneren Nadeln für den Rest der Arbeit zurückzuwechseln. Dies ist allerdings keine unverrückbare Regel. Es gibt Menschen, die bei mehrfarbigen Projekten lockerer stricken, und bei wieder anderen ändert sich gar nichts. Stricke mit den Nadeln, die du am besten findest!

In den Projekten in diesem Buch werden verschiedene Nadelstärken verwendet. Daher ist es nützlich, mehrere Stärken zur Hand zu haben, wenn du die Designs nacharbeitest. Um die gewünschte Maschenprobe bzw. die gewünschte Struktur zu erzielen, musst du eventuell zu dickeren oder dünneren Nadeln wechseln. Die meisten Anleitungen verwenden außerdem mindestens zwei Nadelstärken.

Ich habe gerne immer einen Satz austauschbare Rundstricknadeln in meiner Stricktasche dabei. Die Anleitungen in diesem Buch können aber auch mit geraden Nadeln nachgearbeitet werden, wenn du das bevorzugst (wobei die Decken auf geraden Nadeln etwas unhandlich werden könnten).

Alle meine Anleitungen führen die Nadelgröße in mm auf.

USA	GB
0	2 mm
1	2.25 mm
1.5	2.5 mm
2	2.75 mm
2.5	3 mm
3	3.25 mm
4	3.5 mm
5	3.75 mm
6	4 mm
7	4.5 mm
8	5 mm
9	5.5 mm
10	6 mm
10.5	6.5 mm
11	8 mm
13	9 mm
15	10 mm

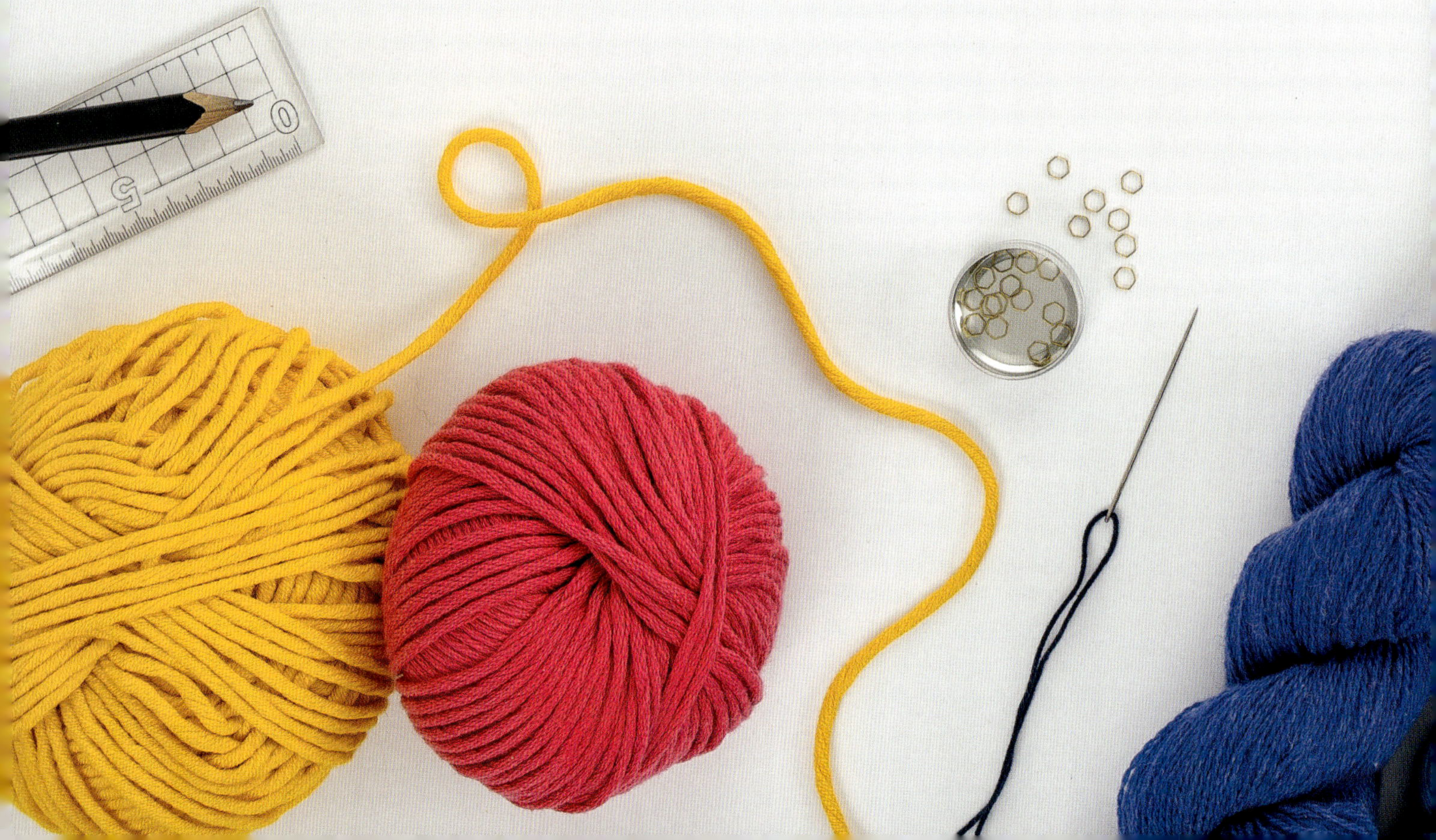

ANDERES ZUBEHÖR

Viele Projekte in diesem Buch benötigen zusätzliche Hilfsmittel, die du vielleicht schon hast, wie eine Häkelnadel, eine Kissenfüllung, Karton, um Quasten zu machen usw. Du findest diese Informationen am Anfang der Anleitungen in einer Liste der nötigen Hilfsmittel und Materialien. Für alle Projekte benötigst du eine Spannmatte, Nadeln, Maßband und eine Stopfnadel. Daher habe ich sie nicht extra in der Materialliste aufgeführt.

Du kannst die Projekte jederzeit nach deinem Geschmack abwandeln. Wenn du keine Quasten magst, aber Pompons liebst, nähe Pompons an deine beerige Fußmatte! Wenn du Knöpfe oder einen Reißverschluss an dem Wilder Westen-Kissen haben möchtest, damit du das Kissen abziehen kannst, mach es einfach. Manchmal ist die individuelle Gestaltung eines Projekts das, was am meisten Spaß macht.

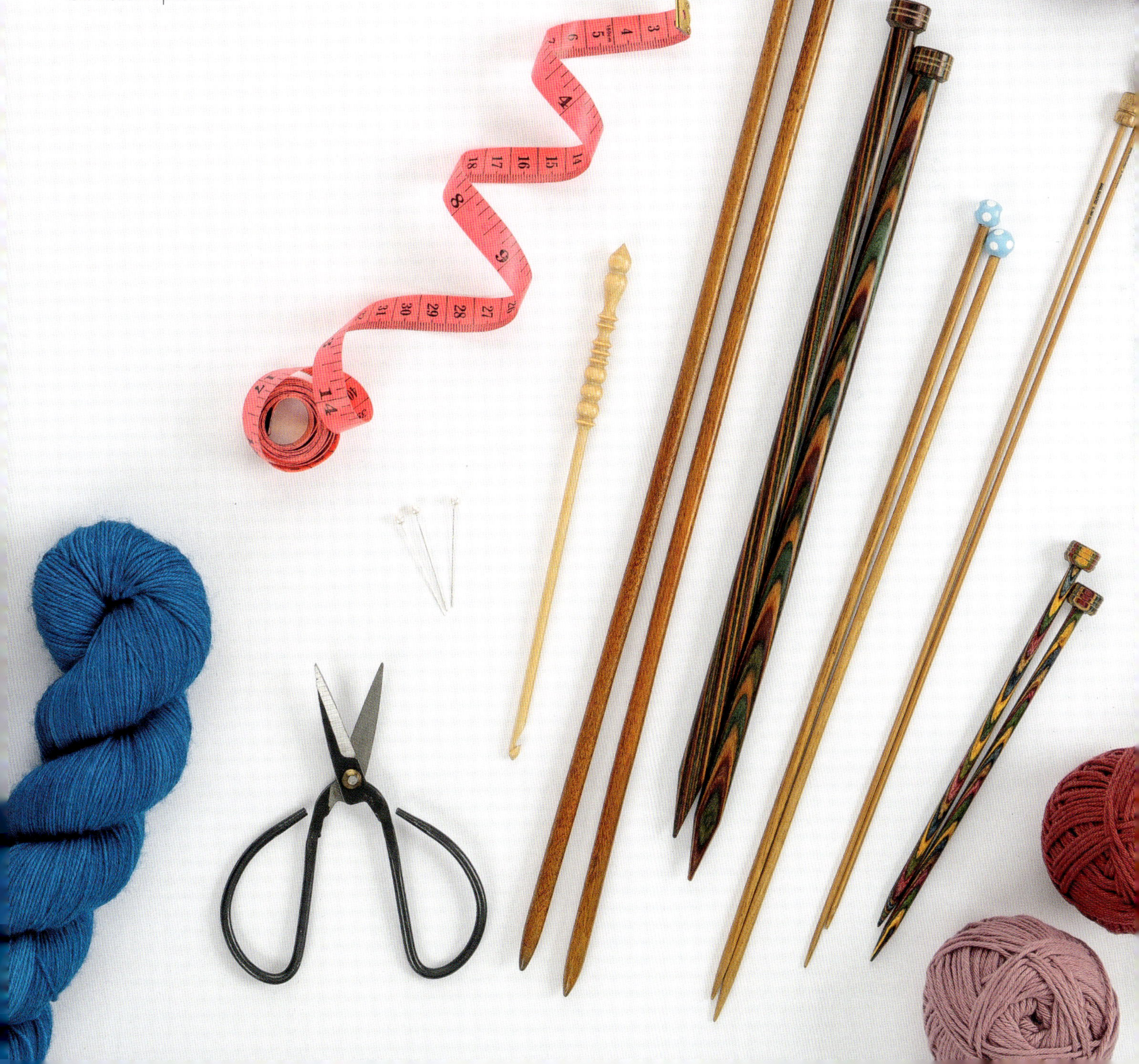

Die richtige Farbwahl

Nachdem du bereits alles über Diagramme weißt, kommen wir zum schönsten Teil eines neuen Projekts – der Farbwahl!

Beim mehrfarbigen Stricken ist die Farbwahl geradezu eine Kunstform und meist sehr persönlich. Farben sind oft ein Ausdruck von Kreativität, Stimmung, Persönlichkeit oder einfach Farben, die dir gefallen. Wähle Farben, die du liebst, und scheue dich nicht, neue Kombinationen auszuprobieren – vielleicht erlebst du eine positive Überraschung!

Nicht alle Farbkombinationen wirken gleichermaßen gut – und manchmal ist es ohne ein gestricktes Muster schwierig vorauszusagen, welche Farben gut aussehen. Oft habe ich Farben ausprobiert, die auf den ersten Blick einen schönen Kontrast hatten, bei denen das Motiv aber später kaum zur Wirkung kam. Das gilt insbesondere für Garne mit Einsprenkseln oder Farbverläufen. Andere Farbkombinationen sehen dagegen überraschend gut zusammen aus!

Meistens wirkt es am besten, wenn du stark kontrastierende Farben kombinierst. Wie aber trifft man eine gute Wahl?

Habt ihr im Kunstunterricht in der Schule auch über Farbton und Farbwert gesprochen? Erinnerst du dich? Hier ist ein kleiner Auffrischungskurs!

Farbkreis mit Farbtönen

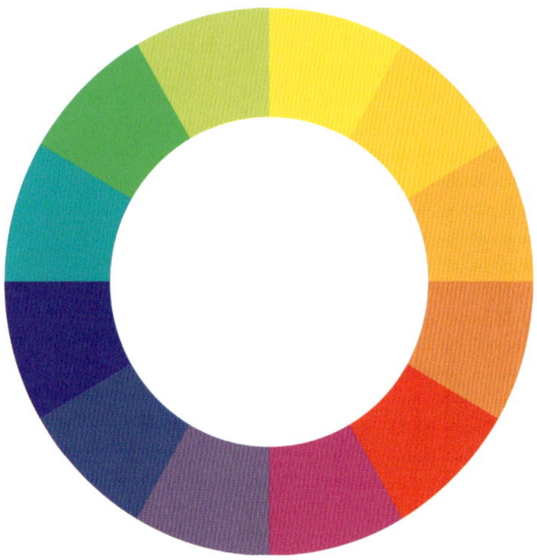

Farbkreis mit Farbwerten

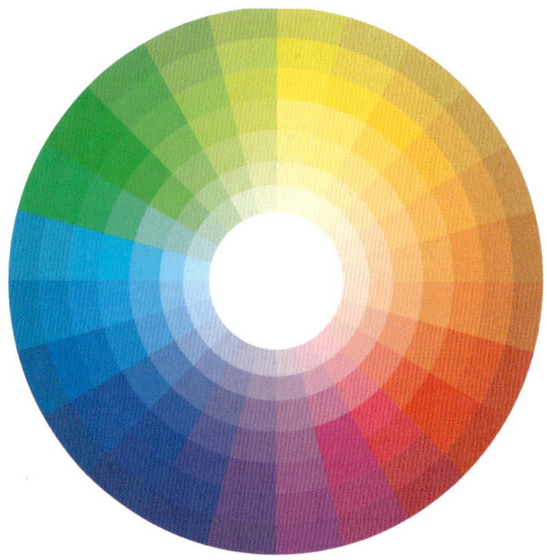

FARBTON

Der Farbton wird oft als der Aspekt von Farbe bezeichnet, den wir beim Betrachten und Beschreiben dieser erleben – z. B. Lila, Rot, Grün, Gelb usw. Diese Farben siehst du in der Regel in einem Farbkreis. Im Farbkreis gegenüberliegende Farben bilden oft einen schönen Kontrast. (Orange mit Blau oder Lila sind eine meiner Lieblingskombis.)

FARBWERT

Der Farbton ist jedoch nicht das wichtigste Element bei der Entscheidung, ob zwei Farben gut zusammen wirken. Hier ist der Farbwert wichtig. Farbwert bezeichnet die relative Helligkeit oder Dunkelheit von Farben. Wählst du Farben mit ähnlichem Farbwert, ist das Muster möglicherweise schwer zu erkennen. Markante, lebhafte Motive entstehen mit Farben, deren Farbwert unterschiedlich ist. (Die Farben können sogar denselben Farbton haben, solange der Farbwert unterschiedlich ist: Hellgrün und Dunkelgrün können ein wunderschönes Motiv bilden.)

DER FARBTRICK, AUF DEN DU GEWARTET HAST

Es ist prima, die Grundlagen der Farbtheorie zu kennen, aber es ist oft etwas verwirrend, wenn du im Wollladen oder vor deinen Garnvorräten stehst und dein nächstes Projekt planst. Deshalb habe ich einen einfachen Trick für dich! Mache einfach ein Foto von deinem Garn und wandle es in ein Schwarz-Weiß-Bild um. Die Kamera in deinem Smartphone hat wahrscheinlich eine entsprechende Funktion. Wenn du auf einem Schwarz-Weiß-Foto deines Garns einen großen Unterschied in den Farben siehst, wirken die Farben voraussichtlich gut in einem Mosaikmuster.

Wir wollen es uns in der Praxis ansehen. Unten sind Fotos von verschiedenen Garnfarben. Du siehst, dass das Garn in der ersten Reihe einen starken Kontrast im Schwarz-Weiß-Bild aufweist, während es in der zweiten Reihe kaum Kontrast gibt. Ein mehrfarbiges Motiv wird wesentlich besser mit den Farben der ersten Reihe wirken als mit denen der zweiten Reihe.

Im Zweifelsfalle stricke einfach ein Muster mit den beiden Farben, die du kombinieren möchtest, trete einen Schritt zurück und überlege, ob dir die Farben gefallen – manchmal sehen die ungewöhnlichsten Farbkombinationen fantastisch aus!

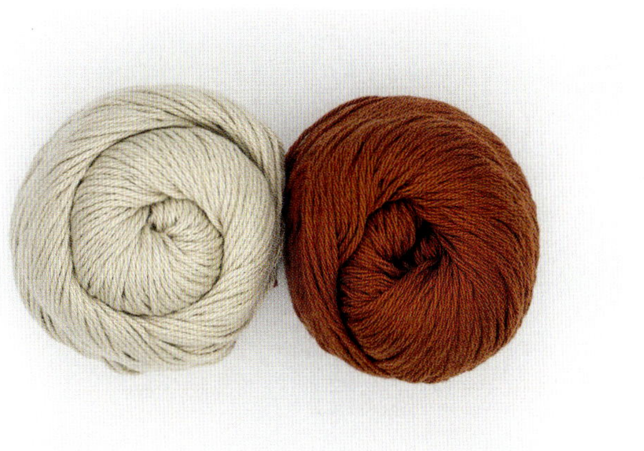

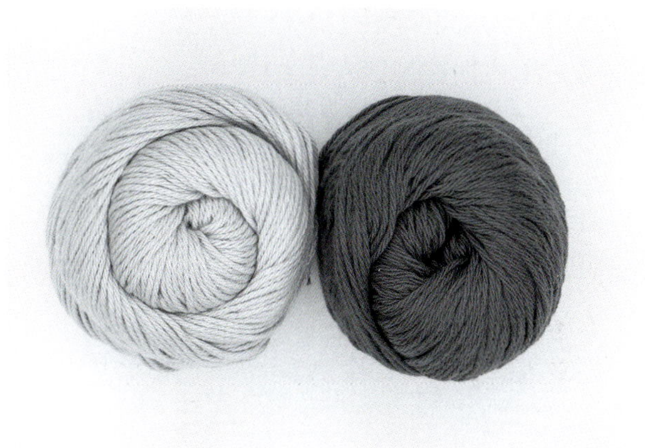

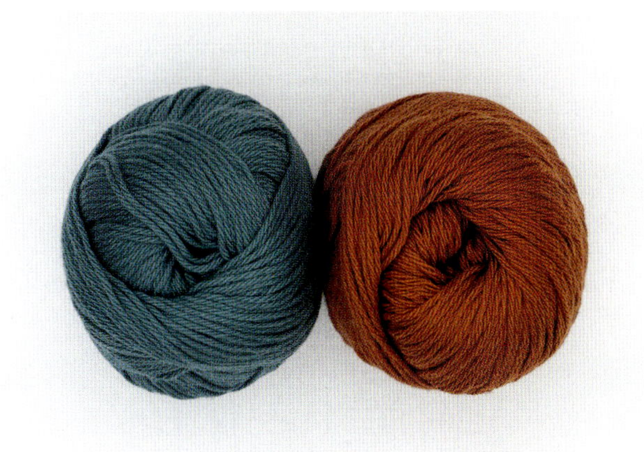

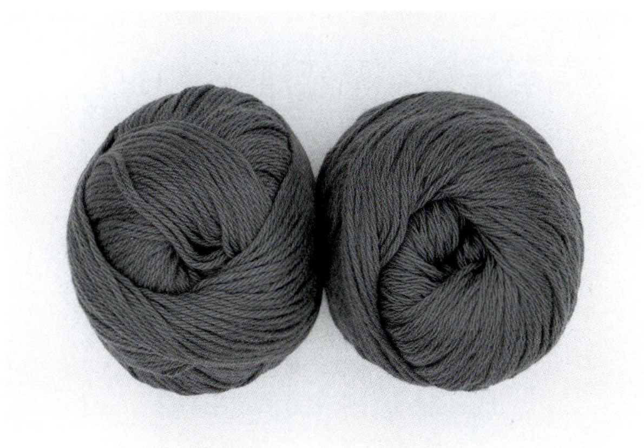

DIE PROJEKTE

Decken, Kissen, Küchentücher und Kunstwerke, die deinen Hals warmhalten – jedes der Projekte in diesem Buch kann ein Ausgangspunkt für deine eigene Inspiration sein! Du findest eine umfassende Anleitung und ein Diagramm für jedes Motiv – wähle die Methode, die für dich am besten ist, nimm dein Garn und Stricknadeln und leg los. Du kannst die Motive problemlos durch weniger oder mehr Wiederholungen (am Anfang jeder Anleitung helfe ich dir beim Rechnen, um die Anzahl der Wiederholungen zu ändern) oder durch eine andere Garnstärke für eine andere Größe anpassen – die Möglichkeiten sind grenzenlos.

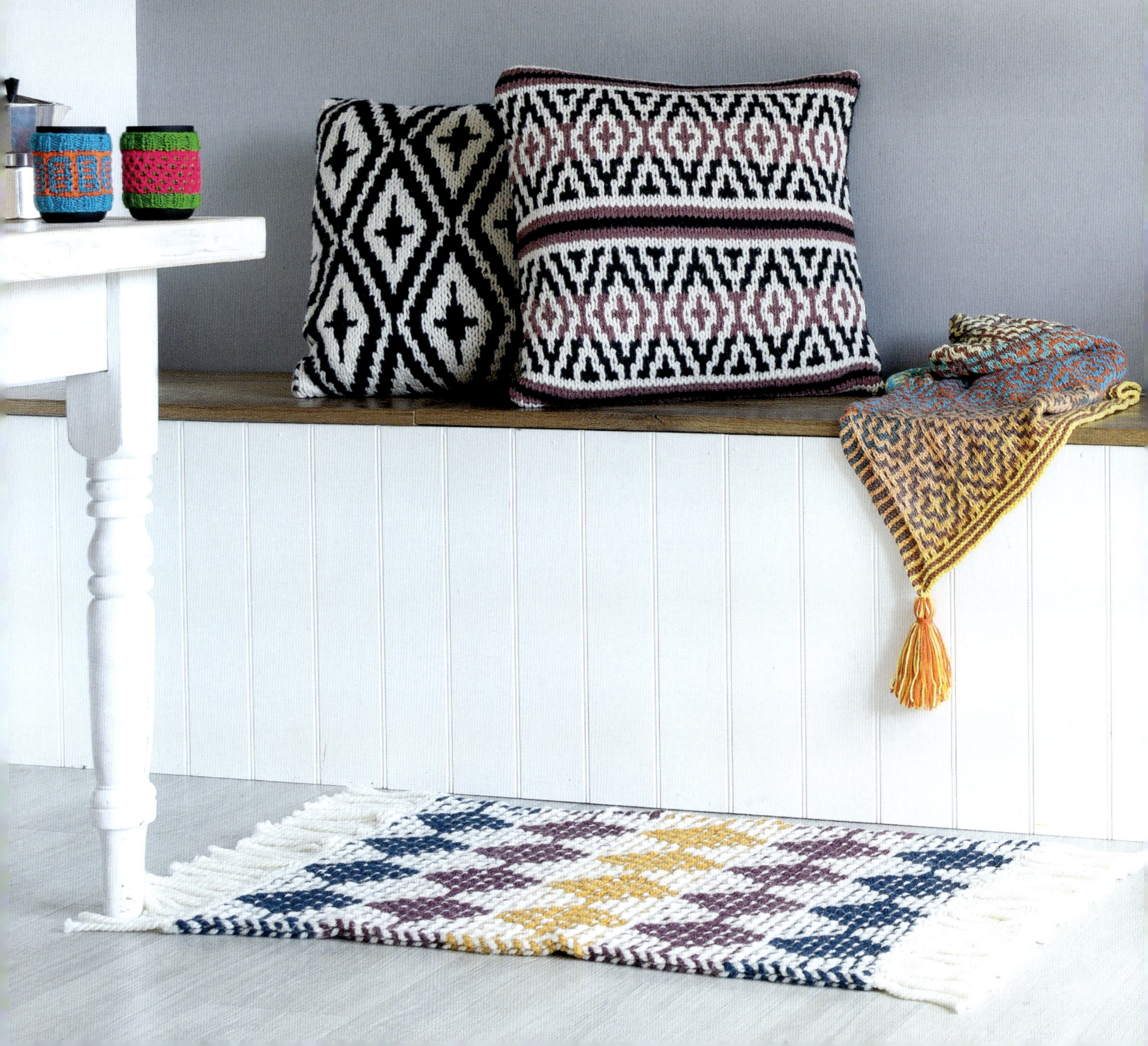

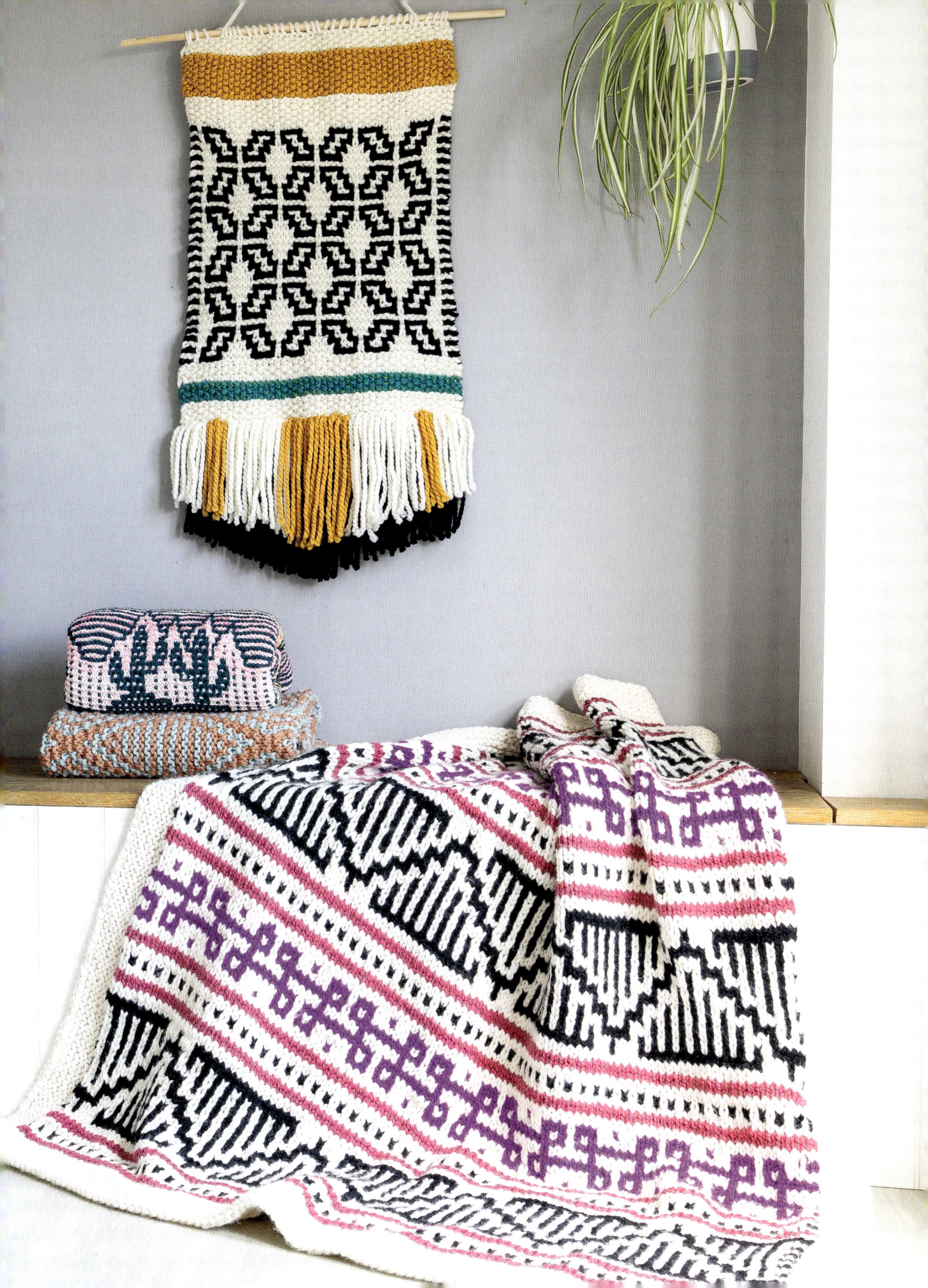

SCHWIERIGKEITSGRAD: ✚✚✚

Deja BREW UNTERSETZER

Ich bin mir sicher, dass du nicht nur einen dieser Deja Brew-Untersetzer stricken wirst. Schließlich kannst du an einem Nachmittag ein ganzes Set fertigstellen. Ab jetzt hat dein Lieblingskaffee immer einen sicheren Platz auf deinem Tisch. Hol dir eine Tasse deines koffein-haltigen Lieblingsgetränks und strick dir einen Untersetzer (oder zwei oder drei oder vier...).

Du benötigst

GARN

Lion Brand Wool Ease Thick & Quick – Super Bulky (80 % Acryl, 20 % Wolle; Lauflänge 97 m/170 g), in den folgenden Farbtönen:

- 1 Knäuel Fisherman (099)
- 1 Knäuel Raspberry (112)
- 1 Knäuel Mustard (158)
- 1 Knäuel Fig (146)
- 1 Knäuel Lollipop (191)

STRICKNADELN

- 9 mm-Nadeln
- 10 mm-Nadeln

MASCHENPROBE

13 M und 25 R ergeben 15 x 14 cm im Mosaikmotiv kraus rechts mit 10 mm-Nadeln gestrickt und einfarbig kraus rechts mit 9 mm-Nadeln gestrickt.

Die Maschenprobe ist für diese Anleitung nicht entscheidend.

GRÖSSE DER FERTIGEN ARBEIT

Etwa 15 x 14 cm nach Spannen unter Dampf

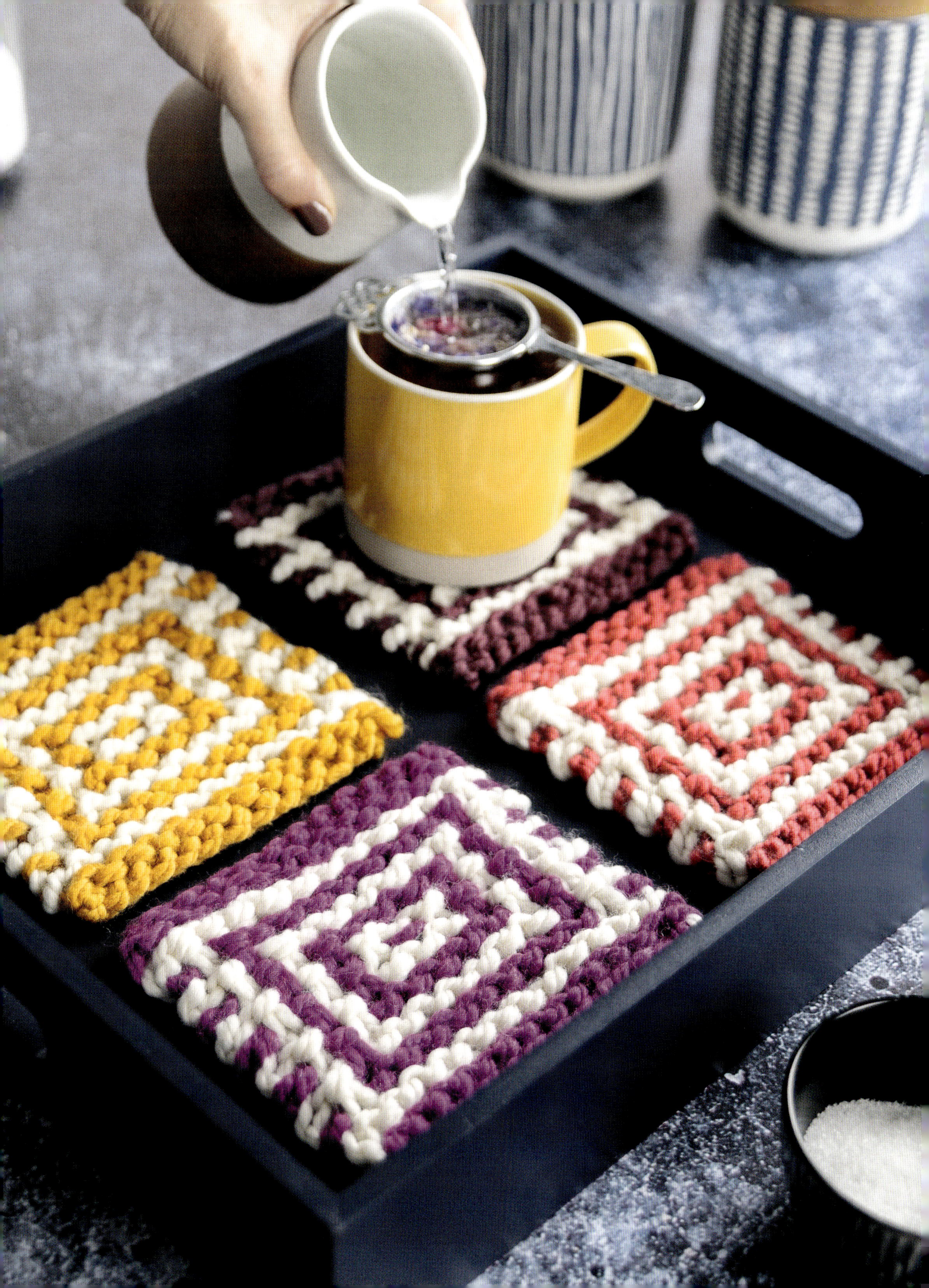

Hinweise zur Anleitung

Die Untersetzer werden als kleines, kraus rechts gestricktes Rechteck in Reihen gearbeitet.

In allen Hinreihen alle Hebemaschen mit Faden hinten abheben.

In allen Rückreihen alle Hebemaschen mit Faden vorne abheben.

Wenn du die Größe dieser Anleitung ändern möchtest, ein Vielfaches von 10+3 M anschlagen. Zum Beispiel 10x1=10, 10+3=13 angeschlagene Maschen.

Hinweise zum Diagramm

Jedes Quadrat stellt eine Masche dar. Das Diagramm beginnt in der unteren rechten Ecke in der 1. Reihe.

Nur Hinreihen (ungerade Zahlen) sind dargestellt. Sie werden von rechts nach links gelesen.

Die Farbe der ersten Masche im Diagramm bestimmt immer die aktive Farbe, die für die nächsten zwei Reihen verwendet wird.

Für den Untersetzer arbeitest du das Diagramm nur einmal. Du kannst also die roten Linien des Rapportabschnitts ignorieren. Ich habe die Linien für den Rapportabschnitt eingezeichnet, falls du das Motiv in einem größeren Projekt verwenden möchtest.

ANLEITUNG

Hinweis: Die nachstehende Anleitung ist für das Muster in Fisherman und Raspberry. Du kannst die Farben ganz nach Belieben ändern!

VORBEREITUNG

Mit 9 mm-Nadeln in Raspberry mit einfachem Anschlag 13 M anschlagen.

1. R (Rückr): Re stricken.

2. bis 3. R: Mit Fisherman re stricken.

Zu 10 mm-Nadeln wechseln.

MOSAIKMOTIV

Befolge entweder die nachstehende Anleitung oder das Diagramm.

ANLEITUNG

1. R (Hinr): Mit Raspberry 1 M re, 1 M abh, 9 M re, 1 M abh, 1 M re.

2. R und alle Rückr: Die re M aus der vorherigen R mit der aktiven Farbe re stricken und die Hebemaschen aus der vorherigen R mFv abh.

3. R: Mit Fisherman 2 M re, 1 M abh, 7 M re, 1 M abh, 2 M re.

5. R: Mit Raspberry 2x [1 M re, 1 M abh], 5 M re, 2x [1 M abh, 1 M re].

7. R: Mit Fisherman 2 M re, 1 M abh, 1 M re, 1 M abh, 3 M re, 1 M abh, 1 M re, 1 M abh, 2 M re.

9. R: Mit Raspberry, 6x [1 M re, 1 M abh], 1 M re.

11. R: Wie 7. R.

13. R: Wie 5. R.

15. R: Wie 3. R.

17. R: Wie 1. R.

19. R: Mit Fisherman re stricken.

ERLÄUTERUNG DIAGRAMM

1. R (Hinr): Mit Raspberry 1. R des Diagramms arbeiten.

2. R und alle Rückr: Die re M aus der vorherigen R mit der aktiven Farbe re stricken und die Hebemaschen aus der vorherigen R mFv abh.

Für weitere 18 Reihen nach dem Diagramm arbeiten.

FERTIGSTELLEN

Zu 9 mm-Nadeln wechseln.

1. bis 2. R: Mit Raspberry re stricken.

Alle M gestrickt abketten.

Fäden vernähen, nach Wunsch spannen.

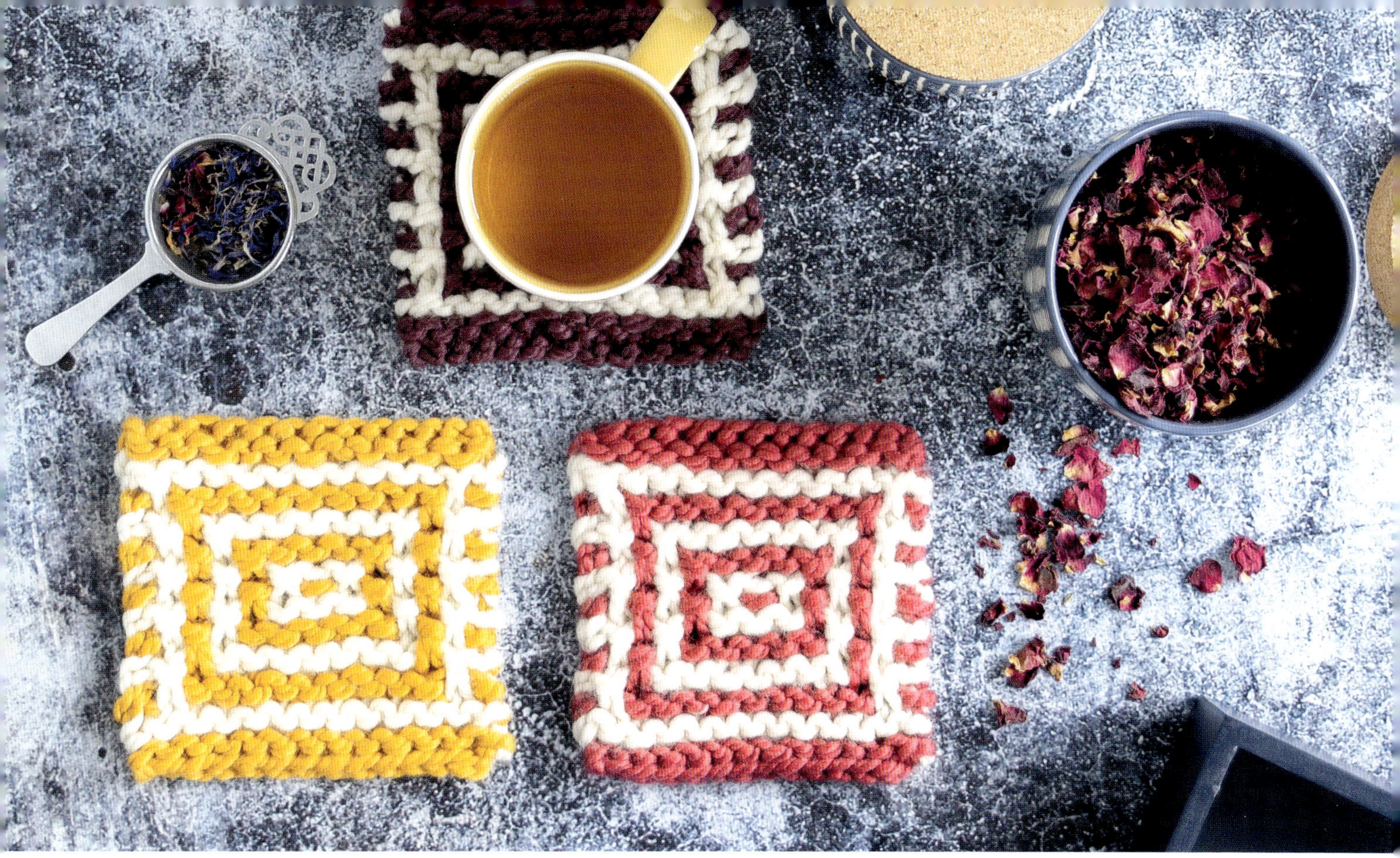

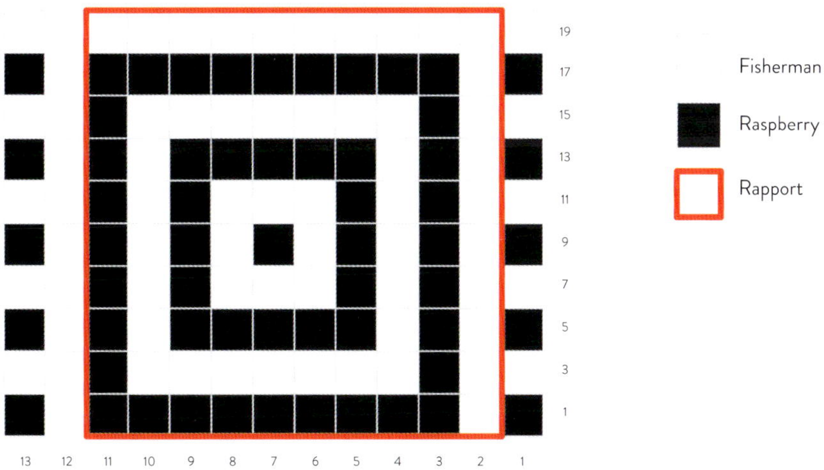
Fisherman
Raspberry
Rapport

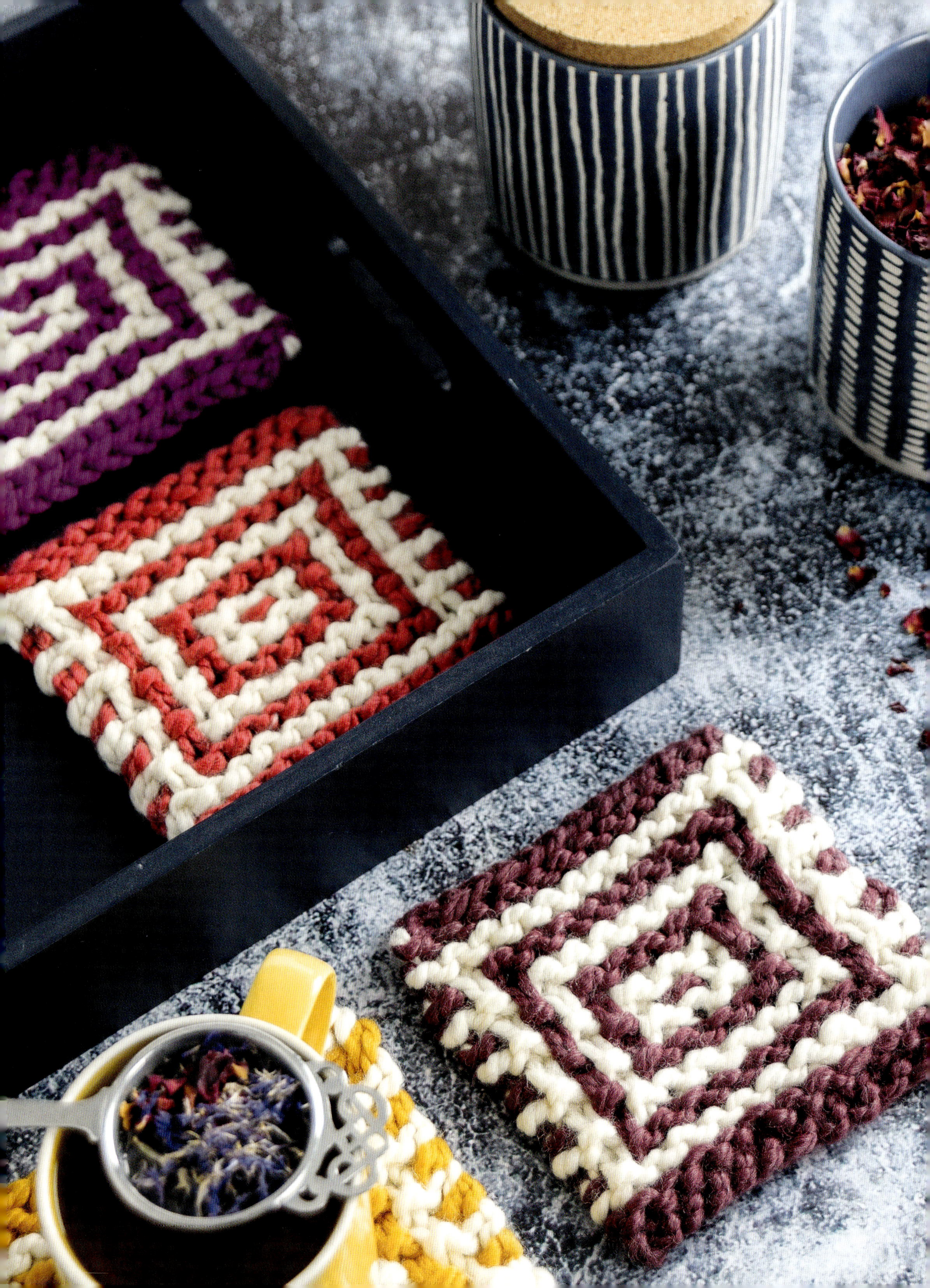

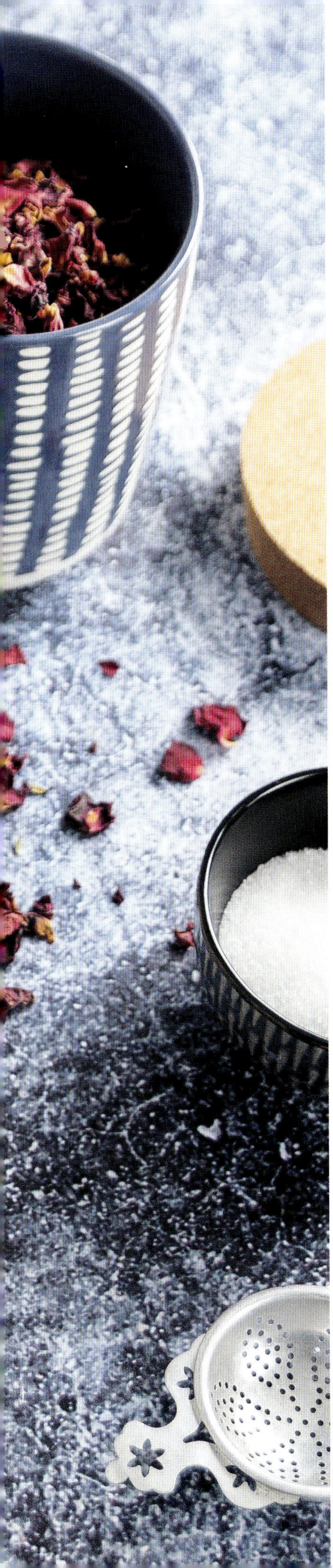

Alternative Farbgebung

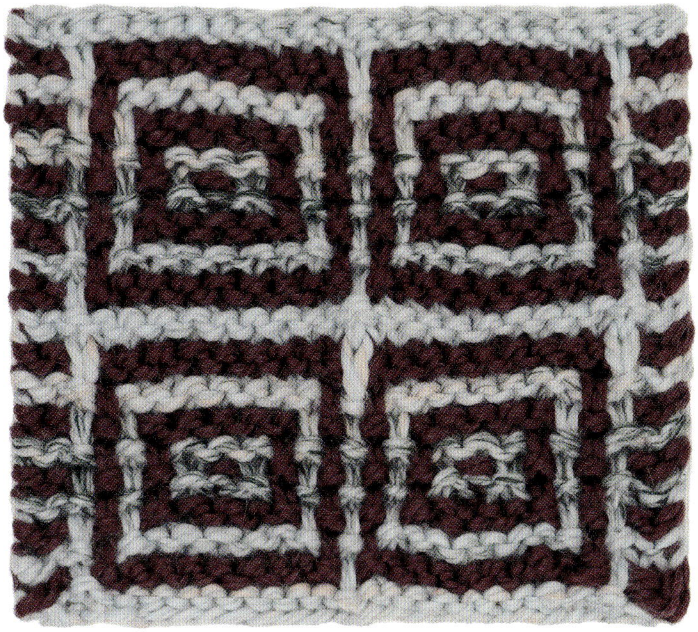

Garn

Lion Brand Wool Ease Thick & Quick – Super Bulky (80 % Acryl, 20 % Wolle; Lauflänge 97m/170 g), in den folgenden Farbtönen:

- Fig (146)
- Arctic Ice (648D)

Nadeln

Wie in der Anleitung.

Maschenprobe

Wie in der Anleitung.

Du kannst alle Motive in diesem Buch nach Belieben anderweitig verwenden! In diesem Muster habe ich das Motiv der »Deja Brew«- Untersetzer vertikal und horizontal zweimal in Fig und Arctic Ice gearbeitet. Dazu habe ich die 2. bis 11. Maschen wiederholt und dann eine Reihe kraus rechts nach der 18. Reihe eingefügt. Du könntest das Motiv öfter wiederholen und eine tolle Decke damit stricken!

SCHWIERIGKEITSGRAD:

Wüstenrosen-GÄSTE-HANDTÜCHER

Kleine Wüstenblumen schmücken dieses Set aus Waschlappen und Handtuch. Dank des einfach zu erlernenden Motivs ist es ein toller Einstieg ins Mosaikstricken.

Du kannst bei diesen Modellen prima damit experimentieren, welche Farbe du als Hauptfarbe verwendest. Beim Waschlappen ist Vintage die Hauptfarbe, während es beim Handtuch Spice ist.

Du benötigst

GARN

Lion Brand Pima Cotton – Worsted, (100 % Baumwolle; Lauflänge 170 m/100 g), in den folgenden Farbtönen:

- 2 Knäuel Vintage (099R)
- 2 Knäuel Spice (135)

STRICKNADELN

- 4,5 mm-Nadeln
- 5 mm-Nadeln

WEITERES ZUBEHÖR

- Maschenmarkierer (optional)

MASCHENPROBE

21 M und 42 R ergeben 10 x 10 cm im Mosaikmotiv kraus rechts mit 5 mm-Nadeln gestrickt.

Die Maschenprobe ist nicht entscheidend für dieses Projekt, der Garnbedarf kann jedoch abweichen.

GRÖSSE DER FERTIGEN ARBEIT

Waschlappen

19 x 18 cm nach dem Spannen

Gästehandtuch

31 x 56 cm nach dem Spannen

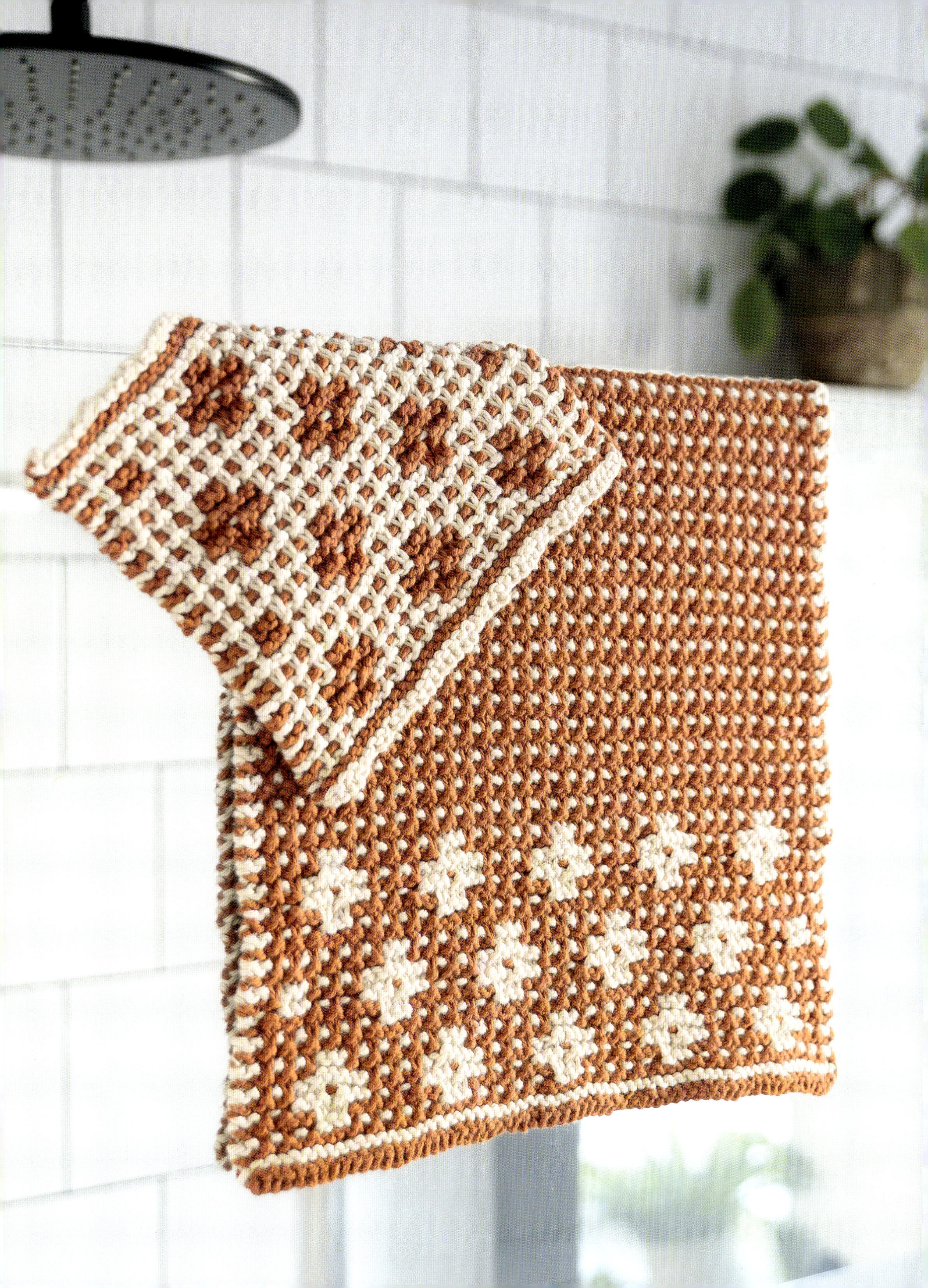

Hinweise zur Anleitung

Der Waschlappen und das Handtuch werden mit demselben Mosaikmotiv als Rechteck in Reihen gearbeitet, nur die Farben in den Diagrammen sind umgekehrt.

Beim Arbeiten des Motivs in allen Hinreihen alle Hebemaschen mit Faden hinten abheben und in allen Rückreihen alle Hebemaschen mit Faden vorne abheben.

Wenn du die Größe dieser Anleitung ändern möchtest, ein Vielfaches von 12+17 M anschlagen. Zum Beispiel 12x2=24, 24+17=41 angeschlagene Maschen.

Hinweise zum Diagramm

Jedes Quadrat stellt eine Masche dar. Das Diagramm beginnt in der unteren rechten Ecke in der 1. Reihe.

Nur Hinreihen (ungerade Zahlen) sind dargestellt. Sie werden von rechts nach links gelesen.

Die Farbe der ersten Masche im Diagramm bestimmt immer die aktive Farbe, die für die nächsten zwei Reihen verwendet wird.

WÜSTENROSEN-WASCHLAPPEN

ANLEITUNG

VORBEREITUNG

Mit 4,5 mm-Nadeln und Vintage mit dem einfachen Anschlag 41 M anschlagen.

1. Startreihe (Rückr): Mit Vintage bis zum Ende re stricken. (41 M)

2. bis 3. Startreihe: Mit Spice bis zum Ende re stricken.

4. bis 5. Startreihe: Mit Vintage bis zum Ende re stricken.

Zu 5 mm-Nadeln wechseln.

MOSAIKMOTIV

Wenn du Maschenmarkierer für die Wiederholungen verwenden möchtest, bring einen Markierer nach den ersten 4 M und dann alle 12 M bis zu den letzten 13 M an. Befolge entweder die Anleitung oder das nachstehende Diagramm.

ANLEITUNG

1. R (Hinr): Mit Spice 2 M re, 1 M abh, 1 M re, *1 M abh, 1 M re, 1 M abh, 3 M re, 3x [1 M abh, 1 M re]; ab * noch 2x wdh; 1 M re.

2. R und alle Rückr: Die re M aus der vorherigen R mit der aktiven Farbe re stricken und die Hebemaschen aus der vorherigen R mFv vorne abh.

3. R: Mit Vintage 4 M re, *3 M re, 3 M abh, 6 M re; ab * noch 2x wdh, 1 M re.

5. R: Mit Spice 2 M re, 1 M abh, 1 M re, *1 M abh, 7 M re, 2x [1 M abh, 1 M re]; ab * noch 2x wdh, 1 M re.

7. R: Mit Vintage 4 M re, *1 M re, 3 M abh, 1 M re, 3 M abh, 4 M re; ab * noch 2x wdh, 1 M re.

9. R: Wie 5. R.

11. R: Wie 3. R.

13. R: Wie 1. R.

15. R: Mit Vintage bis zum Ende re stricken.

17. R: Mit Spice 2 M re, 1 M abh, 1 M re, *4x [1 M abh, 1 M re], 1 M abh, 3 M re; ab * noch 1x wdh, 5x [1 M abh, 1 M re], 1 M abh, 2 M re.

19. R: Mit Vintage 4 M re, 2x [9 M re, 3 M abh], bis zum Ende re stricken.

21. R: Mit Spice 2 M re, 1 M abh, 1 M re, *2 M re, 2x [1 M abh, 1 M re], 1 M abh, 5 M re; ab * noch 1x wdh, 2 M re, 2x [1 M abh, 1 M re], 1 M abh, 3 M re, 1 M abh, 2 M re.

23. R: Mit Vintage 3 M re, 1 M abh, *2 M abh, 5 M re, 3 M abh, 1 M re, 1 M abh; ab * noch 1x wdh, 2 M abh, 5 M re, 3 M abh, 3 M re.

25. R: Wie 21. R.

27. R: Wie 19. R.

29. R: Wie 17. R.

31. R: Mit Vintage bis zum Ende re stricken.

33. bis 64. R: Wie 1. bis 32. R.

ERLÄUTERUNG DIAGRAMM

1. R (Hinr): Mit Spice 1. R des Waschlappen-Diagramms arbeiten. Dabei den Rapport 2x stricken.

2. R und alle Rückr: Die re M aus der vorherigen R mit der aktiven Farbe re stricken und die Hebemaschen aus der vorherigen R mFv abh.

Für weitere 30 R nach dem Diagramm arbeiten.

33. bis 64. R: Wie 1. bis 32. R.

FERTIGSTELLEN

Zu 4,5 mm-Nadeln wechseln.

65. bis 66. R: Mit Spice bis zum Ende re stricken.

67 bis 68. R: Mit Vintage bis zum Ende re stricken.

In Vintage mit isländischem Abketten (siehe Techniken: Isländisch Abketten) oder deiner bevorzugten Technik alle M abketten. Fäden vernähen, nach Wunsch spannen.

WASCHLAPPEN

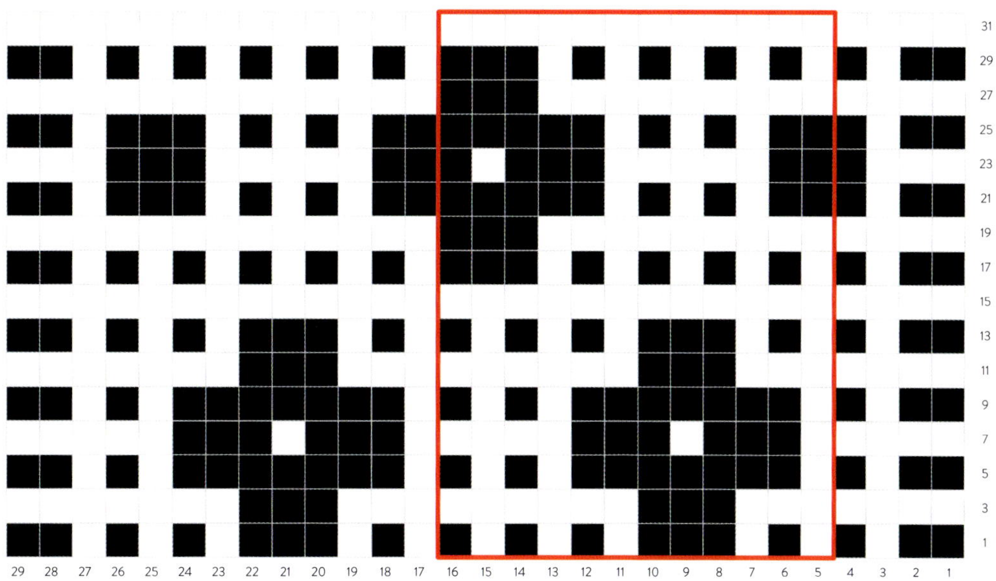

Spice

Vintage

Rapport

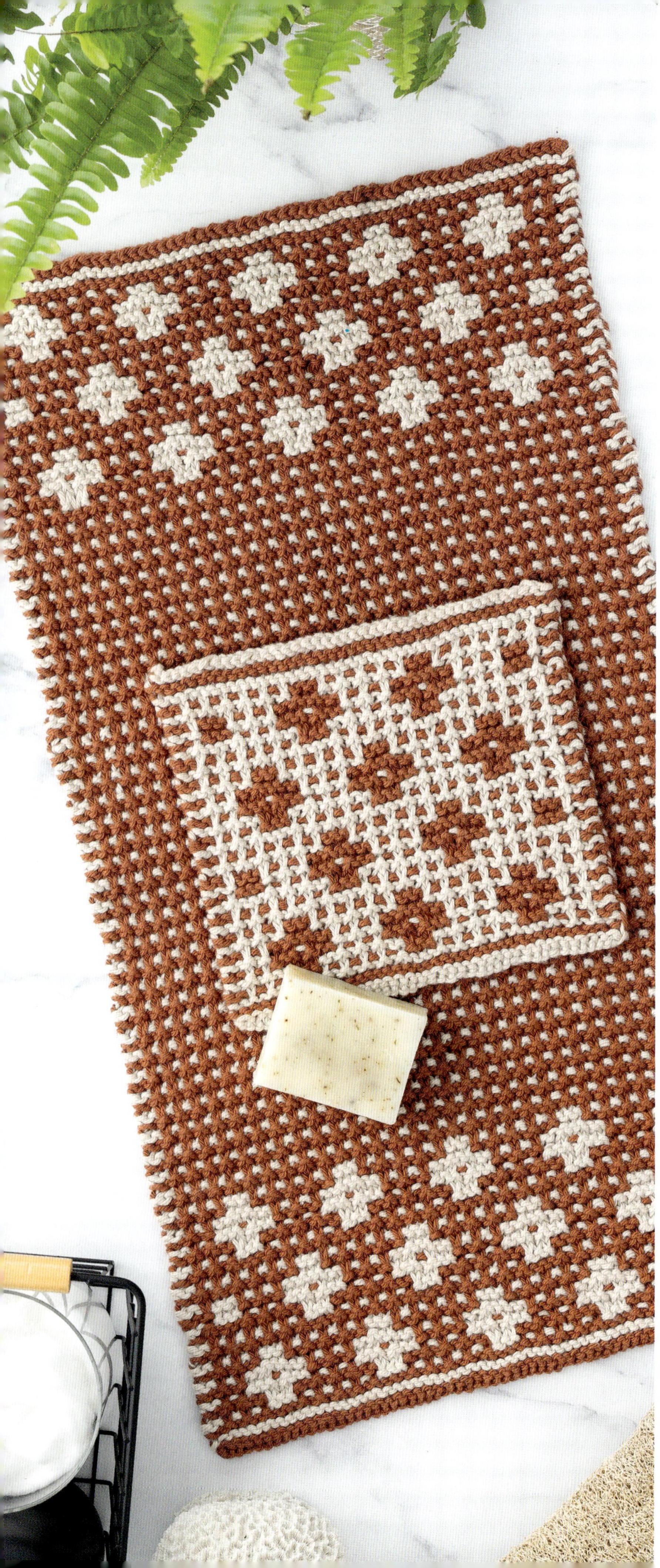

WÜSTENROSEN-GÄSTEHANDTUCH

ANLEITUNG

VORBEREITUNG

Mit 4,5 mm-Nadeln und Spice mit einfachem Anschlag 65 M anschlagen.

1. Startreihe (Rückr): Mit Spice bis zum Ende re stricken. (65 M)

2. bis 3. Startreihe: Mit Vintage bis zum Ende re stricken.

4. bis 5. Startreihe: Mit Spice bis zum Ende re stricken.

Zu 5 mm-Nadeln wechseln.

1. ABSCHNITT: MOSAIKMOTIV

Wenn du Maschenmarkierer für die Wiederholungen verwenden möchtest, bring einen Markierer nach den ersten 4 M und dann alle 12 M bis zu den letzten 13 M an.

Befolge entweder die Anleitung oder das nachstehende Diagramm.

ANLEITUNG

1. R (Hinr): Mit Vintage 2 M re, 1 M abh, 1 M re, *1 M abh, 1 M re, 1 M abh, 3 M re, 3x [1 M abh, 1 M re]; ab * noch 4x wdh, 1 M re.

2. R und alle Rückr: Die re M aus der vorherigen R mit der aktiven Farbe re stricken und die Hebemaschen aus der vorherigen R mFv abh.

3. R: Mit Spice 4 M re, *3 M re, 3 M abh, 6 M re; ab * noch 4x wdh, 1 M re.

5. R: Mit Vintage 2 M re, 1 M abh, 1 M re, *1 M abh, 7 M re, 2x [1 M abh, 1 M re]; ab * noch 4x wdh, 1 M re.

7. R: Mit Spice 4 M re, *1 M re, 3 M abh, 1 M re, 3 M abh, 4 M re; ab * noch 4x wdh, 1 M re.

9. R: Wie 5. R.

11. R: Wie 3. R.

13. R: Wie 1. R.

15. R: Mit Spice bis zum Ende re stricken.

17. R: Mit Vintage 2 M re, 1 M abh, 1 M re, *4x [1 M abh, 1 M re], 1 M abh, 3 M re; ab * noch 3x wdh, 5x [1 M abh, 1 M re], 1 M abh, 2 M re.

19. R: Mit Spice 4 M re, 4x [9 M re, 3 M abh], bis zum Ende re stricken.

21. R: Mit Vintage 2 M re, 1 M abh, 1 M re, *2 M re, 2x [1 M abh, 1 M re], 1 M abh, 5 M re; ab * noch 3x wdh, 2 M re, 2x [1 M abh, 1 M re], 1 M abh, 3 M re, 1 M abh, 2 M re.

23. R: Mit Spice 3 M re, 1 M abh, *2 M abh, 5 M re, 3 M abh, 1 M re, 1 M abh; ab * noch 3x wdh, 2 M abh, 5 M re, 3 M abh, 3 M re.

25. R: Wie 21. R.

27. R: Wie 19. R.

29. R: Wie 17. R.

31. R: Mit Spice bis zum Ende re stricken.

33. bis 48. R: Wie 1. bis 16 R.

ERLÄUTERUNG DIAGRAMM

1. R (Hinr): Mit Vintage 1. R des Diagramms für das Gästehandtuch arbeiten, dabei Rapport 4x wdh.

2. R und alle Rückr: Die re M aus der vorherigen R mit der aktiven Farbe re stricken und die Hebemaschen aus der vorherigen R mFv abh.

Weitere 30 R nach dem Diagramm arbeiten.

33. bis 48. R: Wie 1. bis 16. R des Diagramms.

2. ABSCHNITT: EINZELNE HEBEMASCHE

1. R: Mit Vintage 2 M re, [1 M abh, 1 M re] bis letzte M, 1 M re.

2. R: Die re M aus der vorherigen R mit Vintage re stricken und die Hebemaschen aus der vorherigen R mFv abh.

3. bis 4. R: Mit Spice bis zum Ende re stricken.

1. bis 4. R noch 31x (oder wie gewünscht) wdh.

3. ABSCHNITT: MOSAIKMOTIV

Wie Abschnitt 2: Mosaikmotiv wdh.

4. ABSCHNITT: FERTIGSTELLEN

Zu 4,5 mm-Nadeln wechseln.

Mit Vintage 2 R re stricken.

Mit Spice 2 R re stricken.

In Spice mit isländischem Abketten (siehe Techniken: Isländisch Abketten) oder deiner bevorzugten Technik alle M abketten. Fäden vernähen, nach Wunsch spannen.

GÄSTEHANDTUCH

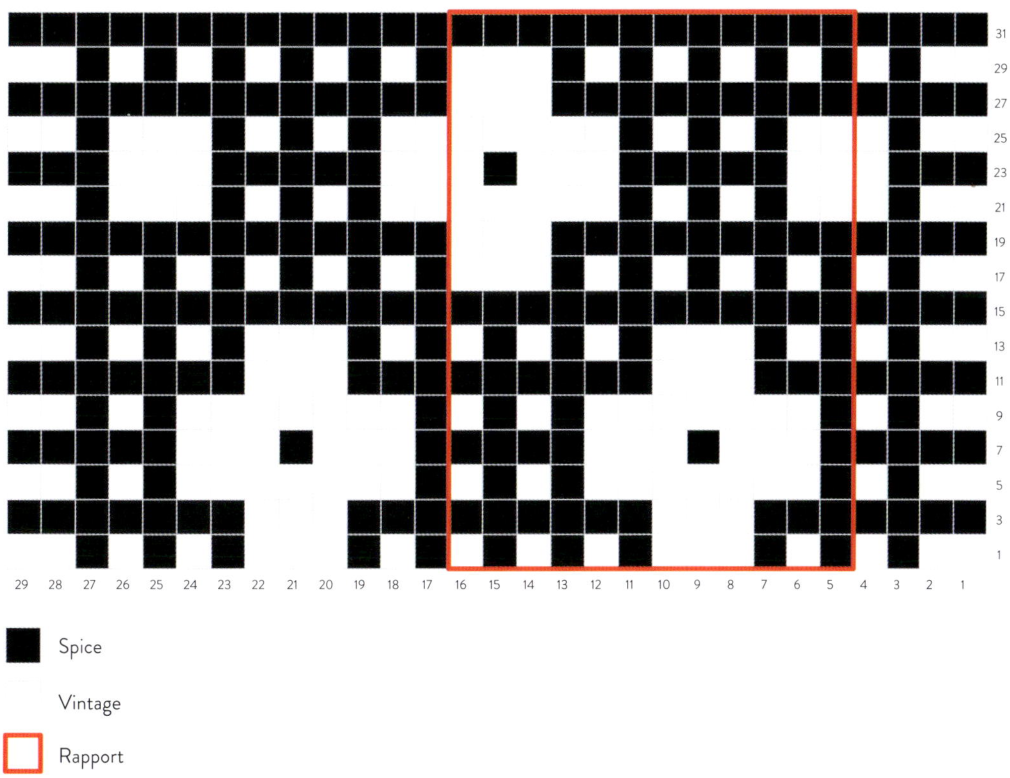

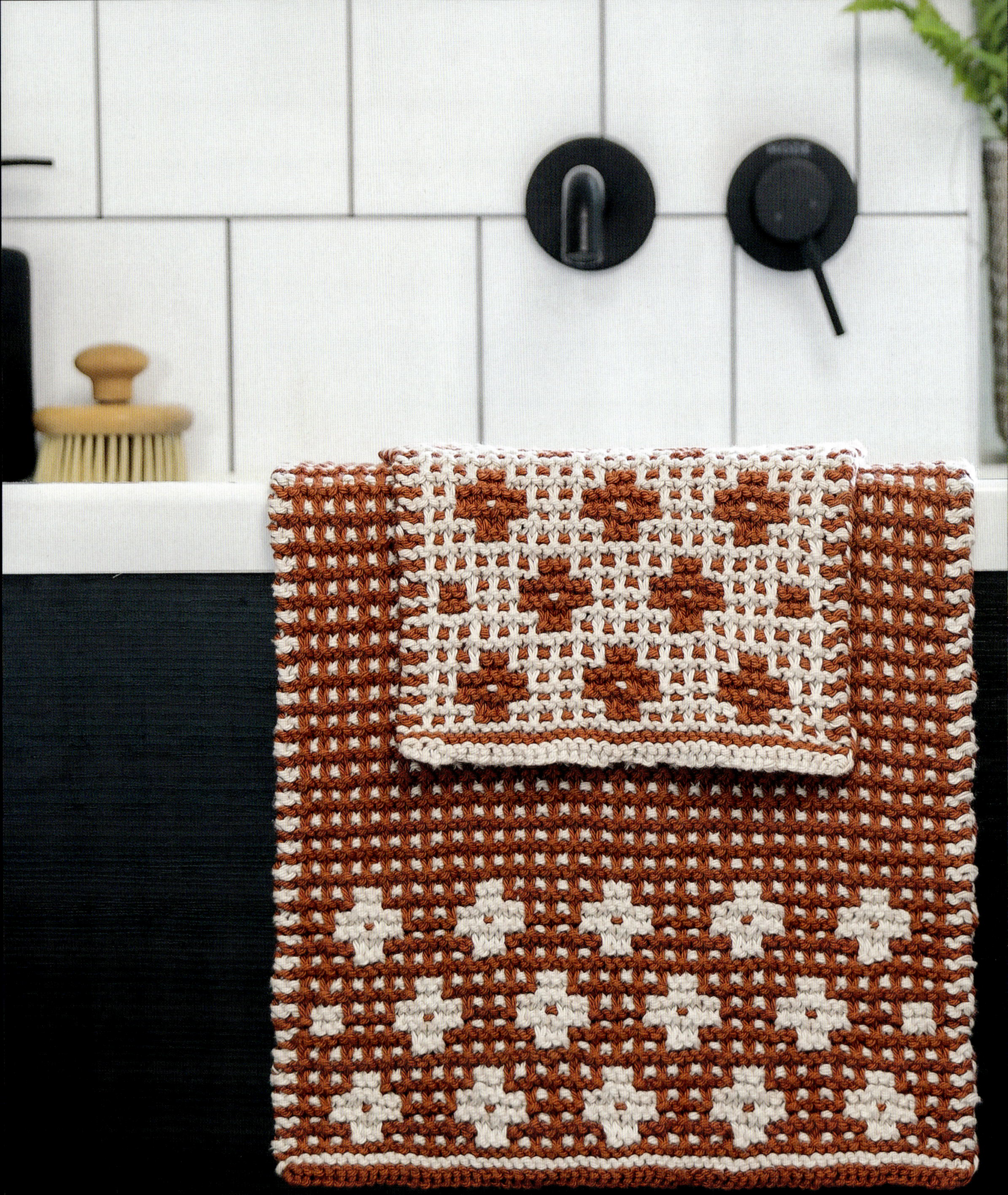

Alternative Farbgebung

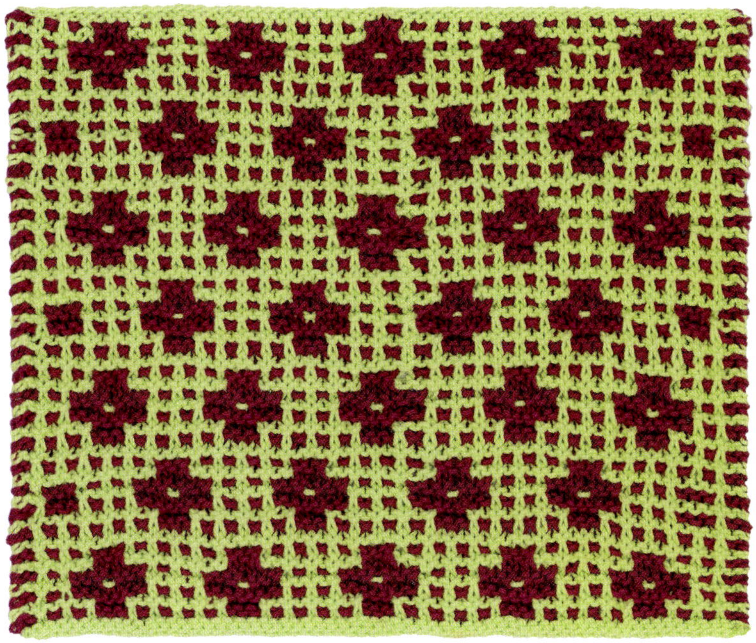

Garn

Lion Brand 24/7 Cotton Yarn – Worsted (100 % merzerisierte Baumwolle; Lauflänge 170 m/100 g), in den folgenden Farbtönen:

- Lime (170J)
- Magenta (144L)

Nadeln

Wie in der Anleitung.

Maschenprobe

Wie in der Anleitung.

Nach dem ganz dezenten Set in dunklem Orange und Crème wollte ich etwas ganz anderes machen – aus 24/7 Cotton in Magenta und Lime entsteht der perfekte Waschlappen für den Sommer. Für diese größere Waschlappen-Version habe ich 65 M angeschlagen und den Rapport insgesamt 4x wiederholt.

SCHWIERIGKEITSGRAD:

+++

Zickzack-KÜCHEN-TÜCHER

Kann abwaschen und Arbeitsflächen abwischen Spaß machen? Wahrscheinlich nicht, aber es macht immer Spaß, ein dekoratives Spül- und Geschirrtuch zu stricken, um deine Küche zu verschönern. Baumwolle ist die beste Faser für Abwasch- und Handtücher – nach ein paar Wäschen wird sie sogar noch saugfähiger. Du kannst das Abwaschtuch und das Handtuch mit nur zwei Knäueln Lion Brand Pima Cotton in Dragonfly und einem Knäuel in Vintage stricken.

Du benötigst

GARN

Lion Brand Pima Cotton – Worsted (100% Baumwolle; Lauflänge 170 m/100 g), in den folgenden Farbtönen:

- 1 Knäuel Vintage (099R)
- 2 Knäuel Dragonfly (178Y)

STRICKNADELN

- 4,5 mm-Nadeln
- 5 mm-Nadeln

WEITERES ZUBEHÖR

- Maschenmarkierer (optional)

MASCHENPROBE

21 M und 42 R ergeben 10 x 10 cm im Mosaikmotiv kraus rechts mit 5 mm-Nadeln gestrickt und im doppelten Perlmuster mit 4,5 mm-Nadeln gestrickt.

Die Maschenprobe ist nicht entscheidend für dieses Projekt, der Garnbedarf kann jedoch abweichen.

GRÖSSE DER FERTIGEN ARBEIT

Spültuch

19 x 19 cm nach dem Spannen

Geschirrtuch

31 x 69 cm nach dem Spannen

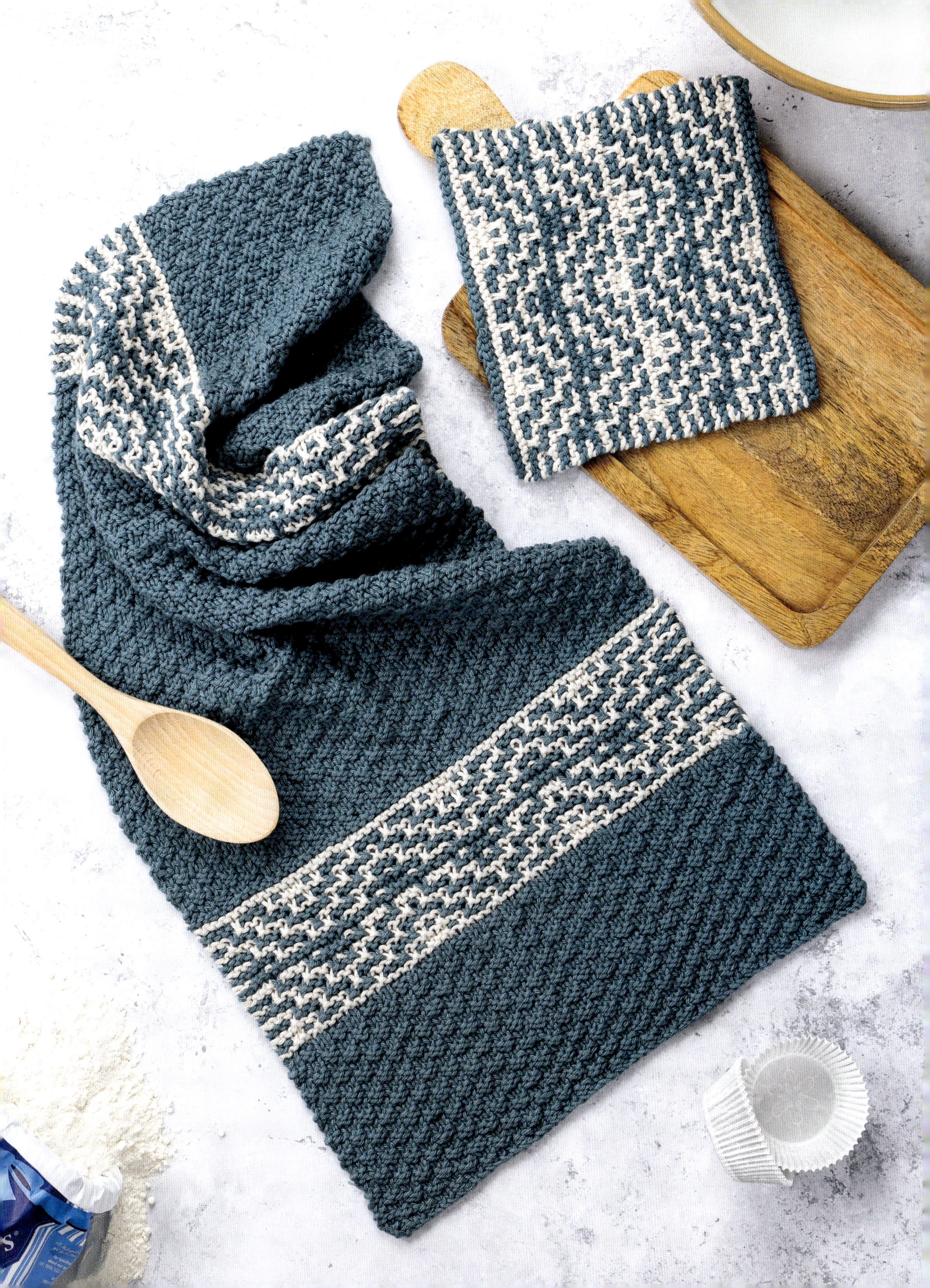

Hinweise zur Anleitung

Das Spültuch und das Geschirrtuch werden mit demselben Mosaikmotiv als Rechteck in Reihen gearbeitet.

Beim Arbeiten des Motivs in allen Hinreihen alle Hebemaschen mit Faden hinten abheben und in allen Rückreihen alle Hebemaschen mit Faden vorne abheben.

Wenn du die Größe dieser Anleitung ändern möchtest, ein Vielfaches von 18+5 M anschlagen. Zum Beispiel 18x2=36, 36+5=41 angeschlagene Maschen.

Hinweise zum Diagramm

Jedes Quadrat stellt eine Masche dar. Das Diagramm beginnt in der unteren rechten Ecke in der 1. Reihe.

Nur Hinreihen (ungerade Zahlen) sind dargestellt. Sie werden von rechts nach links gelesen.

Die Farbe der ersten Masche im Diagramm bestimmt immer die aktive Farbe, die für die nächsten zwei Reihen verwendet wird.

Für Spültuch und Geschirrtuch wird dasselbe Diagramm verwendet.

ZICKZACK-SPÜLTUCH

ANLEITUNG

VORBEREITUNG

Mit 4,5 mm-Nadeln und Dragonfly mit einem einfachen Anschlag 41 M anschlagen.

1. Startreihe (Rückr): Mit Dragonfly bis zum Ende re stricken. (41 M)

2. bis 3. Startreihe: Mit Vintage bis zum Ende re stricken.

Zu 5 mm-Nadeln wechseln.

MOSAIKMOTIV

Wenn du Maschenmarkierer für die Wiederholungen verwenden möchtest, bringe einen Markierer nach den ersten 2 M und dann alle 18 M bis zu den letzten 3 M an.

Befolge entweder die Anleitung oder das nachstehende Diagramm.

ANLEITUNG

1. R (Hinr): Mit Dragonfly 2 M re, *2 M abh, 1 M re, 1 M abh, 3x [3 M re, 1 M abh], 1 M re, 1 M abh; ab * noch 1x wdh, 1 M abh, 2 M re.

2. R und alle Rückr: Die re M aus der vorherigen R mit der aktiven Farbe re stricken und die Hebemaschen aus der vorherigen R mFv abh.

3. R: Mit Vintage 2 M re, *4 M re, 1 M abh, 3 M re, 1 M abh, 1 M re, 1 M abh, 3 M re, 1 M abh, 3 M re; ab * noch 1x wdh, 3 M re.

5. R: Mit Dragonfly 2 M re, *1 M re, 4x [1 M abh, 3 M re], 1 M abh; ab * noch 1x wdh, 3 M re.

7. R: Mit Vintage 2 M re, *2 M re, 1 M abh, 3 M re, 1 M abh, 5 M re, 1 M abh, 3 M re, 1 M abh, 1 M re; ab * noch 1x wdh, 3 M re.

9. R: Mit Dragonfly 2 M re, *4x [3 M re, 1 M abh], 2 M re; ab * noch 1x wdh, 3 M re.

11. R: Mit Vintage 2 M re, *2x [1 M abh, 3 M re], 1 M abh, 1 M re, 2x [1 M abh, 3 M re]; ab * noch 1x wdh, 1 M abh, 2 M re.

13. R: Mit Dragonfly 2 M re, *1 M re, 1 M abh, 3 M re, 1 M abh, 7 M re, 1 M abh, 3 M re, 1 M abh; ab * noch 1x wdh, 3 M re.

15. R: Mit Vintage 2 M re, *2 M re, 1 M abh, 3 M re, 1 M abh, 1 M re, 3 M abh, 1 M re, 1 M abh, 3 M re, 1 M abh, 1 M re; ab * noch 1x wdh, 3 M re.

17. R: Mit Dragonfly re stricken.

19. R: Mit Vintage wie 1. R.

21. R: Mit Dragonfly wie 3. R.

23. R: Mit Vintage wie 5. R.

25. R: Mit Dragonfly wie 7. R.

27. R: Mit Vintage wie 9. R.

29. R: Mit Dragonfly wie 11. R.

31. R: Mit Vintage wie 13. R.

33. R: Mit Dragonfly wie 15. R.

35. R: Mit Vintage re stricken.

37. bis 72. R: Wie 1. bis 36. R.

ERLÄUTERUNG DIAGRAMM

1. R (Hinr): Mit Dragonfly 1. R des Diagramms arbeiten, dabei Rapport 2x stricken.

2. R und alle Rückr: Die re M aus der vorherigen R mit der aktiven Farbe re stricken und die Hebemaschen aus der vorherigen R mFv abh.

Für weitere 34 R nach dem Diagramm arbeiten.

37. bis 72. R: Wie 1. bis 36. R.

FERTIGSTELLEN

Zu 4,5 mm-Nadeln wechseln.

73. bis 74. R: Mit Dragonfly re stricken.

In Dragonfly mit isländischem Abketten (siehe Techniken: Isländisch Abketten) oder deiner bevorzugten Technik alle M abketten. Fäden vernähen, nach Wunsch spannen (oder dein Spültuch einfach gleich verwenden).

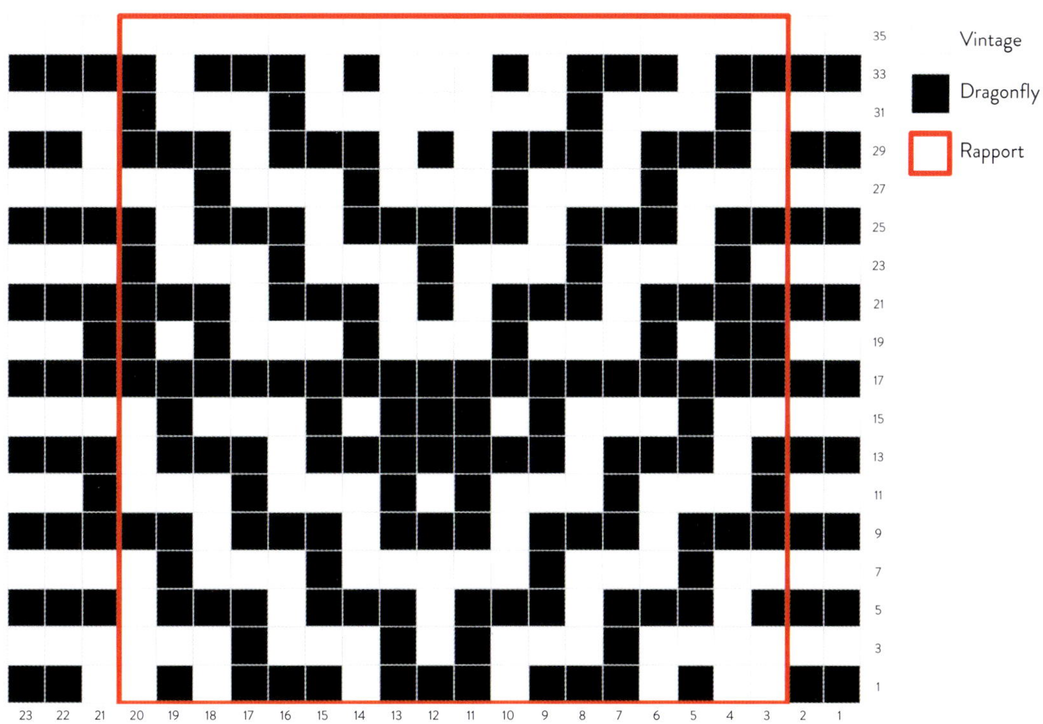

ZICKZACK-GESCHIRRTUCH

ANLEITUNG

VORBEREITUNG

Mit 4,5 mm-Nadeln und Dragonfly mit einfachem Anschlag 58 M anschlagen.

Startreihe (Rückr): [2 M li, 2 M re] bis letzte 2 M, 2 M li. (58 M)

1. ABSCHNITT: DOPPELTES PERLMUSTER

1. R (Hinr): [2 M re, 2 M li] bis letzte 2 M, 2 M re.

2. R: [2 M li, 2 M re] bis letzte 2 M, 2 M li.

3. R: 2. R wdh.

4. R: 1. R wdh.

1. bis 4. R noch 8x wdh.

1. Startreihe (Hinr): 28 M re, in vorderes u. hinteres Maschengl. stricken, 29 M re. (59 M)

2. Startreihe: Bis zum Ende re stricken.

Zu 5 mm-Nadeln wechseln.

2. ABSCHNITT: MOSAIKMOTIV

Wenn du Maschenmarkierer für die Wiederholungen verwenden möchtest, bringe einen Markierer nach den ersten 2 M und dann alle 18 M bis zu den letzten 3 M an.

Befolge entweder die Anleitung oder das nachstehende Diagramm.

ANLEITUNG

1. R (Hinr): Mit Dragonfly 2 M re, *2 M abh, 1 M re, 1 M abh, 3x [3 M re, 1 M abh], 1 M re, 1 M abh; ab * noch 2x wdh, 1 M abh, 2 M re.

2. R und alle Rückr: Die re M aus der vorherigen R mit der aktiven Farbe re stricken und die Hebemaschen aus der vorherigen R mFv abh.

3. R: Mit Vintage 2 M re, *4 M re, 1 M abh, 3 M re, 1 M abh, 1 M re, 1 M abh, 3 M re, 1 M abh, 3 M re; ab * noch 2x wdh, 3 M re.

5. R: Mit Dragonfly 2 M re, *1 M re, 4x [1 M abh, 3 M re], 1 M abh; ab * noch 2x wdh, 3 M re.

7. R: Mit Vintage 2 M re, *2 M re, 1 M abh, 3 M re, 1 M abh, 5 M re, 1 M abh, 3 M re, 1 M abh, 1 M re; ab * noch 2x wdh, 3 M re.

9. R: Mit Dragonfly 2 M re, *4x [3 M re, 1 M abh], 2 M re; ab * noch 2x wdh, 3 M re.

11. R: Mit Vintage 2 M re, *2x [1 M abh, 3 M re], 1 M abh, 1 M re, 2x [1 M abh, 3 M re]; ab * noch 2x wdh, 1 M abh, 2 M re.

13. R: Mit Dragonfly 2 M re, *1 M re, 1 M abh, 3 M re, 1 M abh, 7 M re, 1 M abh, 3 M re, 1 M abh; ab * noch 2x wdh, 3 M re.

15. R: Mit Vintage 2 M re, *2 M re, 1 M abh, 3 M re, 1 M abh, 1 M re, 3 M abh, 1 M re, 1 M abh, 3 M re, 1 M abh, 1 M re; ab * noch 2x wdh, 3 M re.

17. R: Mit Dragonfly re stricken.

19. R: Mit Vintage wie 1. R.

21. R: Mit Dragonfly wie 3. R.

23. R: Mit Vintage wie 5. R.

25. R: Mit Dragonfly wie 7. R.

27. R: Mit Vintage wie 9. R.

29. R: Mit Dragonfly wie 11. R.

31. R: Mit Vintage wie 13. R.

33. R: Mit Dragonfly wie 15. R.

35. R: Mit Vintage re stricken.

37. bis 72. R: Wie 1. bis 36. R.

ERLÄUTERUNG DIAGRAMM

1. R (Hinr): Mit Dragonfly 1. R des Diagramms arbeiten, dabei Rapport 3x stricken.

2. R und alle Rückr: Die re M aus der vorherigen R mit der aktiven Farbe re stricken und die Hebemaschen aus der vorherigen R mFv abh.

Weitere 34 R nach dem Diagramm arbeiten.

37. bis 72. R: Wie 1. bis 36. R.

3. ABSCHNITT: DOPPELTES PERLMUSTER

Zu 4,5 mm-Nadeln wechseln.

1. Startreihe (Hinr): 28 M re, 2 M zus, 29 M re. (58 M)

2. Startreihe: Bis zum Ende re stricken.

1. bis 4. Reihe vom 1. Abschnitt: Doppeltes Perlmuster insgesamt 20x (oder so oft wie gewünscht) wdh.

4. ABSCHNITT: MOSAIKMOTIV

1. Startreihe (Hinr): 28 M re, in vorderes u. hinteres Maschengl. stricken, 29 M re. (59 M)

2. Startreihe: Bis zum Ende re stricken.

Zu 5 mm-Nadeln wechseln.

2. Abschnitt: Mosaikmotiv wdh.

5. ABSCHNITT: DOPPELTES PERLMUSTER

1. Startreihe (Hinr): 28 M re, 2 M zus, 29 M re. (58 M)

2. Startreihe: Bis zum Ende re stricken.

1. bis 4. R vom 1. Abschnitt: Doppeltes Perlmuster insgesamt 9x wdh.

In Dragonfly mit isländischem Abketten (siehe Techniken: Isländisch Abketten) oder deiner bevorzugten Technik alle M abketten. Fäden vernähen, nach Wunsch spannen (oder dein neues Geschirrtuch einfach gleich verwenden).

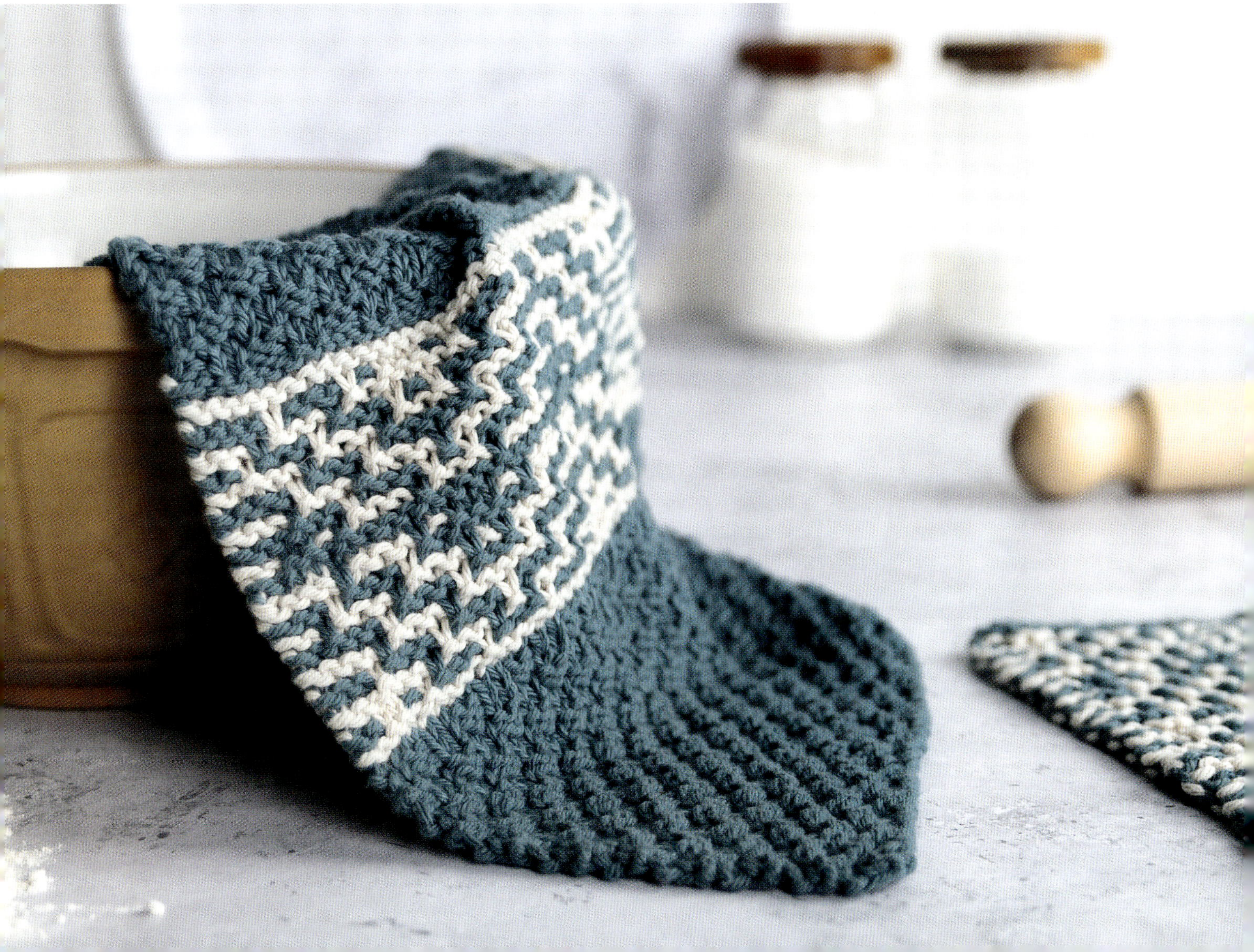

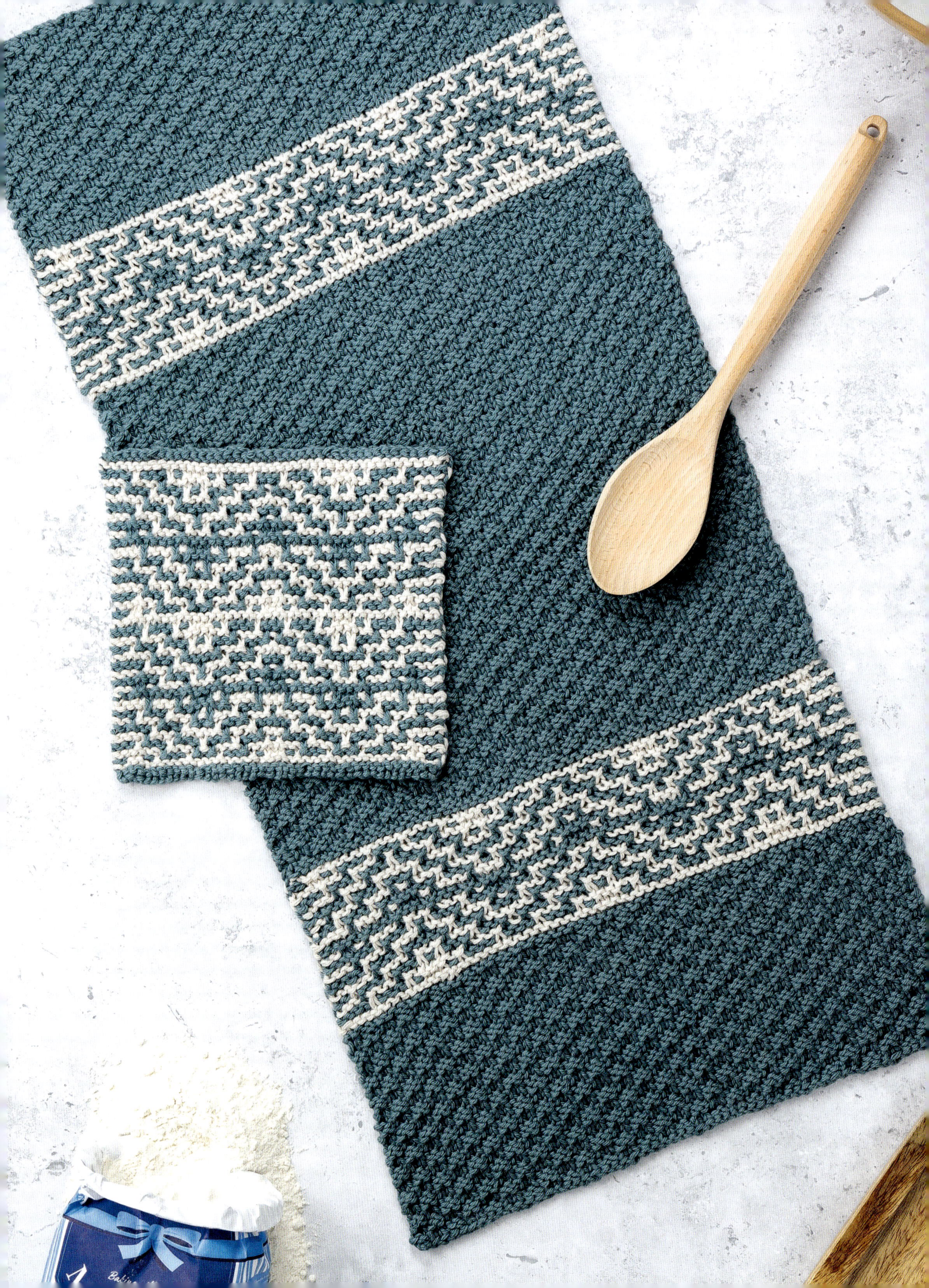

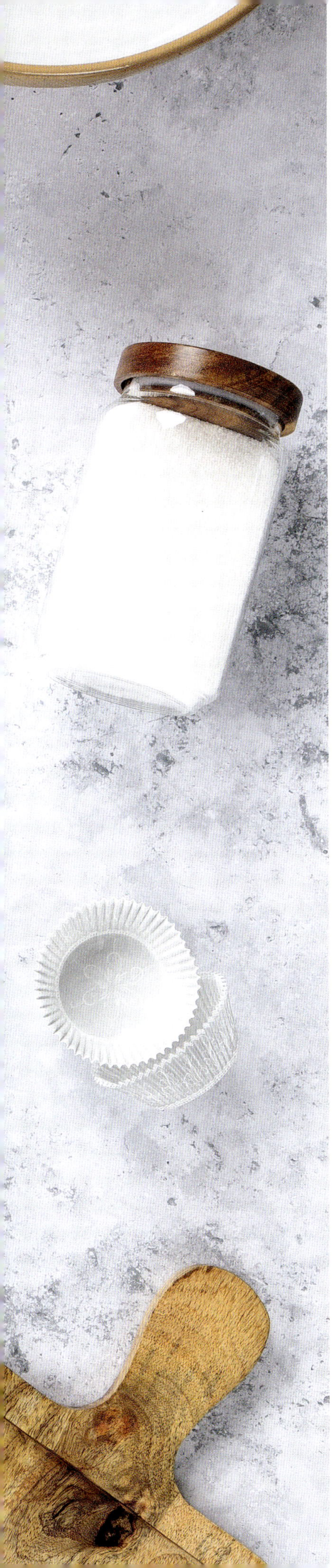

Alternative Farbgebung

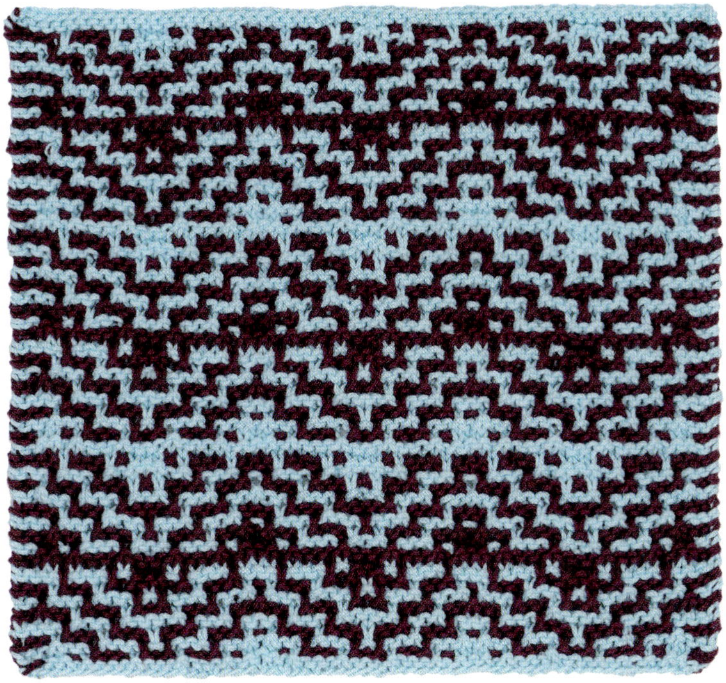

Garn

Lion Brand 24/7 Cotton Yarn – Worsted (100 % merzerisierte Baumwolle; Lauflänge 170 m/100 g), in den folgenden Farbtönen:

- Aqua (102A)
- Beets (146AM)

Nadeln

Wie in der Anleitung.

Maschenprobe

Wie in der Anleitung.

Ich habe ein extra großes Spültuch gestrickt, indem ich 59 M angeschlagen und den Rapport insgesamt 3x statt der ursprünglichen 2x wiederholt habe. Dieses großzügige Format und die leuchtenden Farben sehen toll in meiner Küche aus! Das Wellenmuster des Zickzack-Motivs wirkt, als sei es ständig in Bewegung (genau wie meine geschäftige kleine Küche – immer brutzelt und backt etwas oder eine Arbeitsfläche muss schnell abgewischt werden).

SCHWIERIGKEITSGRAD:

+++

Beerige FUSS-MATTE

Die faszinierenden Punkte in den Rauten des Motivs erinnern mich an mein liebstes Sommerobst – Beeren! Dieser süße kleine Teppich verleiht jedem Boden etwas Pep mit leuchtendem Gelb und tiefen Blau- und Lilatönen. In extradickem Garn und mit einem leicht zu merkenden Motiv ist dieser Teppich in Nullkommanix fertig!

Du benötigst

GARN

Lion Brand Wool Ease Thick & Quick – Super Bulky (80 % Acryl, 20 % Wolle; Lauflänge 97 m/170 g), in den folgenden Farbtönen:

- 2 Knäuel Fisherman (099)
- 1 Knäuel Petrol Blue (109)
- 1 Knäuel Fig (146)
- 1 Knäuel Mustard (158)

STRICKNADELN

- 8 mm-Nadeln
- 9 mm-Nadeln

WEITERES ZUBEHÖR

- Maschenmarkierer (optional)
- Papprechteck, ungefähr 30 x 15 cm
- Häkelnadel (um Fransen anzubringen)

MASCHENPROBE

11 M und 22 R ergeben 10 x 10 cm im Mosaikmotiv kraus rechts mit 9 mm-Nadeln gestrickt.

GRÖSSE DER FERTIGEN ARBEIT

48 x 85 cm nach dem Spannen ohne Fransen

48 x 110 cm mit Fransen

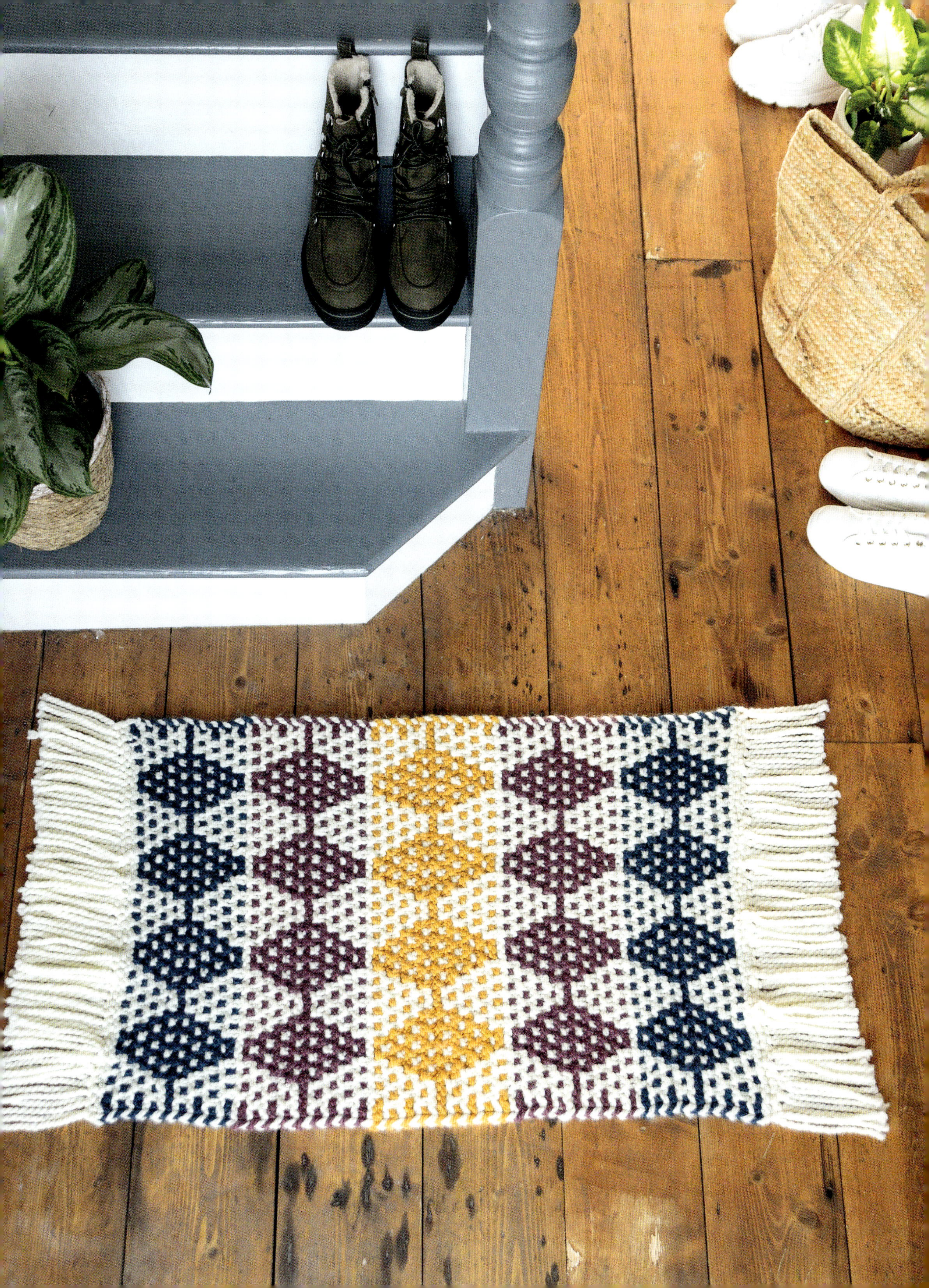

Hinweise zur Anleitung

Die Fußmatte wird als Rechteck in Reihen gearbeitet.

In allen Hinreihen alle Hebemaschen mit Faden hinten abheben und in allen Rückreihen alle Hebemaschen mit Faden vorne abheben.

Für die Ränder wird die erste Masche in allen Hinreihen verschränkt re gestrickt, während die letzte Masche mit Faden vorne abgehoben wird. In allen Rückreihen wird die erste Masche re gestrickt und die letzte Masche wird mit Faden vorne abgehoben – dadurch entsteht ein sauberer Rand. Du kannst aber auch die ersten und letzten Maschen stricken oder einen anderen Rand wählen, wenn du einen anderen Look möchtest.

Wenn du die Größe dieser Anleitung ändern möchtest, ein Vielfaches von 12+5 M anschlagen. Zum Beispiel 12x4=48, 8+5=53 angeschlagene Maschen.

Hinweise zum Diagramm

Jedes Quadrat stellt eine Masche dar. Das Diagramm beginnt in der unteren rechten Ecke in der 1. Reihe.

Nur Hinreihen (ungerade Zahlen) sind dargestellt. Sie werden von rechts nach links gelesen.

Die Farbe der ersten Masche im Diagramm bestimmt immer die aktive Farbe, die für die nächsten zwei Reihen verwendet wird.

ANLEITUNG

VORBEREITUNG

Mit 8 mm-Nadeln und Fisherman mit dem einfachen Anschlag 53 M anschlagen.

Startreihe (Rückr): Mit Fisherman 1 M verschränkt re, bis letzte M re stricken, 1 M mFv abh. (53 M)

Zu 9 mm-Nadeln wechseln.

Wenn du Maschenmarkierer für die Wiederholungen verwenden möchtest, bringe einen Markierer nach den ersten 2 M und dann alle 14 M bis zu den letzten 3 M an.

Befolge entweder die Anleitung oder das nachstehende Diagramm.

ANLEITUNG

1. R (Hinr): Mit Petrol Blue 1 M re verschr, 1 M re, *2x [1 M abh, 1 M re], 1 M abh, 2 M re, 2x [1 M re, 1 M abh], 1 M re; ab * noch 3x wdh, 1 M abh, 1 M re, 1 M abh mFv.

2. R und alle Rückr: Die re M aus der vorherigen R mit der aktiven Farbe re stricken und die Hebemaschen aus der vorherigen R bis zur letzten M mFv abh, 1 M abh mFv.

3. R: Mit Fisherman 1 M re verschr, 1 M re, *5 M re, 1 M abh, 1 M re, 1 M abh, 4 M re; ab * noch 3x wdh, 2 M re, 1 M abh mFv.

5. R: Mit Petrol Blue 1 M re verschr, 1 M re, *2x [1 M re, 1 M abh], 5 M re, 1 M abh, 1 M re, 1 M abh; ab * noch 3x wdh, 1 M abh, 1 M re, 1 M abh mFv.

7. R: Mit Fisherman 1 M re verschr, 1 M re, *4 M re, 3x [1 M abh, 1 M re]; 2 M re; ab * noch 3x wdh, 2 M re, 1 M abh mFv.

9. R: Mit Petrol Blue 1 M re verschr, 1 M re, *1 M abh, 1 M re, 1 M abh, 7 M re, 1 M abh, 1 M re; ab * noch 3x wdh, 1 M abh, 1 M re, 1 M abh mFv.

11. R: Mit Fisherman 1 M re verschr, 1 M re, *3 M re, 4x [1 M abh, 1 M re], 1 M re; ab * noch 3x wdh, 2 M re, 1 M abh mFv.

13. R: Mit Petrol Blue 1 M re verschr, 1 M re, * 1 M re, 1 M abh, 9 M re, 1 M abh; ab * noch 3x wdh, 2 M re, 1 M abh mFv.

15. R: Mit Fisherman 1 M re verschr, 1 M re *2 M re, 5x [1 M abh, 1 M re]; ab * noch 3x wdh, 2 M re, 1 M abh mFv.

17. R: Mit Petrol Blue 1 M re verschr, bis letzte M re stricken, 1 M abh mFv.

19. R: Wie 15. R.

21. R: Wie 13. R.

23. R: Wie 11. R.

25. R: Wie 9. R.

27. R: Wie 7. R.

29. R: Wie 5. R.

31. R: Wie 3. R.

33. R: Wie 1. R.

35. R: Mit Fisherman bis letzte M re stricken, 1 M abh mFv.

37. bis 72. R: Wie 1. bis 36. R mit Fig statt Petrol Blue.

73. bis 108. R: Wie 1. bis 36. R mit Mustard statt Petrol Blue.

109. bis 144. R: Wie 1. bis 36. R mit Fig statt Petrol Blue.

145 bis 180. R: Wie 1. bis 36. R.

ERLÄUTERUNG DIAGRAMM

1. R (Hinr): Mit Petrol Blue 1. R des Diagramms arbeiten, dabei Rapport 4x wiederholen.

2. R und alle Rückr: Die re M aus der vorherigen R mit der aktiven Farbe re stricken und die Hebemaschen aus der vorherigen R bis zur letzten M mFv abh, 1 M abh mFv.

Weitere 34 R nach dem Diagramm arbeiten.

37. bis 72. R: Wie 1. bis 36. R mit Fig statt Petrol Blue.

73. bis 108. R: Wie 1. bis 36. R mit Mustard statt Petrol Blue.

109. bis 144. R: Wie 1. bis 36. R mit Fig statt Petrol Blue.

145 bis 180. R: Wie 1. bis 36. R.

FERTIGSTELLEN

Zu 8 mm-Nadeln wechseln.

181. R: Mit Fisherman 1 M re verschr, bis letzte M re stricken, 1 M abh mFv.

182. R: Wie 181. R.

In Fisherman mit isländischem Abketten (siehe Techniken: Isländisch Abketten) oder deiner bevorzugten Technik alle M abketten. Fäden vernähen, nach Wunsch spannen. Etwa 14 cm lange Fransen nach Wunsch an der Anschlag- und der Abkettseite anbringen (siehe Techniken: Fransen anbringen).

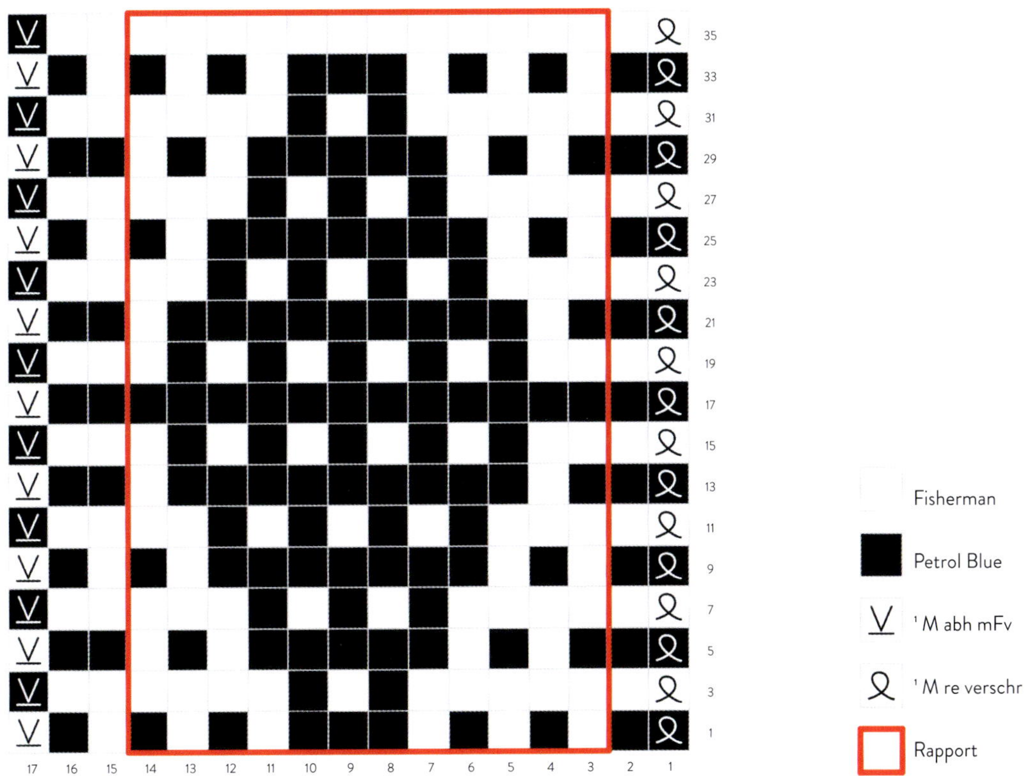

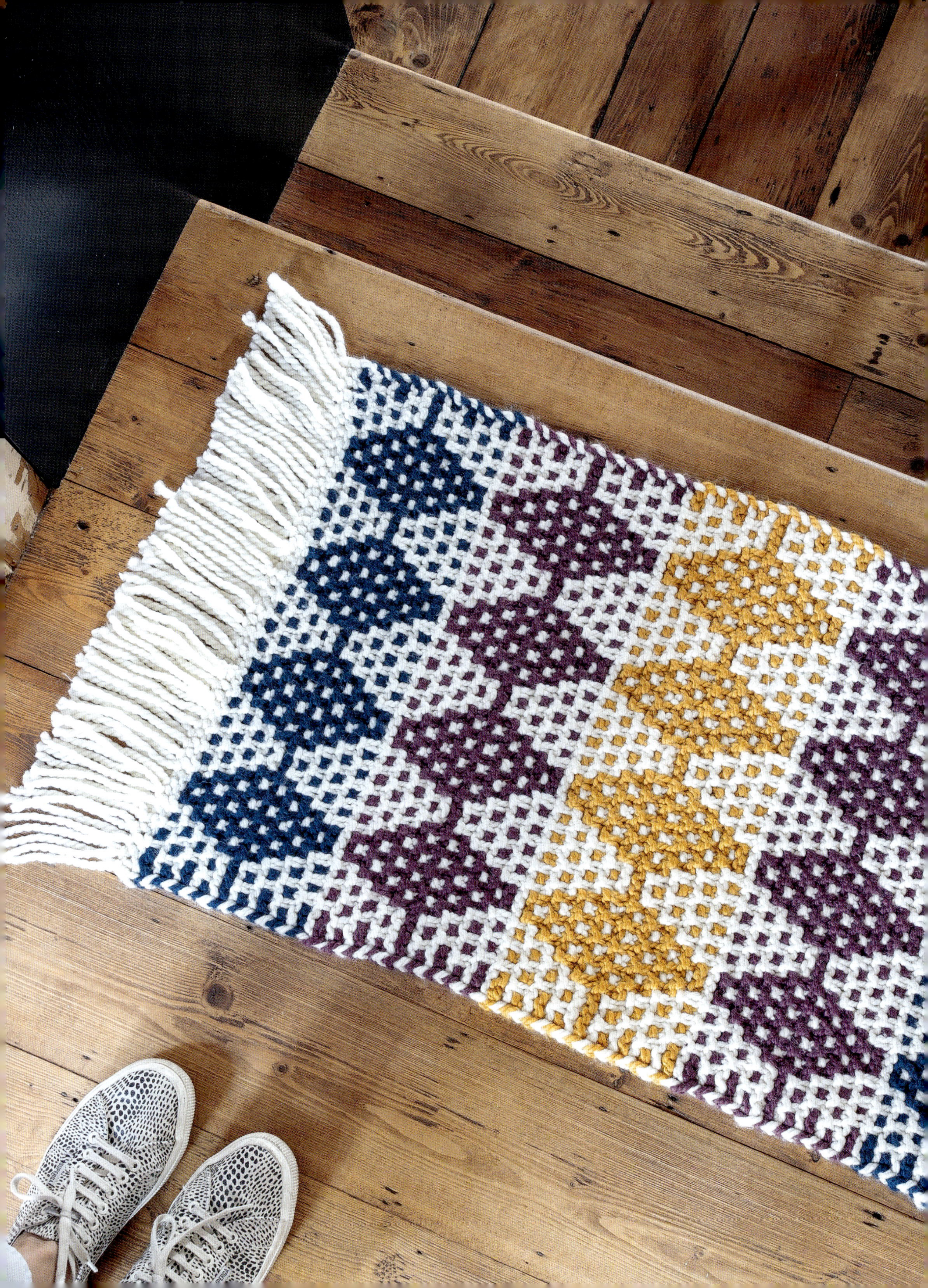

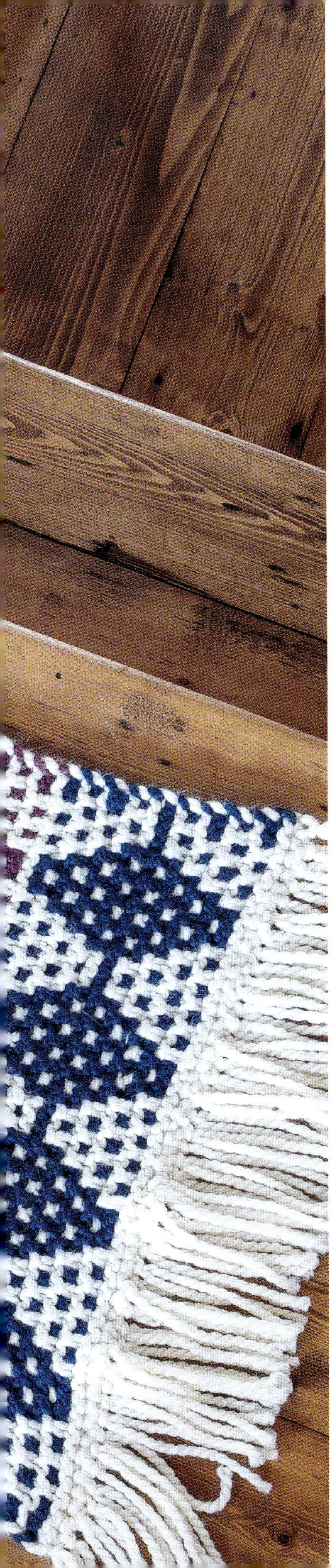

Alternative Farbgebung

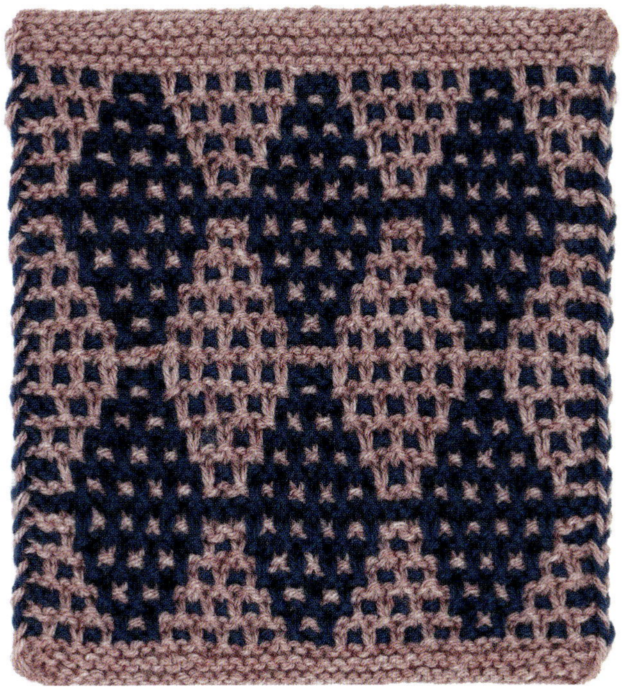

Garn

Lion Brand Wool Ease Yarn – Worsted (80 % Acryl, 20 % Wolle; Lauflänge 180 m/85 g), in den folgenden Farbtönen:

- Riverside (009)
- Rose Heather (140)

Nadeln

- 5,5 mm-Nadeln
- 6 mm-Nadeln

Maschenprobe

19 M und 25 Reihen ergeben 10 x 10 cm im Mosaikmotiv kraus rechts mit 6 mm-Nadeln gestrickt

Das Beerenmotiv sieht in vielen verschiedenen Farben gut aus. Ich habe mich für eine zweifarbige Version in Wool Ease Yarn entschieden, einem maschinenwaschbaren Garn in Fadenstärke Worsted. Mit dünneren Nadeln und leichterem Garn entsteht eine zartere Version des Motivs, die sich schön als Babydecke machen würde – oder, falls du ein Baumwollgarn wählst, wird es ein Spültuch mit schöner Struktur! Dieses Muster ist einfach zu merken und perfekt, um Mosaikstricken zu üben.

SCHWIERIGKEITSGRAD: +++

Rauten-BABY-DECKE

Ich liebe es, wenn Babysachen ungewöhnliche Farben und moderne Muster haben – diese Decke ist meine Version einer traditionellen Babydecke (wobei sie auch ganz leicht größer oder kleiner gestrickt werden kann). Das dicke Garn lässt sich schnell verstricken – fertig ist die warme Decke für kühle Winternächte.

Du benötigst

GARN

Lion Brand Hue + Me – Bulky (80 % Acryl, 20 % Wolle; 125 m/125 g), in den folgenden Farbtönen:

- 4 Knäuel Grapefruit (104P)
- 4 Knäuel Sea Glass (172S)

STRICKNADELN

- 9 mm-Nadeln
- 10 mm-Nadeln

WEITERES ZUBEHÖR

- Maschenmarkierer (optional)

MASCHENPROBE

13 M und 22 R ergeben 10 x 10 cm im Mosaikmotiv kraus rechts mit 10 mm-Nadeln gestrickt.

Die Maschenprobe ist nicht entscheidend für dieses Projekt, der Garnbedarf kann jedoch abweichen.

GRÖSSE DER FERTIGEN ARBEIT

84 x 118 cm nach dem Spannen

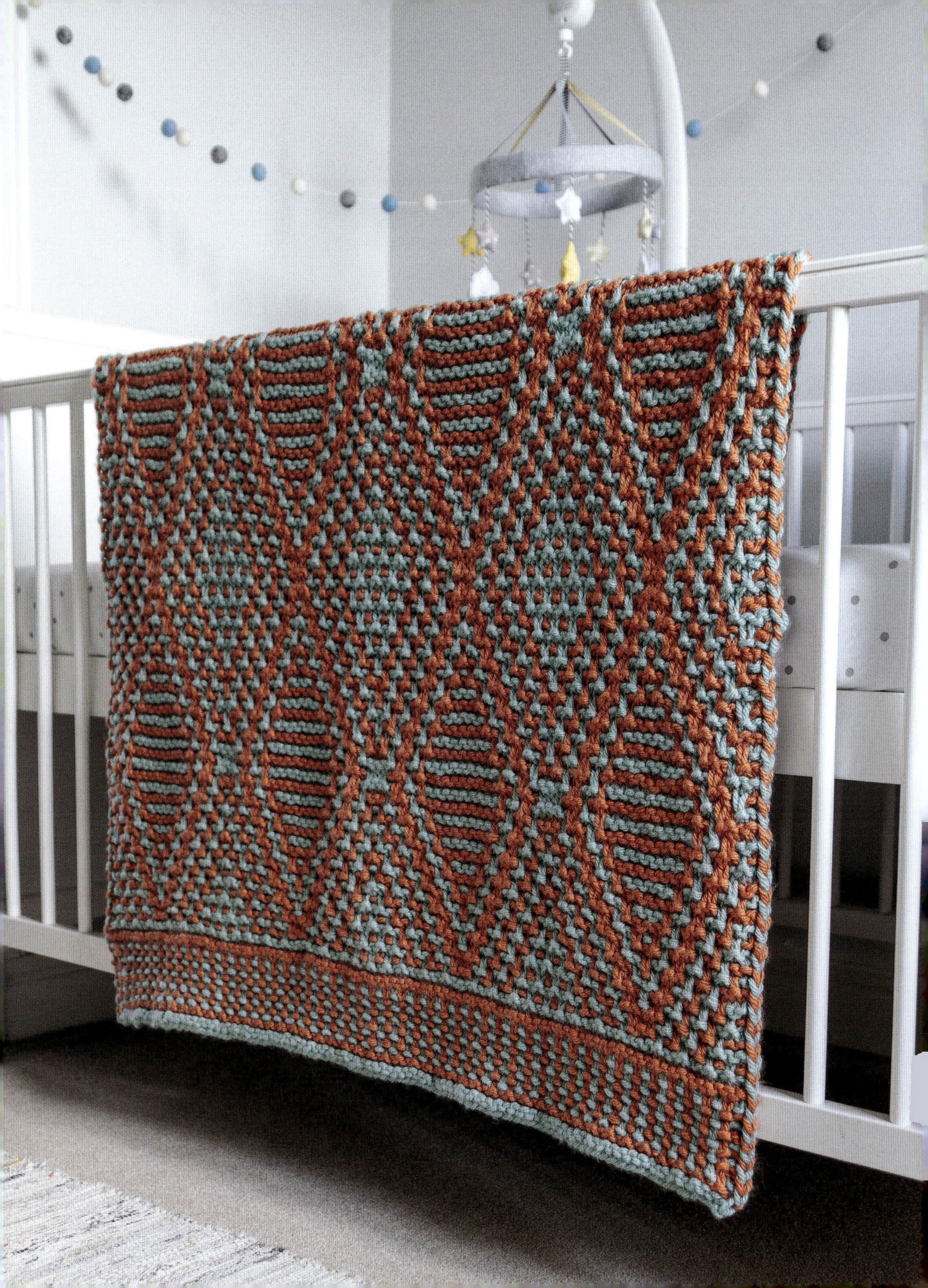

Hinweise zur Anleitung

Die Decke wird als Rechteck in Reihen gearbeitet.

In allen Hinreihen alle Hebemaschen mit Faden hinten abheben und in allen Rückreihen alle Hebemaschen mit Faden vorne abheben.

Für die Ränder wird die erste Masche in allen Hinreihen verschränkt re gestrickt, während die letzte Masche mit Faden vorne abgehoben wird. In allen Rückreihen wird die erste Masche re gestrickt und die letzte Masche wird mit Faden vorne abgehoben – dadurch entsteht ein sauberer Rand. Du kannst aber auch die ersten und letzten Maschen stricken oder einen anderen Rand wählen, wenn du einen anderen Look möchtest.

Wenn du die Größe dieser Anleitung ändern möchtest, ein Vielfaches von 24+23 M anschlagen. Zum Beispiel 24x3=72, 72+23=95 angeschlagene Maschen.

Hinweise zum Diagramm

Jedes Quadrat stellt eine Masche dar. Das Diagramm beginnt in der unteren rechten Ecke in der 1. Reihe.

Nur Hinreihen (ungerade Zahlen) sind dargestellt. Sie werden von rechts nach links gelesen.

Die Farbe der ersten Masche im Diagramm bestimmt immer die aktive Farbe, die für die nächsten zwei Reihen verwendet wird.

ANLEITUNG

VORBEREITUNG

Mit 9 mm-Nadeln und Sea Glass mit einfachem Anschlag 95 M anschlagen.

1. Startreihe (Rückr): Mit Sea Glass 1 M re verschr, bis letzte M re stricken, 1 M abh mFv. (95 M)

2. Startreihe (Hinr): Mit Grapefruit, 1 M re verschr, bis letzte M re stricken, 1 M abh mFv.

3. Startreihe (Rückr): Mit Grapefruit 1 M re verschr, bis letzte M re stricken, 1 M abh mFv.

Zu 10 mm-Nadeln wechseln.

1. ABSCHNITT: HEBEMASCHENSTREIFEN

1. R (Hinr): Mit Sea Glass 1 M re verschr, [1 M re, 1 M abh] bis letzte 2 M wdh, 1 M re, 1 M abh mFv.

2. und 4. R: 1 M re verschr, die re M aus der vorherigen R mit der aktiven Farbe re stricken und die Hebemaschen aus der vorherigen R mFv bis zur letzten M, 1 M abh mFv.

3. R: Mit Grapefruit 1 M re verschr, 1 M re, [1 M re, 1 M abh] bis letzte 3 M wdh, 2 M re, 1 M abh mFv.

5. bis 12. R: 1. bis 4. R noch 2x wdh.

13. bis 14. R: 1. bis 2. R noch 1x wdh.

Zu 9 mm-Nadeln wechseln.

15. bis 16. R: Mit Grapefruit 1 M re verschr, bis letzte M re stricken, 1 M abh mFv.

17. bis 18. R: Mit Sea Glass 1 M re verschr, bis letzte M re stricken, 1 M abh mFv.

Zu 10 mm-Nadeln wechseln.

2. ABSCHNITT: MOSAIKMOTIV

Wenn du Maschenmarkierer für die Wiederholungen verwenden möchtest, bringe einen Markierer nach den ersten 2 M und dann alle 24 M bis zu den letzten 23 M an. Befolge entweder die Anleitung oder das nachstehende Diagramm.

ANLEITUNG

1. R: Mit Grapefruit 1 M re verschr, 1 M re, *1 M abh, 1 M re, 1 M abh, 2x [2 M re, 1 M abh], 3 M re, 2x [1 M abh, 2 M re], 3x [1 M abh, 1 M re]; ab * noch 2x wdh, 1 M abh, 1 M re, 1 M abh, 2x [2 M re, 1 M abh], 3 M re, 2x [1 M abh, 2 M re], 2x [1 M abh, 1 M re], 1 M abh mFv.

2. R und alle Rückr: 1 M re verschr, die re M aus der vorherigen R mit der aktiven Farbe re stricken und die Hebemaschen aus der vorherigen R bis zur letzten M mit Faden vorne abh, 1 M abh mFv.

3. R: Mit Sea Glass 1 M re verschr, 1 M re, *3 M re, 2x [1 M abh, 2 M re], 3 M abh, 2x [2 M re, 1 M abh], 6 M re; ab * noch 2x wdh, 3 M re, 2x [1 M abh, 2 M re], 3 M abh, 2x [2 M re, 1 M abh], 4 M re, 1 M abh mFv.

5. R: Mit Grapefruit 1 M re verschr, 1 M re, *1 M re, 2x [1 M abh, 2 M re], 1 M abh, 5 M re, 2x [1 M abh, 2 M re], 2x [1 M abh, 1 M re], 1 M abh; ab * noch 2x wdh, 1 M re, 2x [1 M abh, 2 M re], 1 M abh, 5 M re, 3x [1 M abh, 2 M re], 1 M abh mFv.

7. R: Mit Sea Glass 1 M re verschr, 1 M re, *2x [2 M re, 1 M abh], 2 M re, 2 M abh, 1 M re, 2 M abh, 2x [2 M re, 1 M abh], 5 M re; ab * noch 2x wdh, 2x [2 M re, 1 M abh], 2 M re, 2 M abh, 1 M re, 2 M abh, 2x [2 M re, 1 M abh], 3 M re, 1 M abh mFv.

9. R: Mit Grapefruit 1 M re verschr, 1 M re, *2x [1 M abh, 2 M re], 2x [1 M abh, 3 M re], 2x [1 M abh, 2 M re], 2x [1 M abh, 1 M re]; ab * noch 2x wdh, 2x [1 M abh, 2 M re], 2x [1 M abh, 3 M re], 2x [1 M abh, 2 M re], 1 M abh, 1 M re, 1 M abh mFv.

11. R: Mit Sea Glass 1 M re verschr, 1 M re, *1 M re, 2x [1 M abh, 2 M re], 2 M abh, 3 M re, 2 M abh, 2x [2 M re, 1 M abh], 4 M re; ab * noch 2x wdh, 1 M re, 2x [1 M abh, 2 M re], 2 M abh, 3 M re, 2 M abh, 2x [2 M re, 1 M abh], 2 M re, 1 M abh mFv.

13. R: Mit Grapefruit 1 M re verschr, 1 M re, *2x [2 M re, 1 M abh], 3 M re, 1 M abh, 1 M re, 1 M abh, 3 M re, 2x [1 M abh, 2 M re],

1 M abh, 1 M re, 1 M abh; ab * noch 2x wdh, 2x [2 M re, 1 M abh], 3 M re, 1 M abh, 1 M re, 1 M abh, 3 M re, 2x [1 M abh, 2 M re], 1 M re, 1 M abh mFv.

15. R: Mit Sea Glass 1 M re verschr, 1 M re, *2x [1 M abh, 2 M re], 2 M abh, 2 M re, 1 M abh, 2 M re, 2 M abh, 2x [2 M re, 1 M abh], 3 M re; ab * noch 2x wdh, 2x [1 M abh, 2 M re], 2 M abh, 2 M re, 1 M abh, 2 M re, 2 M abh, 2x [2 M re, 1 M abh], 1 M re, 1 M abh mFv.

17. R: Mit Grapefruit 1 M re verschr, 1 M re, *1 M re, 1 M abh, 2 M re, 1 M abh, 3x [3 M re, 1 M abh], 2x [2 M re, 1 M abh], 1 M re; ab * noch 2x wdh, 1 M re, 1 M abh, 2 M re, 1 M abh, 3x [3 M re, 1 M abh], 2 M re, 1 M abh, 2 M re, 1 M abh mFv.

19. R: Mit Sea Glass 1 M re verschr, 1 M re, *2 M re, 1 M abh, 2 M re, 2 M abh, 2 M re, 1 M abh, 1 M re, 1 M abh, 2 M re, 2 M abh, 2x [2 M re, 1 M abh], 1 M re, 1 M abh; ab * noch 2x wdh, 2 M re, 1 M abh, 2 M re, 2 M abh, 2 M re, 1 M abh, 1 M re, 1 M abh, 2 M re, 2 M abh, 2 M re, 1 M abh, 3 M re, 1 M abh mFv.

21. R: Mit Grapefruit 1 M re verschr, 1 M re, *1 M abh, 2 M re, 1 M abh, 3 M re, 1 M abh, 5 M re, 1 M abh, 3 M re, 1 M abh, 2 M re, 1 M abh, 3 M re; ab * noch 2x wdh, 1 M abh, 2 M re, 1 M abh, 3 M re, 1 M abh, 5 M re, 1 M abh, 3 M re, 1 M abh, 2 M re, 1 M abh, 1 M re, 1 M abh mFv.

23. R: Mit Sea Glass 1 M re verschr, 1 M re, *1 M re, 1 M abh, 2 M re, 2 M abh, 2 M re, 1 M abh, 3 M re, 1 M abh, 2 M re, 2 M abh, 2 M re, 1 M abh, 2 M re, 1 M abh, 1 M re; ab* noch 2x wdh, 1 M re, 1 M abh, 2 M re, 2 M abh, 2 M re, 1 M abh, 3 M re, 1 M abh, 2 M re, 2 M abh, 2 M re, 1 M abh, 2 M re, 1 M abh mFv.

25. R: Mit Grapefruit 1 M re verschr, 1 M re, *2 M re, 1 M abh, 3 M re, 1 M abh, 7 M re, 1 M abh, 3 M re, 1 M abh, 2 M re, 1 M abh, 1 M re, 1 M abh; ab * noch 2x wdh, 2 M re, 1 M abh, 3 M re, 1 M abh, 7 M re, 2x [1 M abh, 3 M re], 1 M abh mFv.

27. R: Mit Sea Glass 1 M re verschr, 1 M re, *1 M abh, 2 M re, 2 M abh, 2 M re, 1 M abh, 5 M re, 1 M abh, 2 M re, 2 M abh, 2 M re, 1 M abh, 3 M re; ab * noch 2x wdh, 1 M abh, 2 M re, 2 M abh, 2 M re, 1 M abh, 5 M re, 1 M abh, 2 M re, 2 M abh, 2 M re, 1 M abh, 1 M re, 1 M abh mFv.

29. R: Mit Grapefruit 1 M re verschr, 1 M re, *1 M re, 1 M abh, 3 M re, 1 M abh, 9 M re, 1 M abh, 3 M re, 1 M abh, 2 M re, 1 M abh, 1 M re; ab * noch 2x wdh, 1 M re, 1 M abh, 3 M re, 1 M abh, 9 M re, 1 M abh, 3 M re, 1 M abh, 2 M re, 1 M abh mFv.

31. R: Mit Sea Glass 1 M re verschr, 1 M re, *2 M re, 2 M abh, 2 M re, 1 M abh, 7 M re, 1 M abh, 2 M re, 2 M abh, 2 M re, 1 M abh, 1 M re, 1 M abh; ab * noch 2x wdh, 2 M re, 2 M abh, 2 M re, 1 M abh, 7 M re, 1 M abh, 2 M re, 2 M abh, 3 M re, 1 M abh mFv.

33. R: Mit Grapefruit 1 M re verschr, 1 M re, *1 M abh, 3 M re, 1 M abh, 11 M re, 2x [1 M abh, 3 M re]; ab * noch 2x wdh, 1 M abh, 3 M re, 1 M abh, 11 M re, 1 M abh, 3 M re, 1 M abh, 1 M re, 1 M abh mFv.

35. R: Mit Sea Glass 1 M re verschr, 1 M re, *1 M re, 2 M abh, 2 M re, 1 M abh, 9 M re, 1 M abh, 2 M re, 2 M abh, 4 M re; ab * noch 2x wdh, 1 M re, 2 M abh, 2 M re, 1 M abh, 9 M re, 1 M abh, 2 M re, 2 M abh, 2 M re, 1 M abh mFv.

37. R: Mit Grapefruit 1 M re verschr, 1 M re, *3 M re, 1 M abh, 13 M re, 1 M abh, 3 M re, 3 M abh; ab * noch 2x wdh, 3 M re, 1 M abh, 13 M re, 1 M abh, 4 M re, 1 M abh mFv.

39. R: Wie 35. R.

41. R: Wie 33. R.

43. R: Wie 31. R.

45. R: Wie 29. R.

47. R: Wie 27. R.

49. R: Wie 25. R.

51. R: Wie 23. R.

53. R: Wie 21. R.

55. R: Wie 19. R.

57. R: Wie 17. R.

59. R: Wie 15. R.

61. R: Wie 13. R.

63. R: Wie 11. R.

65. R: Wie 9. R

67. R: Wie 7. R.

69. R: Wie 5. R.

71. R: Wie 3. R.

73. bis 216. R: 1. bis 72. R 2x wdh.

217. R: Wie 1. R.

218. R: Wie 2. R.

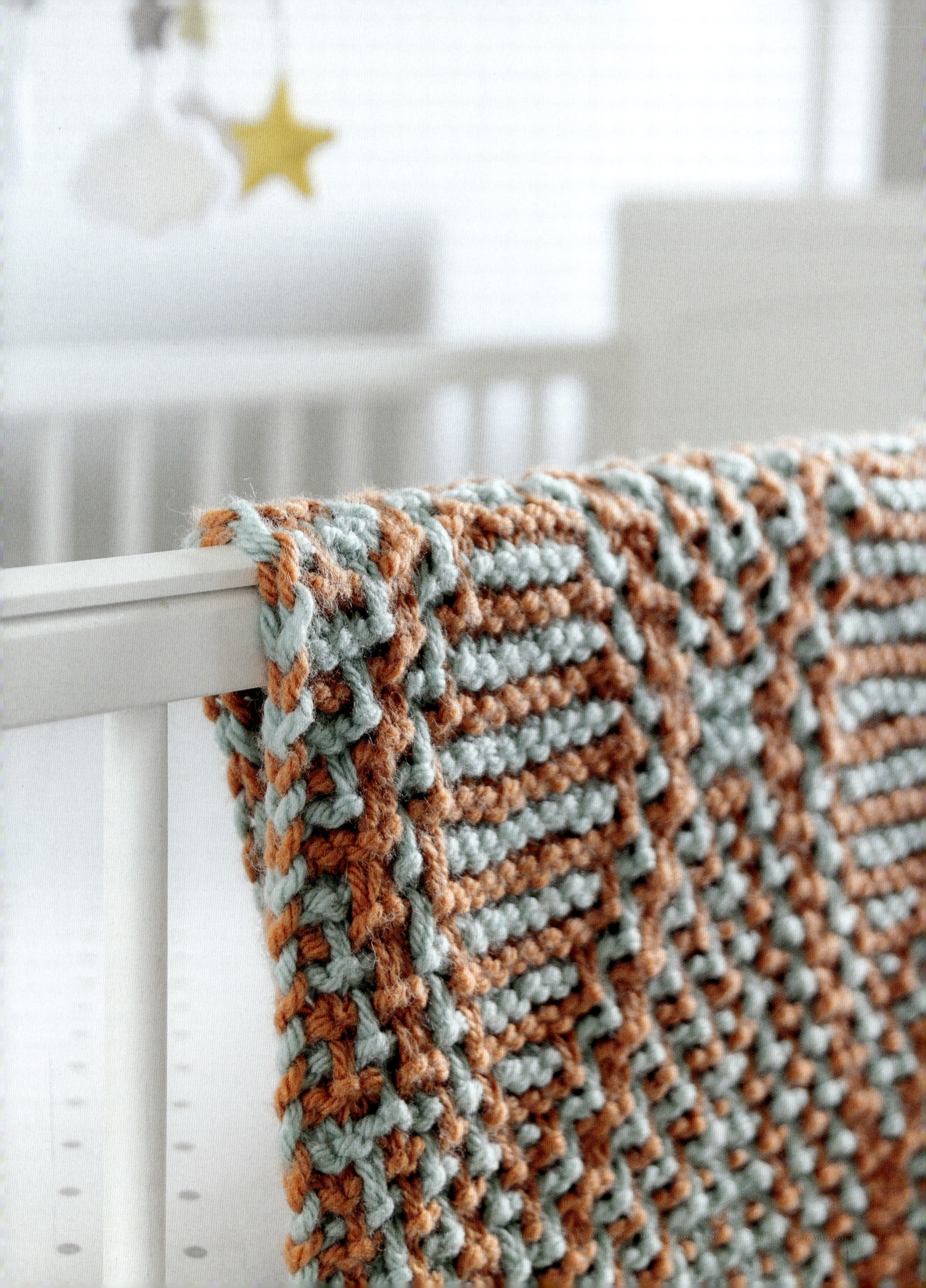

ERLÄUTERUNG DIAGRAMM

1. R (Hinr): Mit Grapefruit 1. R des Diagramms stricken, dabei den Rapport 3x arbeiten.

2. R und alle Rückr: Die re M aus der vorherigen R mit der aktiven Farbe re stricken und die Hebemaschen aus der vorherigen R mFv bis zur letzten M abh, 1 M abh mFv.

Weitere 70 R gemäß dem Diagramm arbeiten.

73. bis 216. R: 1. bis 72. R des Diagramms noch 2x wdh.

1. und 2. R des Diagramms noch 1x wdh.

3. ABSCHNITT: HEBEMASCHEN-STREIFEN UND FERTIGSTELLEN

Zu 9 mm-Nadeln wechseln.

1. Startreihe (Hinr): Mit Sea Glass 1 M re verschr, bis letzte M re stricken, 1 M abh mFv.

2. Startreihe: Mit Sea Glass 1 M re verschr, bis letzte M re stricken, 1 M abh mFv.

3. Startreihe: Mit Grapefruit 1 M re verschr, bis letzte M re stricken, 1 M abh mFv.

4. Startreihe: Mit Grapefruit, 1 M re verschr, bis letzte M re stricken, 1 M abh mFv.

Zu 10 mm-Nadeln wechseln.

1. bis 18. R der Hebemaschenstreifen vom 1. Abschnitt wdh.

In Sea Glass mit isländischem Abketten (siehe Techniken: Isländisch Abketten) oder deiner bevorzugten Technik alle M abketten. Fäden vernähen, nach Wunsch spannen.

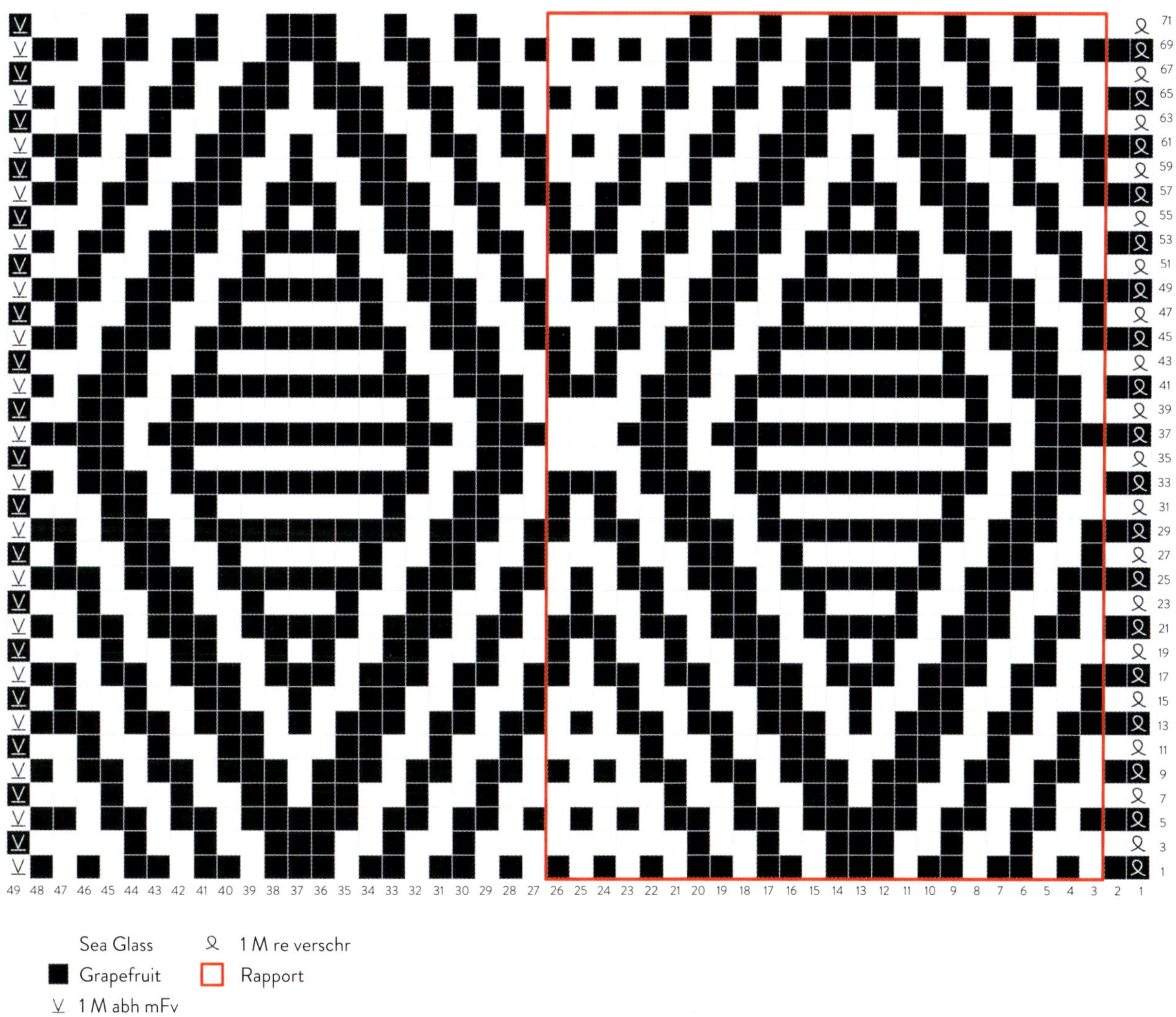

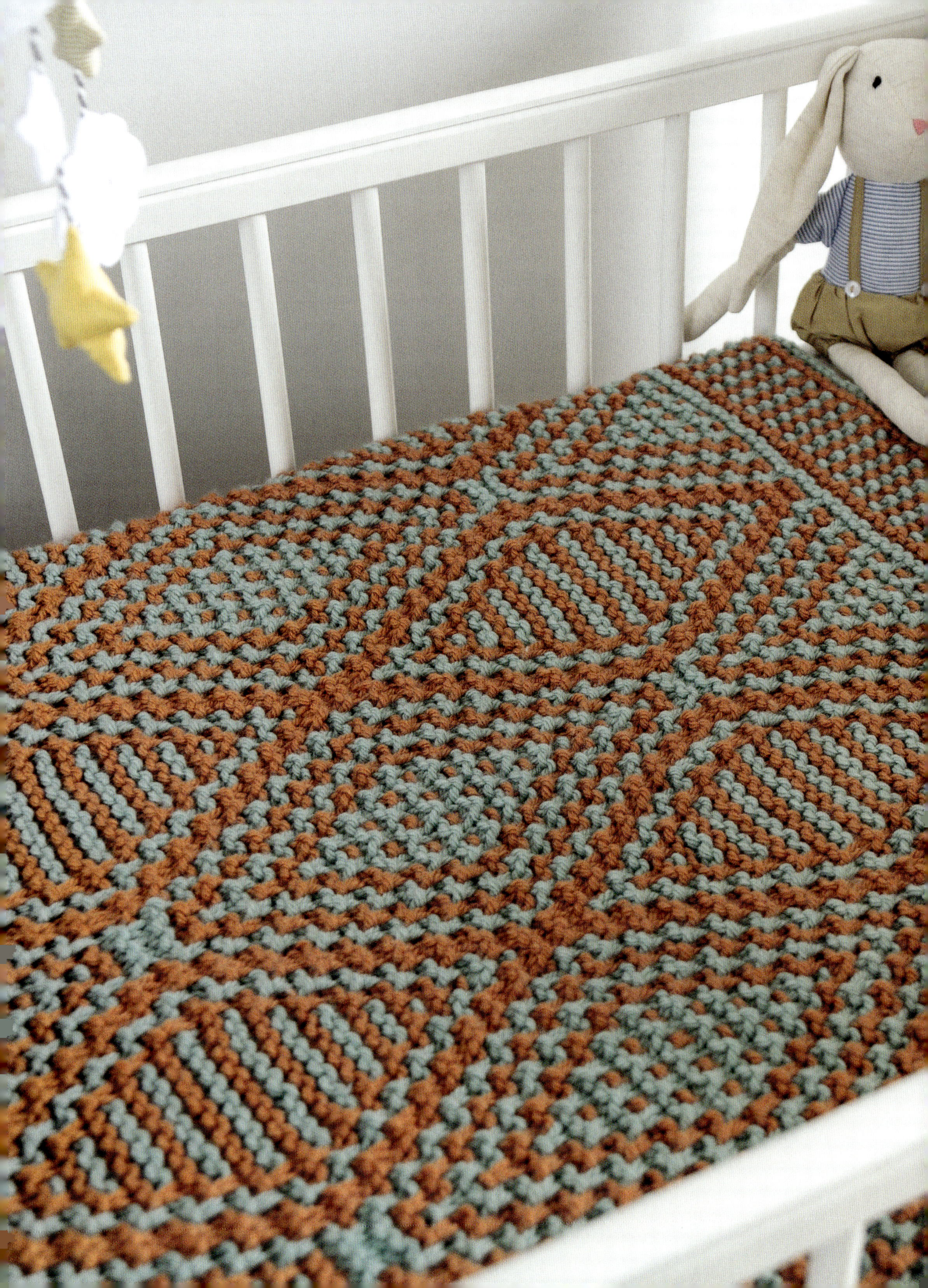

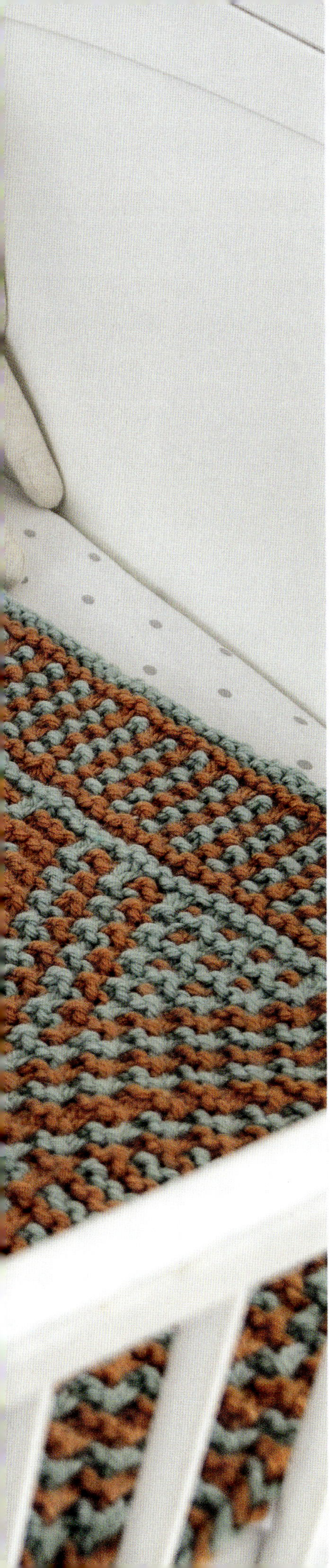

Alternative Farbgebung

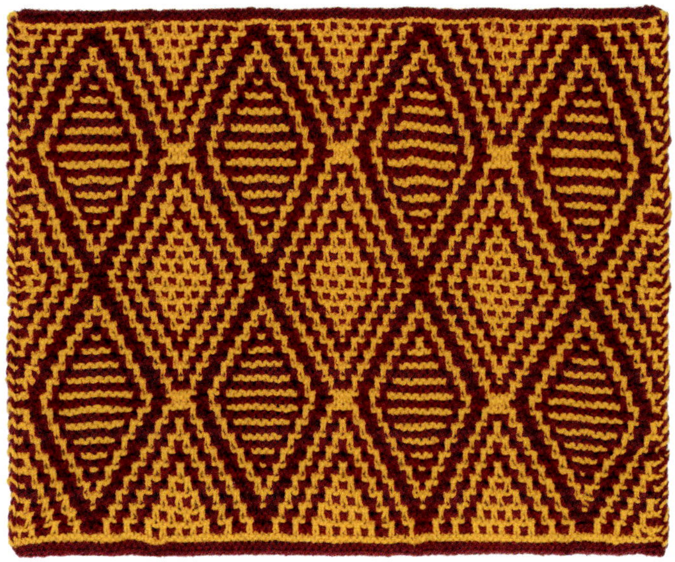

Garn

Lion Brand Feels Like Butta Yarn – Worsted (100 % Polyester; Lauflänge 100 g/199 m), in den folgenden Farbtönen:

- Cranberry (138)
- Golden Sunshine (159U)

Nadeln

- 4,5 mm-Nadeln
- 5 mm-Nadeln

Maschenprobe

23 M und 43 Reihen ergeben 10 x 10 cm im Mosaikmotiv kraus rechts mit 5 mm-Nadeln gestrickt.

Es ist traumhaft, mit Feels Like Butta, einem Garn in Garnstärke Worsted, zu arbeiten! Ich habe die leuchtenden Farben Cranberry und Golden Sunshine gewählt, um dieses Motiv zum Leben zu erwecken. Wenn du eine kleinere, leichtere Version der Rauten-Babydecke stricken möchtest, befolge die Anleitung, aber stricke mit Feels Like Butta (oder einem anderen schönen Garn der gleichen Garnstärke) und Nadelstärke 4,5 oder 5 mm.

SCHWIERIGKEITSGRAD:

Zitter-
PAPPEL-
SCHAL

Meine jüngste Tochter wurde im September in Utah, weit oben in den Rocky Mountains, geboren. In der Woche nach ihrer Geburt machte meine kleine Familie einen kurzen Ausflug, um das Herbstlaub der Zitterpappeln zu sehen. Ich erinnere mich daran, wie meine älteste Tochter rief: »Die Blätter tanzen!«, und es sah tatsächlich so aus! Im Wald hatten die Blätter außergewöhnliche goldene Farbtöne angenommen und der Herbstwind blies die kleinen goldenen Blätter durch die Luft. Dieser Schal erinnert mich an den Kontrast der leuchtend goldgelben Blätter vor dem tiefblauen Berghimmel!

Du benötigst

GARN

Lion Brand Basic Stitch – Worsted (100 % Acryl; Lauflänge 170 m/100 g), in den folgenden Farbtönen:

- 2 Knäuel Steel Blue (109)
- 2 Knäuel Mustard (158)

STRICKNADELN

- 6 mm-Nadeln
- 6,5 mm-Nadeln

WEITERES ZUBEHÖR

- Maschenmarkierer (optional)

MASCHENPROBE

18 M und 32 R ergeben 10 x 10 cm im Mosaikmotiv kraus rechts mit 6,5 mm-Nadeln gestrickt.

GRÖSSE DER FERTIGEN ARBEIT

27 x 173 cm nach Spannen unter Dampf

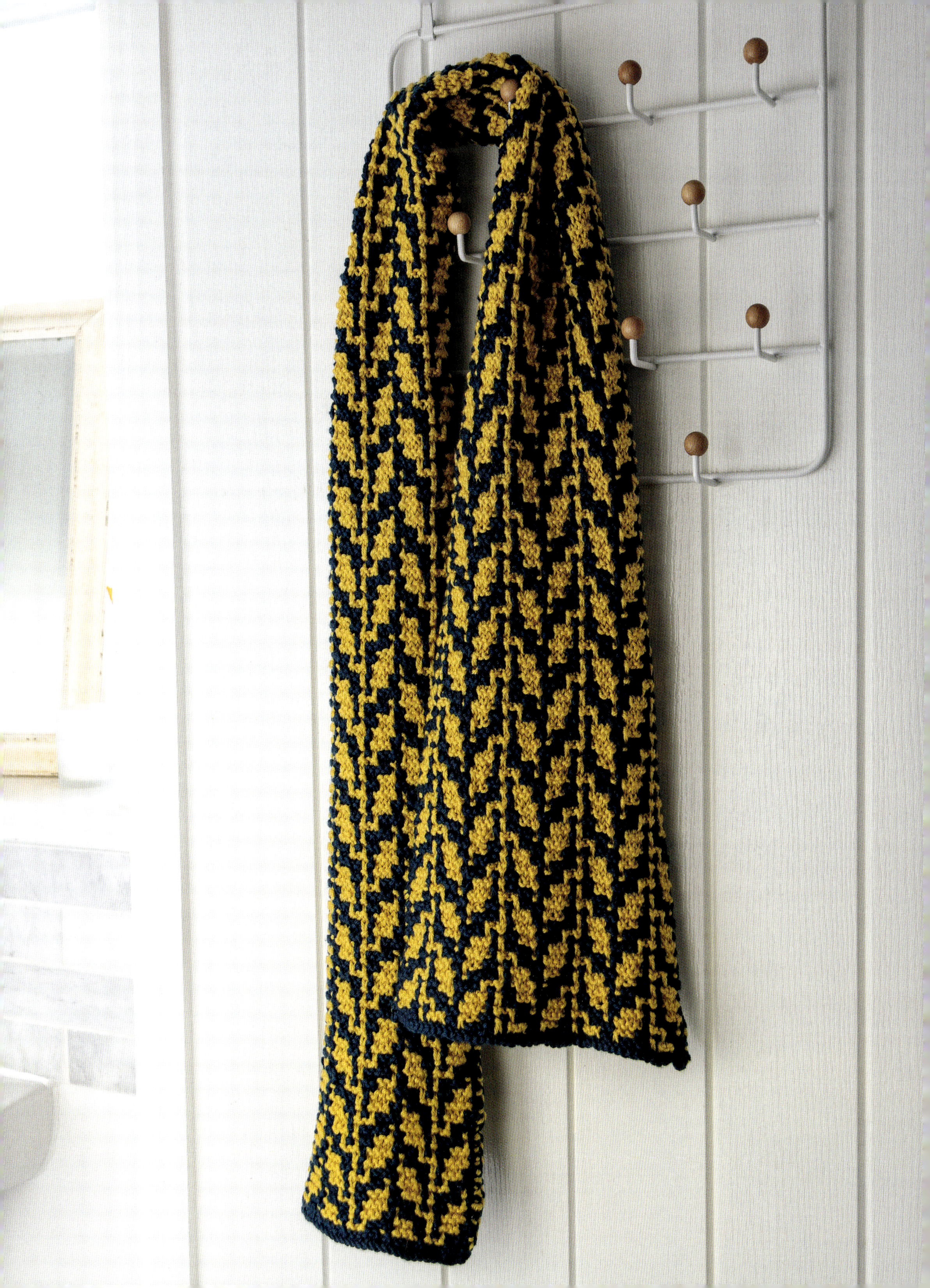

Hinweise zur Anleitung

Der Schal wird als Rechteck in Reihen gearbeitet.

In allen Hinreihen alle Hebemaschen mit Faden hinten abheben und in allen Rückreihen alle Hebemaschen mit Faden vorne abheben.

Wenn du die Größe dieser Anleitung ändern möchtest, ein Vielfaches von 12+3 M anschlagen. Zum Beispiel 12x4=48, 48+3=51 angeschlagene Maschen.

Hinweise zum Diagramm

Jedes Quadrat stellt eine Masche dar. Das Diagramm beginnt in der unteren rechten Ecke in der 1. Reihe.

Nur Hinreihen (ungerade Zahlen) sind dargestellt. Sie werden von rechts nach links gelesen.

Die Farbe der ersten Masche im Diagramm bestimmt immer die aktive Farbe, die für die nächsten zwei Reihen verwendet wird.

ANLEITUNG

VORBEREITUNG

Mit 6 mm-Nadeln und Steel Blue 51 M mit einfachem Anschlag anschlagen.

Startreihe (Rückr): Mit Steel Blue re stricken. (51 M)

Zu 6,5 mm-Nadeln wechseln.

Wenn du Maschenmarkierer für die Wiederholungen verwenden möchtest, bringe einen Markierer nach der ersten M und dann alle 12 M bis zu den letzten 2 M an.

Befolge entweder die Anleitung oder das nachstehende Diagramm.

ANLEITUNG

1. R (Hinr): Mit Mustard 1 M re, *1 M abh, 1 M re, 2 M abh, 3 M re, 1 M abh, 4 M re; ab * noch 3x wdh, 1 M abh, 1 M re.

2. R und alle Rückr: Die re M aus der vorherigen R mit der aktiven Farbe re stricken und die Hebemaschen aus der vorherigen R mFv abh.

3. R: Mit Steel Blue 1 M re, *4 M re, 1 M abh, 1 M re, 1 M abh, 2 M re, 3 M abh; ab * noch 3x wdh, 2 M re.

5. R: Mit Mustard 1 M re, *2 M abh, 3 M re, 1 M abh, 1 M re, 2 M abh, 3 M re; ab * noch 3x wdh, 1 M abh, 1 M re.

7. R: Mit Steel Blue 1 M re, *2 M re, 3 M abh, 1 M re, 1 M abh, 4 M re, 1 M abh; ab * noch 3x wdh, 2 M re.

9. R: Mit Mustard 1 M re, *1 M abh, 4 M re, 1 M abh, 3 M re, 2 M abh, 1 M re; ab * noch 3x wdh, 1 M abh, 1 M re.

11. R: Mit Steel Blue 1 M re, *1 M re, 3 M abh, 2 M re, 1 M abh, 1 M re, 1 M abh, 3 M re; ab * noch 3x wdh, 2 M re.

13. R: Mit Mustard 1 M re, *1 M abh, 3 M re, 2 M abh, 1 M re, 1 M abh, 3 M re, 1 M abh; ab * noch 3x wdh, 1 M abh, 1 M re.

15. R: Mit Steel Blue 1 M re, *1 M re, 1 M abh, 4 M re, 1 M abh, 1 M re, 3 M abh, 1 M re; ab * noch 3x wdh, 2 M re.

1. bis 16. R noch 34x oder bis zur gewünschten Länge wdh.

ERLÄUTERUNG DIAGRAMM

1. R (Hinr): Mit Mustard 1. R des Diagramms stricken, dabei den Rapport 4x arbeiten.

2. R und alle Rückr: Die re M aus der vorherigen R mit der aktiven Farbe re stricken und die Hebemaschen aus der vorherigen R mFv abh bis zur letzten M.

Weitere 14 R gemäß Diagramm arbeiten.

1. bis 16. R noch 34x oder bis zur gewünschten Länge wdh.

FERTIGSTELLEN

Zu 6 mm-Nadeln wechseln.

1. Startreihe (Hinr): Mit Steel Blue re stricken.

2. Startreihe (Rückr): Wie 1. Startreihe.

In Steel Blue mit isländischem Abketten (siehe Techniken: Isländisch Abketten) oder deiner bevorzugten Technik abketten.

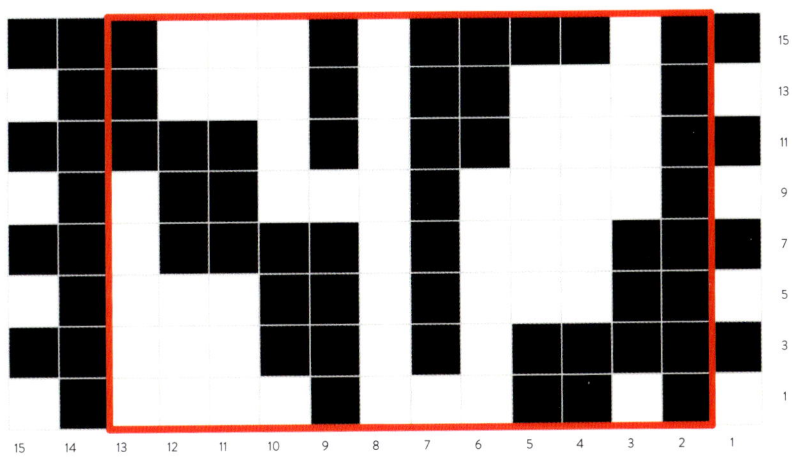

Mustard

Steel Blue

Rapport

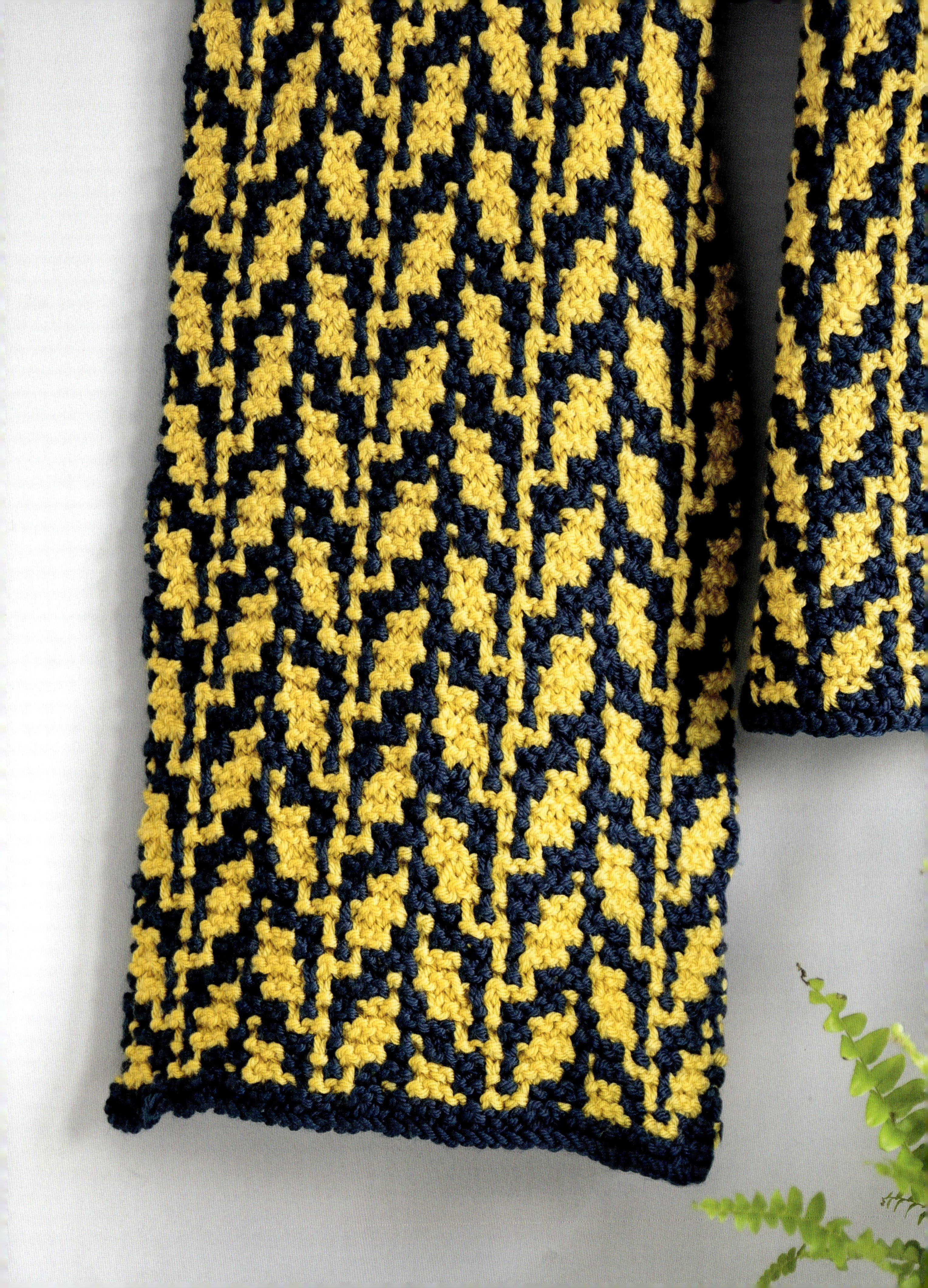

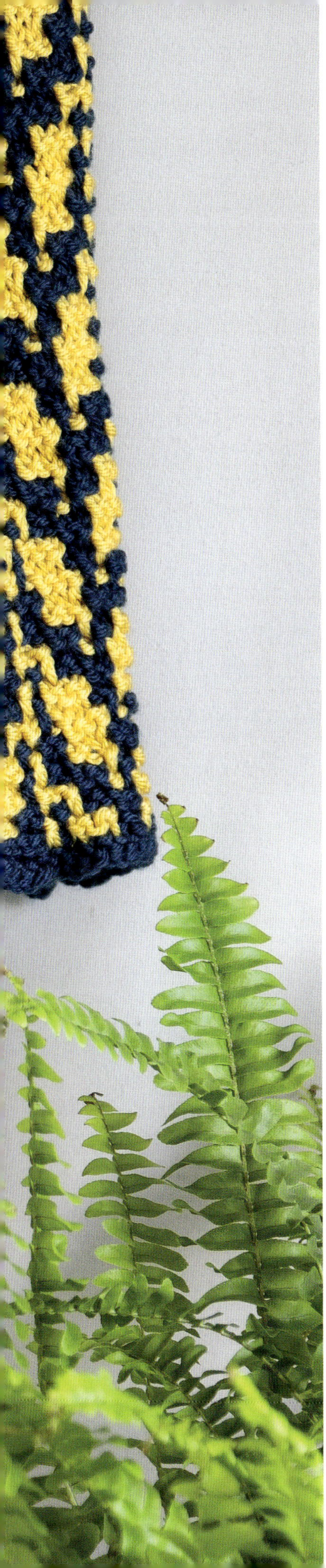

Alternative Farbgebung

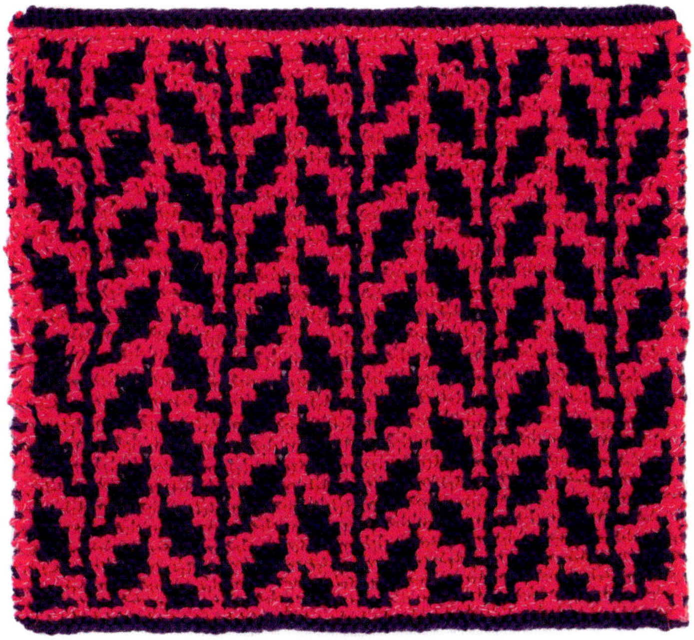

Garn

Lion Brand Basic Stitch – Worsted (100% Acryl; Lauflänge 170 m/100 g), in den folgenden Farbtönen:

- 2 Knäuel Purple (147B)
- 2 Knäuel Atomic Pink (305AA)

Nadeln

Wie in der Anleitung.

Maschenprobe

Wie in der Anleitung.

Ich habe schon gesehen, dass reflektierendes Garn in Mützen verstrickt wurde, aber noch nie in einem Schal. Daher musste ich es einfach ausprobieren! Atomic Pink und Purple sind eine fast schrille Farbkombination, mit der ein toller, einzigartiger Schal gestrickt werden kann, der allen Sicherheit bietet, die im Winter viel im Dunkeln draußen sind. Ich werde einen für meine Tochter machen, die jeden Morgen vor unserem Haus auf den Bus wartet!

SCHWIERIGKEITSGRAD:

+++

Kuschelige TASSEN-WÄRMER

Aus vier schnell gestrickten Motiven lässt sich ein tolles Set von Tassenwärmern herstellen! Diese einfachen Motive sind ein toller Einstieg in das Mosaikstricken. Die Tassenwärmer halten deine Heißgetränke warm und deine Kaltgetränke kalt! Du kannst sie sogar über ein Wollknäuel stülpen und dann beim Stricken den Faden aus der Mitte ziehen – so bleibt das Wollknäuel schön in Form und verknotet sich nicht.

Du benötigst

GARN

Lion Brand BonBons - DK Light Worsted (100 % Acryl; Lauflänge 26 m/80 g), in der folgenden Kollektion:

- Crayon (680), 1 Satz aus 8 Farben

STRICKNADELN

- 4 mm-Nadeln
- 4,5 mm-Nadeln

MASCHENPROBE

21 M und 14 Reihen ergeben etwa 10 x 5 cm im Mosaikmotiv glatt rechts mit 4,5-mm-Nadeln gestrickt. Aufgrund der Unterschiede bei den Motiven kann die Maschenprobe bei jedem Tassenwärmer etwas anders ausfallen.

GRÖSSE DER FERTIGEN ARBEIT

Etwa 20 x 10 cm nach Spannen unter Dampf vor dem Zusammennähen

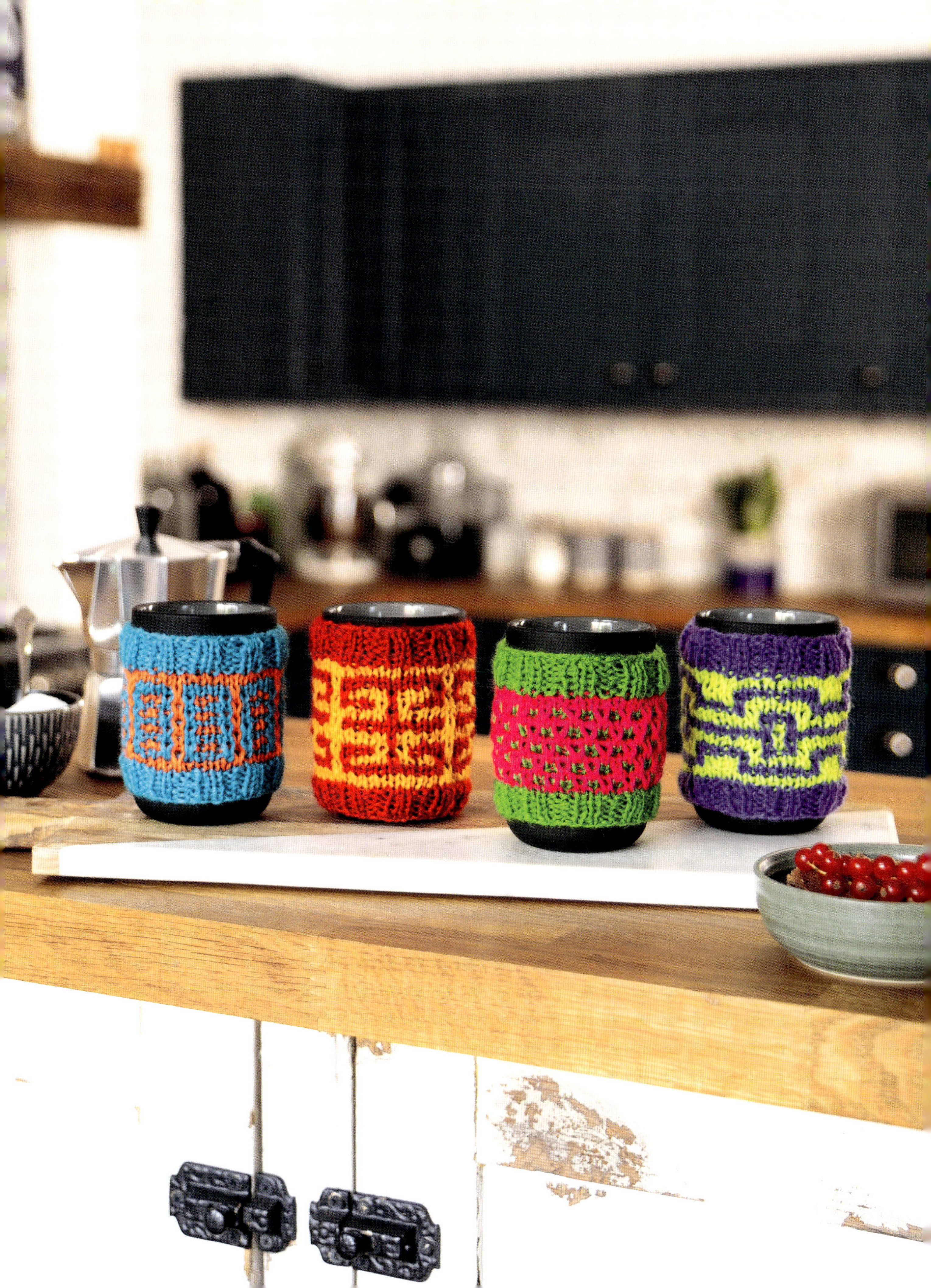

Hinweise zur Anleitung

Die Tassenwärmer werden als kleine Rechtecke in Reihen mit Rippstrick am Anfang und Ende gearbeitet; das Mosaikmotiv wird glatt rechts gestrickt.

Jeder Tassenwärmer wird in zwei Farben gearbeitet, die als Farbe 1 und Farbe 2 bezeichnet werden.

Tassenwärmer 1: Rot und Hellorange

Tassenwärmer 2: Lila und Gelbgrün

Tassenwärmer 3: Grün und Pink

Tassenwärmer 4: Blau und Leuchtendorange

Bei den Motiven in allen Hinreihen alle Hebemaschen mit Faden hinten abheben und in allen Rückreihen alle Hebemaschen mit Faden vorne abheben.

Hinweise zum Diagramm

Jedes Quadrat stellt eine Masche dar. Das Diagramm beginnt in der unteren rechten Ecke in der 1. Reihe.

Nur Hinreihen (ungerade Zahlen) sind dargestellt. Sie werden von rechts nach links gelesen.

Die Farbe der ersten Masche im Diagramm bestimmt immer die aktive Farbe, die für die nächsten zwei Reihen verwendet wird.

TASSENWÄRMER 1

ANLEITUNG

VORBEREITUNG

Mit 4 mm-Nadeln und rotem Garn mit einfachem Anschlag 42 M anschlagen.

Startreihe (Rückr): Mit Rot 3 M re, [2 M li, 2 M re] bis letzte 3 M, 3 M li.

1. bis 4. R: Wie Startreihe.

5. R (Hinr): Mit Hellorange re stricken.

6. R: Mit Hellorange li stricken.

Zu 4,5 mm-Nadeln wechseln.

MOSAIKMOTIV

Wenn du Maschenmarkierer für die Wiederholungen verwenden möchtest, bringe einen Markierer nach der ersten M und dann alle 10 M bis zur letzten M an.

Befolge entweder die Anleitung oder das nachstehende Diagramm.

ANLEITUNG

1. R (Hinr): Mit Rot 1 M re, *1 M abh, 9 M re; ab * noch 3x wdh, 1 M re.

2. R und alle Rückr: Die re M aus der vorherigen R mit der aktiven Farbe li stricken und die Hebemaschen aus der vorherigen R mFv abh.

3. R: Mit Hellorange 1 M re, *1 M re, 2x [1 M abh, 3 M re], 1 M abh; ab * noch 3x wdh, 1 M re.

5. R: Mit Rot 1 M re, *1 M abh, 3 M re, 1 M abh, 1 M re, 1 M abh, 3 M re; ab * noch 3x wdh, 1 M re.

7. R: Mit Hellorange 1 M re, *5 M re, 1 M abh, 4 M re; ab * noch 3x wdh, 1 M re.

9. R: Wie 1. R.

11. R: Wie 7. R.

13. R: Wie 5. R.

15. R: Wie 3. R.

17. R: Wie 1. R.

ERLÄUTERUNG DIAGRAMM

Bringe gegebenenfalls einen Maschenmarkierer nach der ersten Masche und dann alle 10 M bis zur letzten M an.

1. R (Hinr): Mit Rot 1. R des Diagramms arbeiten, dabei den Rapport 4x stricken.

2. R und alle Rückr: Die re M aus der vorherigen R mit der aktiven Farbe li stricken und die Hebemaschen aus der vorherigen R mit Faden vorne abh.

Weitere 16 R gemäß Diagramm arbeiten.

FERTIGSTELLEN

Zu 4 mm-Nadeln wechseln.

1. R (Hinr): Mit Hellorange re stricken.

2. R (Rückr): Mit Hellorange li stricken.

Faden in Hellorange abschneiden.

3. R (Hinr): Mit Rot re stricken.

4. R (Rückr): Mit Rot 3 M re, [2 M li, 2 M re] bis letzte 3 M, 3 M li.

5. bis 8. R: Wie 4. R.

Mit Rot alle M gestrickt abketten. Fäden vernähen, nach Wunsch spannen. Mit Rückseiten zueinander die kürzeren Ränder mit Matratzenstich zusammennähen (siehe Techniken: Matratzenstich).

TASSENWÄRMER 2

ANLEITUNG

VORBEREITUNG

Start wie Tassenwärmer 1, aber mit Lila statt Rot und Gelbgrün statt Hellorange.

MOSAIKMOTIV

Wenn du Maschenmarkierer für die Wiederholungen verwenden möchtest, bringe einen Markierer nach der ersten M und dann alle 10 M bis zur letzten M an.

Befolge entweder die Anleitung oder das nachstehende Diagramm.

ANLEITUNG

1. R (Hinr): Mit Lila 1 M re, *2 M abh, 7 M re, 1 M abh; ab * noch 3x wdh, 1 M re.

2. R und alle Rückr: Die re M aus der vorherigen R mit der aktiven Farbe li stricken und die Hebemaschen aus der vorherigen R mFv abh.

3. R: Mit Lime Green 1 M re, *2 M re, 1 M abh, 5 M re, 1 M abh, 1 M re; ab * noch 3x wdh, 1 M re.

5. R: Mit Lila 1 M re, *2x [3 M re, 1 M abh], 2 M re; ab * noch 3x wdh, 1 M re.

7. R: Mit Lime Green 1 M re, *4 M re, 1 M abh, 1 M re, 1 M abh, 3 M re; ab * noch 3x wdh, 1 M re.

9. R: Mit Lila 1 M re, *5 M re, 1 M abh, 4 M re; ab * noch 3x wdh, 1 M re.

11. R: Wie 7. R.

13. R: Wie 5. R.

15. R: Wie 3. R.

17. R: Wie 1. R.

ERLÄUTERUNG DIAGRAMM

Bringe gegebenenfalls einen Maschenmarkierer nach der ersten Masche und dann alle 10 M bis zur letzten M an.

1. R (Hinr): Mit Lila 1. R des Diagramms stricken, dabei Rapport 4x arbeiten.

2. R und alle Rückr: Die re M aus der vorherigen R mit der aktiven Farbe li stricken und die Hebemaschen aus der vorherigen R mFv abh.

Weitere 16 R gemäß Diagramm arbeiten.

FERTIGSTELLEN

Wie die Anleitung zum Fertigstellen für Tassenwärmer 1. Dabei Lila statt Rot und Gelbgrün statt Hellorange verwenden.

TASSENWÄRMER 1

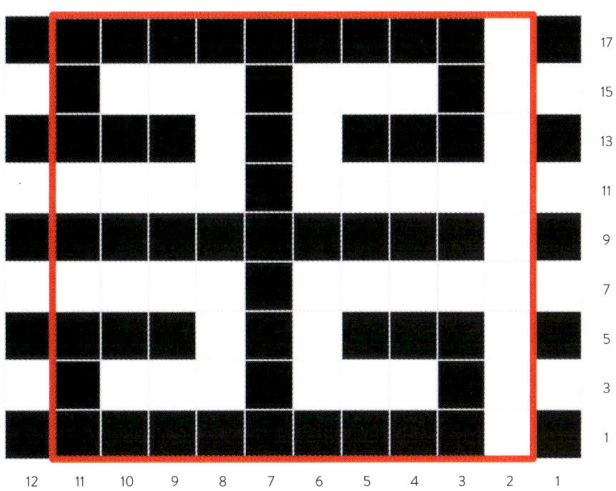

Farbe 1

Farbe 2

Rapport

TASSENWÄRMER 2

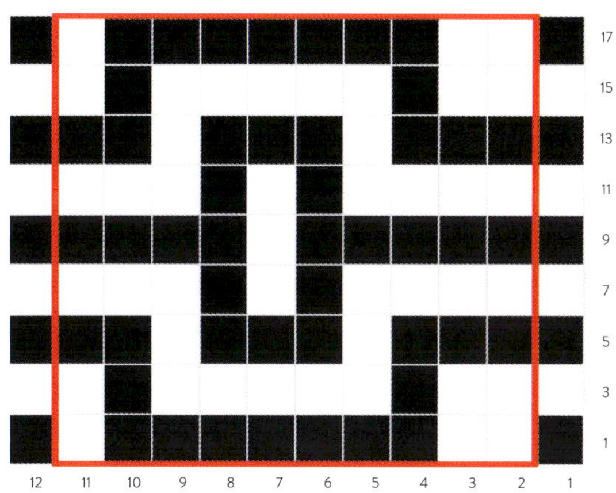

Farbe 1

Farbe 2

Rapport

TASSENWÄRMER 3

ANLEITUNG

VORBEREITUNG

Start wie Tassenwärmer 1, aber mit Grün statt Rot und Pink statt Hellorange.

MOSAIKMOTIV

Wenn du Maschenmarkierer für die Wiederholungen verwenden möchtest, bringe einen Markierer nach der ersten M und dann alle 2 M bis zur letzten M an.

Befolge entweder die Anleitung oder das nachstehende Diagramm.

ANLEITUNG

1. R (Hinr): Mit Grün 1 M re, [1 M abh, 1 M re] bis letzte M, 1 M re.

2. R und alle Rückr: Die re M aus der vorherigen R mit der aktiven Farbe li stricken und die Hebemaschen aus der vorherigen R mFv abh.

3. R: Mit Pink re stricken.

5. R: Mit Grün 1 M re, [1 M re, 1 M abh] bis letzte M, 1 M re.

7. R: Wie 2. R.

9. bis 16. R: Wie 1. bis 8. R.

17. bis 18. R: Wie 1. bis 2. R.

ERLÄUTERUNG DIAGRAMM

1. R (Hinr): Mit Grün 1. R des Diagramms stricken, dabei Rapport bis zur letzten M wdh.

2. R und alle Rückr: Die re M aus der vorherigen R mit der aktiven Farbe li stricken und die Hebemaschen aus der vorherigen R mFv abh.

Weitere sechs Reihen gemäß Diagramm arbeiten.

1. bis 8. R noch 1x wdh, dann 1. bis 2. R noch 1x wdh.

FERTIGSTELLEN

Wie die Anleitung zum Fertigstellen für Tassenwärmer 1. Dabei Grün statt Rot und Pink statt Hellorange verwenden.

TASSENWÄRMER 3

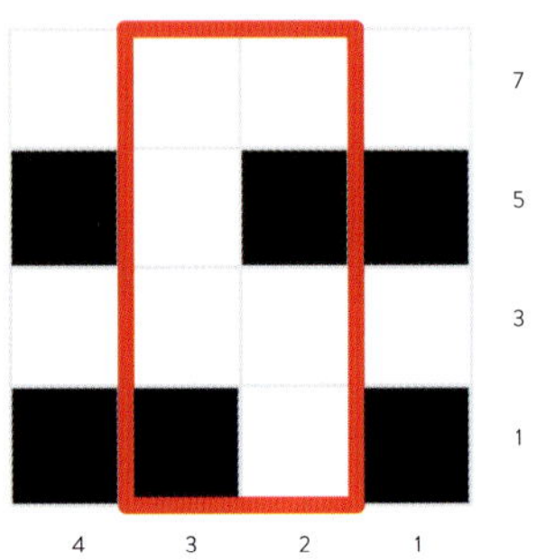

Farbe 1

Farbe 2

Rapport

TASSENWÄRMER 4

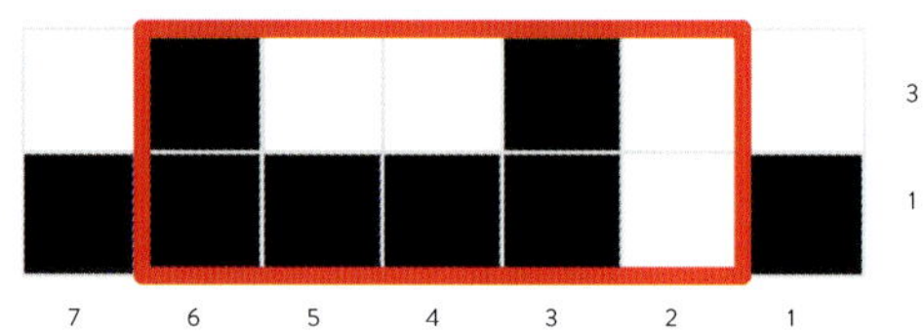

Farbe 1

Farbe 2

Rapport

TASSENWÄRMER 4

ANLEITUNG

VORBEREITUNG

Start wie Tassenwärmer 1, aber mit Blau statt Rot und Leuchtendorange statt Hellorange.

MOSAIKMOTIV

Wenn du Maschenmarkierer für die Wiederholungen verwenden möchtest, bringe einen Markierer nach der ersten M und dann alle 5 M bis zur letzten M an.

Befolge entweder die Anleitung oder das nachstehende Diagramm.

ANLEITUNG

1. R (Hinr): Mit Blau 1 M re, [1 M abh, 4 M re] bis zur letzten M, 1 M re.

2. R und alle Rückr: Die re M aus der vorherigen R mit der aktiven Farbe li stricken und die Hebemaschen aus der vorherigen R mFv abh.

3. R: Mit Leuchtendorange 1 M re, [1 M re, 1 M abh, 2 M re, 1 M abh] bis zur letzten M, 1 M re.

5. bis 16. R: Wie 1. bis 4. R.

17. bis 18. R: Wie 1. bis 2. R.

ERLÄUTERUNG DIAGRAMM

Bringe gegebenenfalls einen Maschenmarkierer nach der ersten Masche und dann alle 5 M bis zur letzten M an.

1. R (Hinr): Mit Blau 1. R des Diagramms stricken, dabei den Rapport bis zur letzten M wdh.

2. R und alle Rückr: Die re M aus der vorherigen R mit der aktiven Farbe li stricken und die Hebemaschen aus der vorherigen R mFv abh.

Weitere 2 R nach dem Diagramm arbeiten.

1. bis 4. R noch 3x wdh, dann 1. bis 2. R noch 1x wdh.

FERTIGSTELLEN

Wie die Anleitung zum Fertigstellen für Tassenwärmer 1. Dabei Blau statt Rot und Leuchtendorange statt Hellorange verwenden.

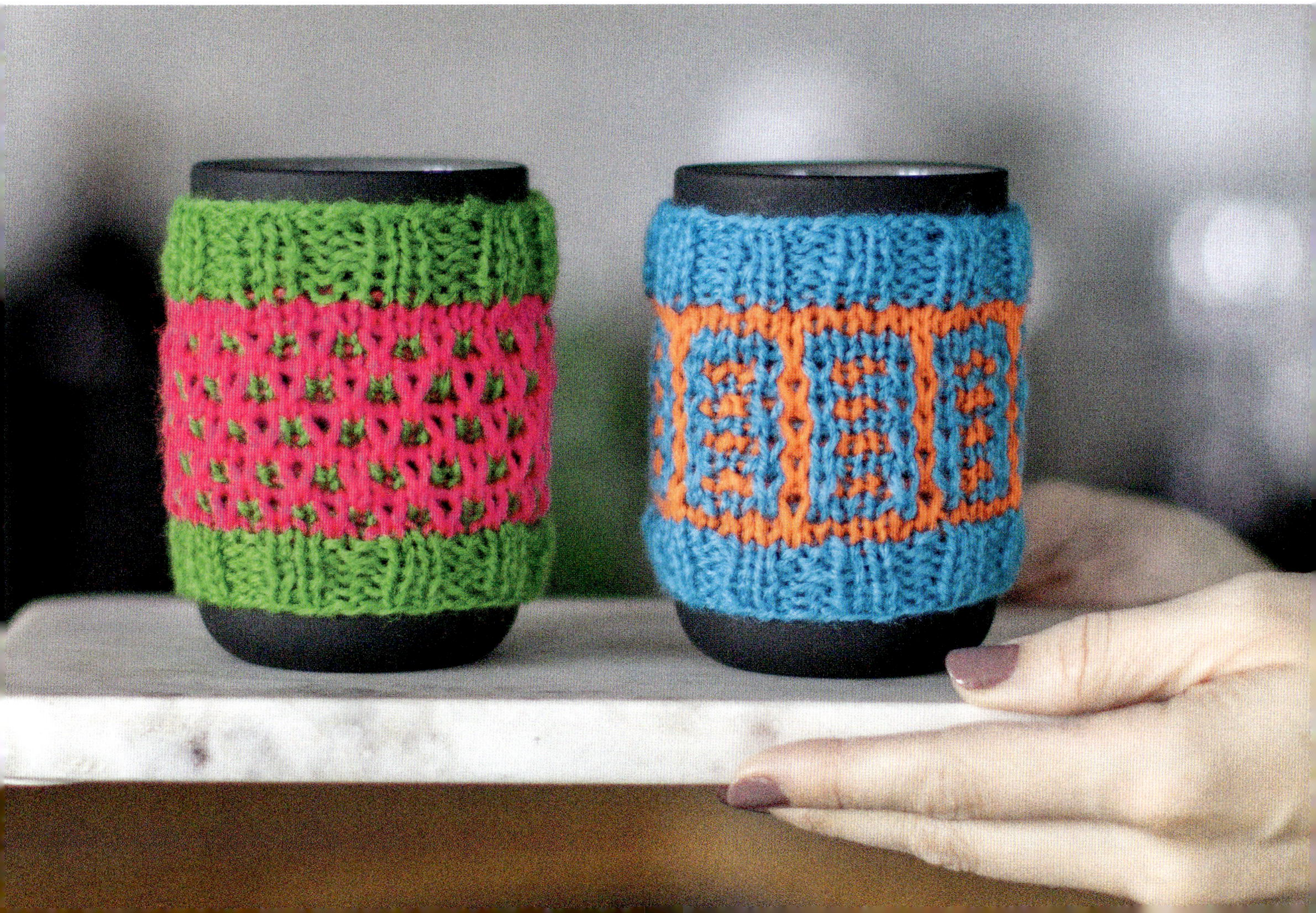

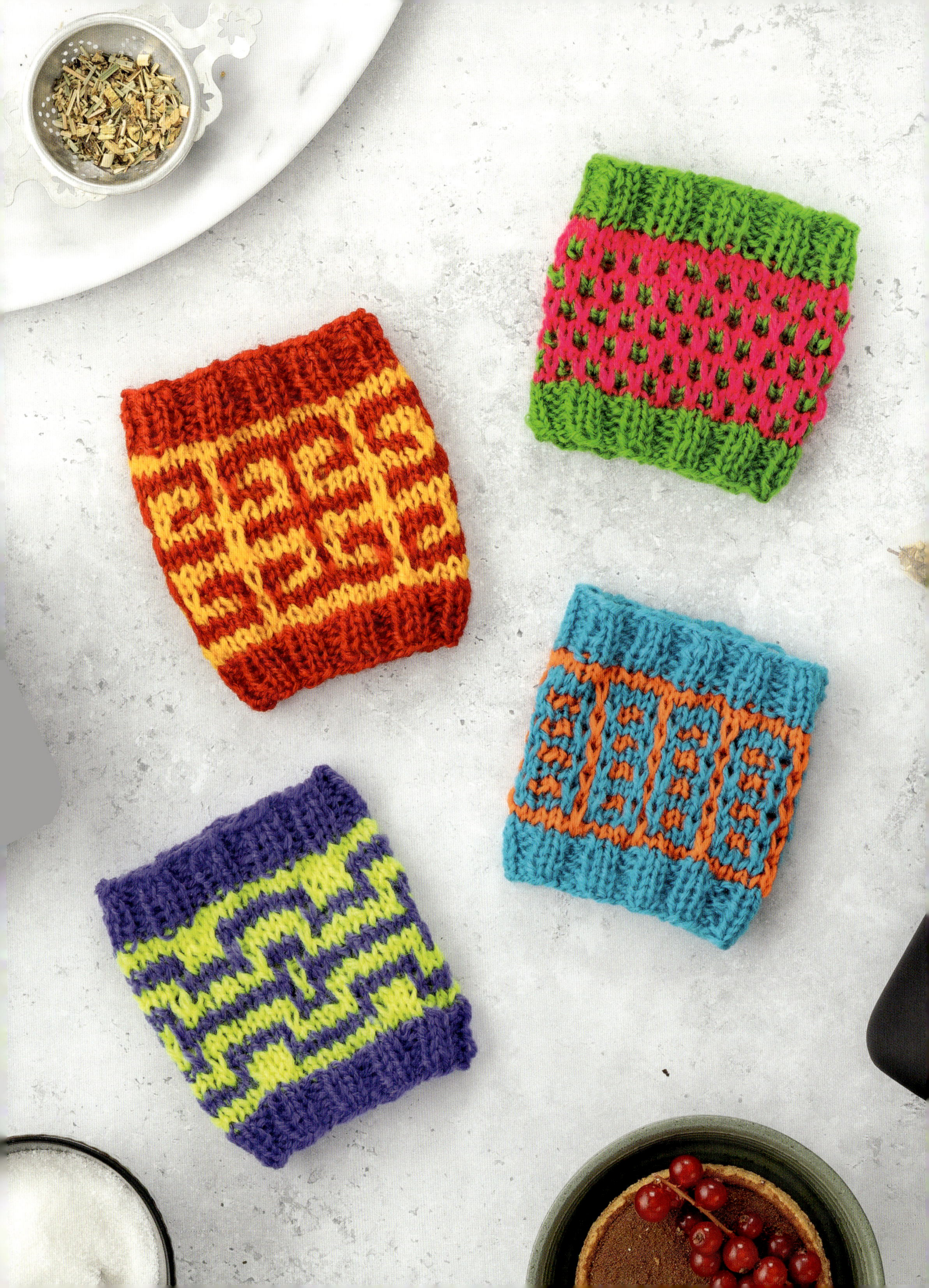

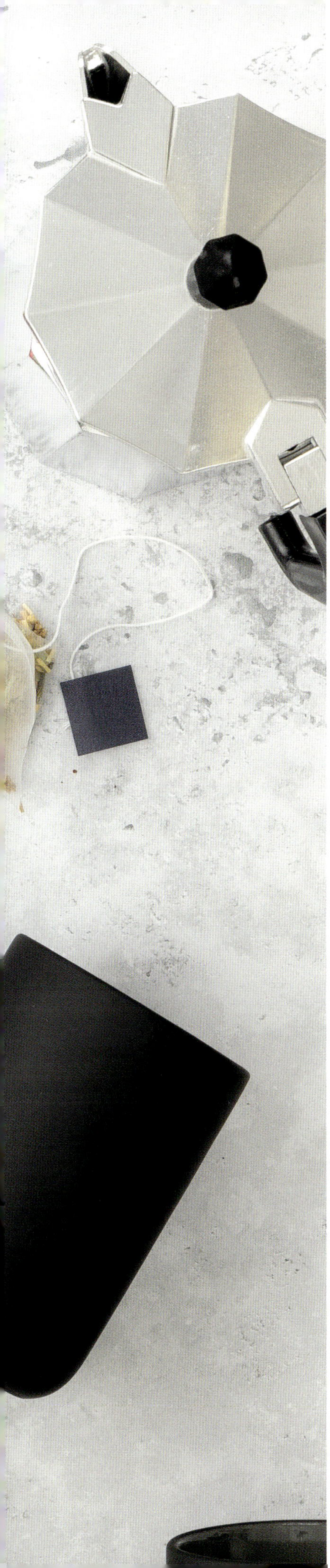

Alternative Farbgebung

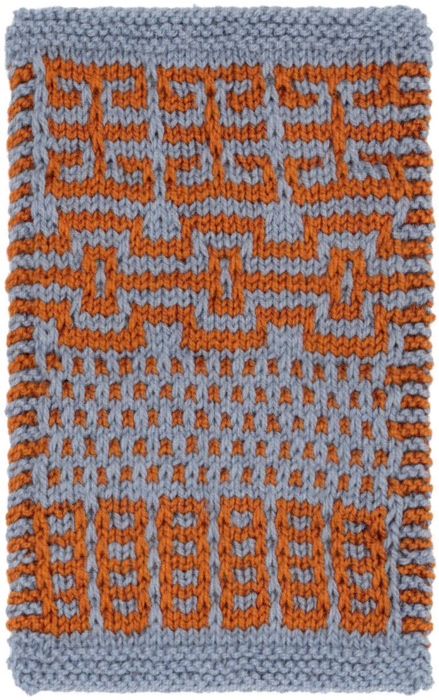

Garn

Lion Brand Wool Ease Thick & Quick – Super Bulky (80 % Acryl, 20 % Wolle; Lauflänge 97m/170 g), im folgenden Farbton:

- Pumpkin (133A)

Lion Brand Re-Spun Thick & Quick Yarn – Super Bulky (100 % recycelter Polyester; Lauflänge 204 m/340 g), im folgenden Farbton:

- Faded Denim (106BD)

Nadeln

- 9 mm-Nadeln
- 10 mm-Nadeln

Maschenprobe

9 M und 15 R ergeben 10 x 10 cm im Mosaikmotiv mit 10 mm-Nadeln gestrickt.

Ich liebe die Kombination aus einem leuchtenden Orange wie Pumpkin mit einem Blaugrau, um die Farbe etwas weicher wirken zu lassen – Grautöne sorgen dafür, dass starke Farben richtig leuchten. Für dieses Muster habe ich alle Tassenwärmer-Motive mit Super-Bulky-Garn gestrickt, um zu sehen, wie sie zusammen wirken. Experimentiere und kombiniere verschiedene Motive nach Lust und Laune, um etwas ganz Einzigartiges zu schaffen!

SCHWIERIGKEITSGRAD:

Tundra-SCHLAUCH-SCHAL

Als ich nach 15 Jahren (die ich größtenteils im Herzen Texas verbracht hatte) mitten im Winter wieder nach Minnesota gezogen bin, ist mir wieder aufgefallen, wie schnell Mode der Funktion weicht, wenn arktische Winde blasen! Ich habe diesen extradicken Schlauchschal in leuchtenden Farben entworfen, damit sich auch der kälteste Morgen ein bisschen kuscheliger anfühlt.

Wenn du es nicht ganz so warm brauchst, kannst du ein dünneres Garn und dünnere Nadeln verwenden (um die richtige Größe zu erhalten, musst du eventuell ein paar Reihen mehr stricken).

Du benötigst

GARN

Lion Brand Wool Ease Thick & Quick – Super Bulky (80 % Acryl, 20 % Wolle; Lauflänge 97 m/170 g), in den folgenden Farbtönen:

- 1 Knäuel Pumpkin (133A)
- 1 Knäuel Bluegrass (550F)
- 1 Knäuel Lollipop (191K)

STRICKNADELN

- 9 mm-Nadeln
- 10 mm-Nadeln

WEITERES ZUBEHÖR

- Maschenmarkierer (optional)

MASCHENPROBE

9,5 M und 16,5 R ergeben 10 x 10 cm im Mosaikmotiv glatt re mit 10 mm-Nadeln gestrickt, und glatt re mit 9 mm-Nadeln gestrickt.

Die Maschenprobe ist nicht entscheidend für dieses Projekt. Die Arbeit ist an sich schon sehr dehnbar, aber der Garnbedarf kann abweichen.

GRÖSSE DER FERTIGEN ARBEIT

Etwa 40 cm hoch und im Umfang 71 cm nach Spannen unter Dampf

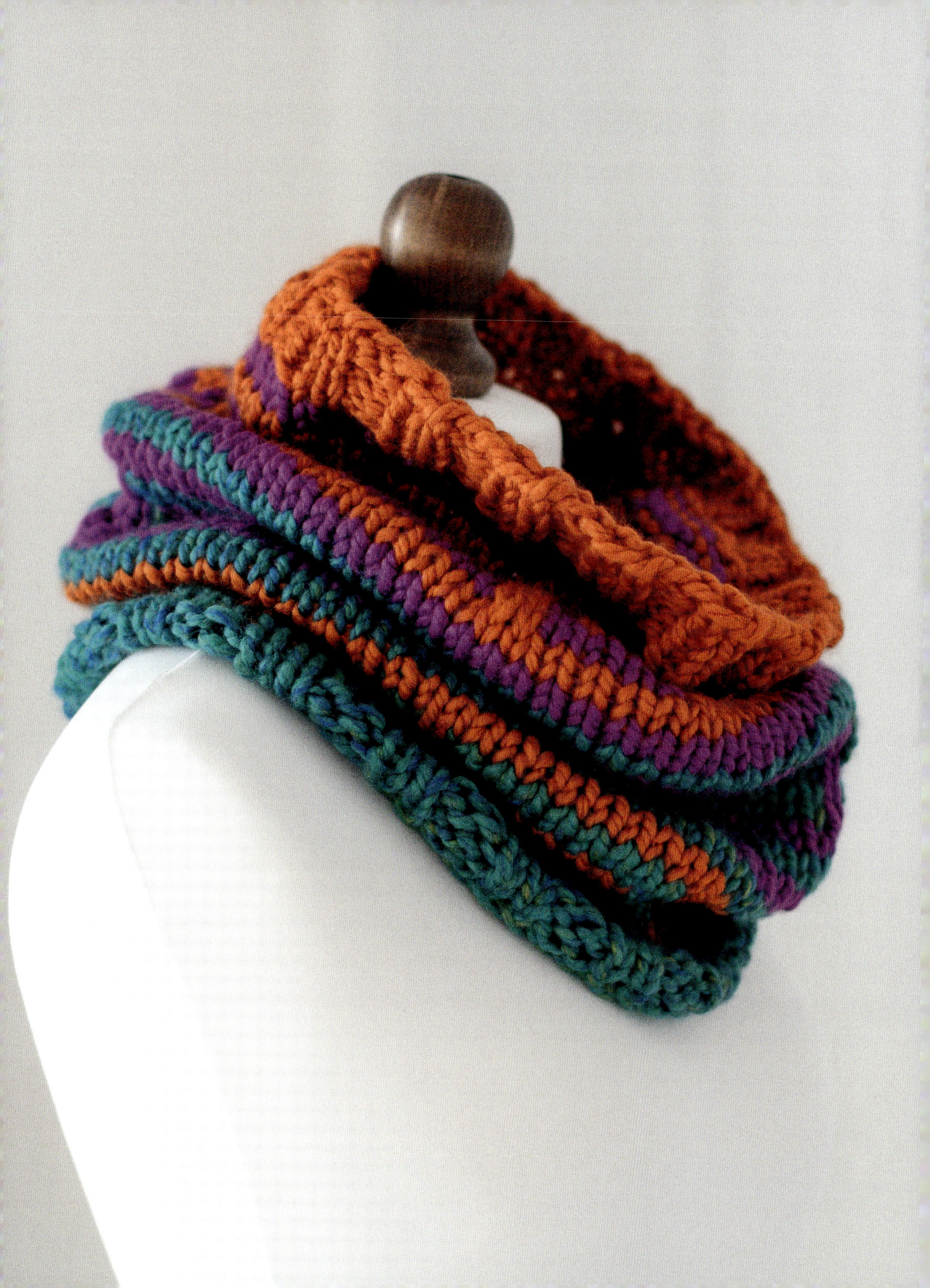

Hinweise zur Anleitung

Der Schlauchschal wird in Reihen gestrickt, angefangen mit einem gerippten Rand. Das Mosaikmotiv wird glatt rechts gestrickt und am Ende ein weiterer gerippter Rand gearbeitet. Der Schal wird dann mit Matratzenstich zusammengenäht.

Bei den Motiven in allen Hinreihen alle Hebemaschen mit Faden hinten abheben und in allen Rückreihen alle Hebemaschen mit Faden vorne abheben.

Wenn du die Größe dieser Anleitung ändern möchtest, ein Vielfaches von 16+2 M anschlagen. Zum Beispiel 16x4=64, 64+2=66 angeschlagene Maschen.

Wenn du den abschließenden Rippenrand erreichst, die entsprechenden Maschen zu-/abnehmen, um die angeschlagene Maschenzahl zu erreichen (66 M gemäß Anleitung).

Bei den Farbwechseln im Muster kannst du entweder den jeweiligen Faden abschneiden oder am rechten Rand der Arbeit mitführen.

Hinweise zum Diagramm

Jedes Quadrat stellt eine Masche dar. Das Diagramm beginnt in der unteren rechten Ecke in der 1. Reihe.

Nur Hinreihen (ungerade Zahlen) sind dargestellt. Sie werden von rechts nach links gelesen.

Die Farbe der ersten Masche im Diagramm bestimmt immer die aktive Farbe, die für die nächsten zwei Reihen verwendet wird.

ANLEITUNG

1. ABSCHNITT: RIPPENBÜNDCHEN

Mit 9 mm-Nadeln und Bluegrass mit einfachem Anschlag 66 M anschlagen.

1. R (Rückr): 3 M re, [2 M li, 2 M re] bis letzte 3 M, 3 M li. (66 M)

2. bis 5. R: Wie 1. R.

Zu 10 mm-Nadeln wechseln.

2. ABSCHNITT: MOSAIKMOTIV

Wenn du Maschenmarkierer für die Wiederholungen verwenden möchtest, bringe einen Markierer nach der ersten M und dann alle 16 M bis zur letzten M an.

Befolge entweder die Anleitung oder das nachstehende Diagramm.

ANLEITUNG

1. R (Hinr): Mit Bluegrass re stricken.

2. R und alle Rückr: Die re M aus der vorherigen R mit der aktiven Farbe li stricken und die Hebemaschen aus der vorherigen R mFv abh.

3. R: Mit Pumpkin 1 M re, *4 M re, 2 M abh, 5 M re, 2 M abh, 3 M re; ab * noch 3x wdh, 1 M re.

5. R: Mit Bluegrass 1 M re, *3 M re, 1 M abh, 2 M re, 1 M abh, 3 M re, 2x [1 M abh, 2 M re]; ab * noch 3x wdh, 1 M re.

7. R: Mit Pumpkin 1 M re, *2 M re, 1 M abh, 1 M re, 2 M abh, 2x [1 M re, 1 M abh], 1 M re, 2 M abh, 1 M re, 1 M abh, 1 M re; ab * noch 3x wdh, 1 M re.

9. R: Mit Bluegrass 1 M re, *2 M abh, 1 M re, 1 M abh, 2 M re, 1 M abh, 3 M re, 1 M abh, 2 M re, 1 M abh, 1 M re, 1 M abh; ab * noch 3x wdh, 1 M re.

11. R: Mit Pumpkin 1 M re, *2 M re, 1 M abh, 1 M re, 2 M abh, 5 M re, 2 M abh, 1 M re, 1 M abh, 1 M re; ab * noch 3x wdh, 1 M re.

13. R: Mit Bluegrass 1 M re, *3 M re, 1 M abh, 9 M re, 1 M abh, 2 M re; ab * noch 3x wdh, 1 M re.

15. R: Mit Pumpkin re stricken.

17. R: Mit Bluegrass re stricken.

19. bis 36. R: Wie 1. bis 18. R, aber Lollipop statt Bluegrass und Bluegrass statt Pumpkin verwenden.

37. bis 54. R: Wie 1. bis 18. R, aber Pumpkin statt Bluegrass und Lollipop statt Pumpkin verwenden.

ERLÄUTERUNG DIAGRAMM

1. R (Hinr): Mit Bluegrass 1. R des Diagramms arbeiten, dabei den Rapport 4x stricken.

2. R und alle Rückr: Die re M aus der vorherigen R mit der aktiven Farbe li stricken und die Hebemaschen aus der vorherigen R mFv abh.

Weitere 16 R nach dem Diagramm stricken.

19. bis 36. R: Wie 1. bis 18. R, aber Lollipop statt Bluegrass und Bluegrass statt Pumpkin verwenden.

37. bis 54. R: Wie 1. bis 18. R, aber Pumpkin statt Bluegrass und Lollipop statt Pumpkin verwenden.

3. ABSCHNITT: RIPPENBÜNDCHEN

Zu 9 mm-Nadeln und Pumpkin wechseln.

1. R (Hinr): 3 M re, [2 M li, 2 M re] bis letzte 3 M, 3 M li. (66 M)

2. bis 4. R: Wie 2. R.

Alle M mit Pumpkin abketten. Fäden vernähen, nach Wunsch spannen.

FERTIGSTELLEN

Mit den Rückseiten zueinander zeigend die beiden kürzeren Seiten mit Matratzenstich zusammennähen (siehe Techniken: Matratzenstich).

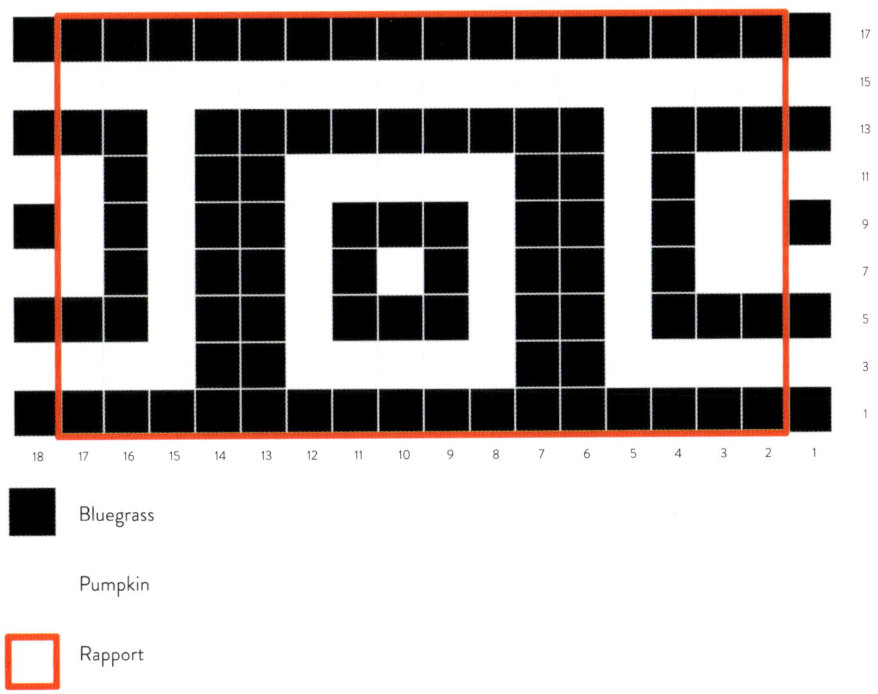

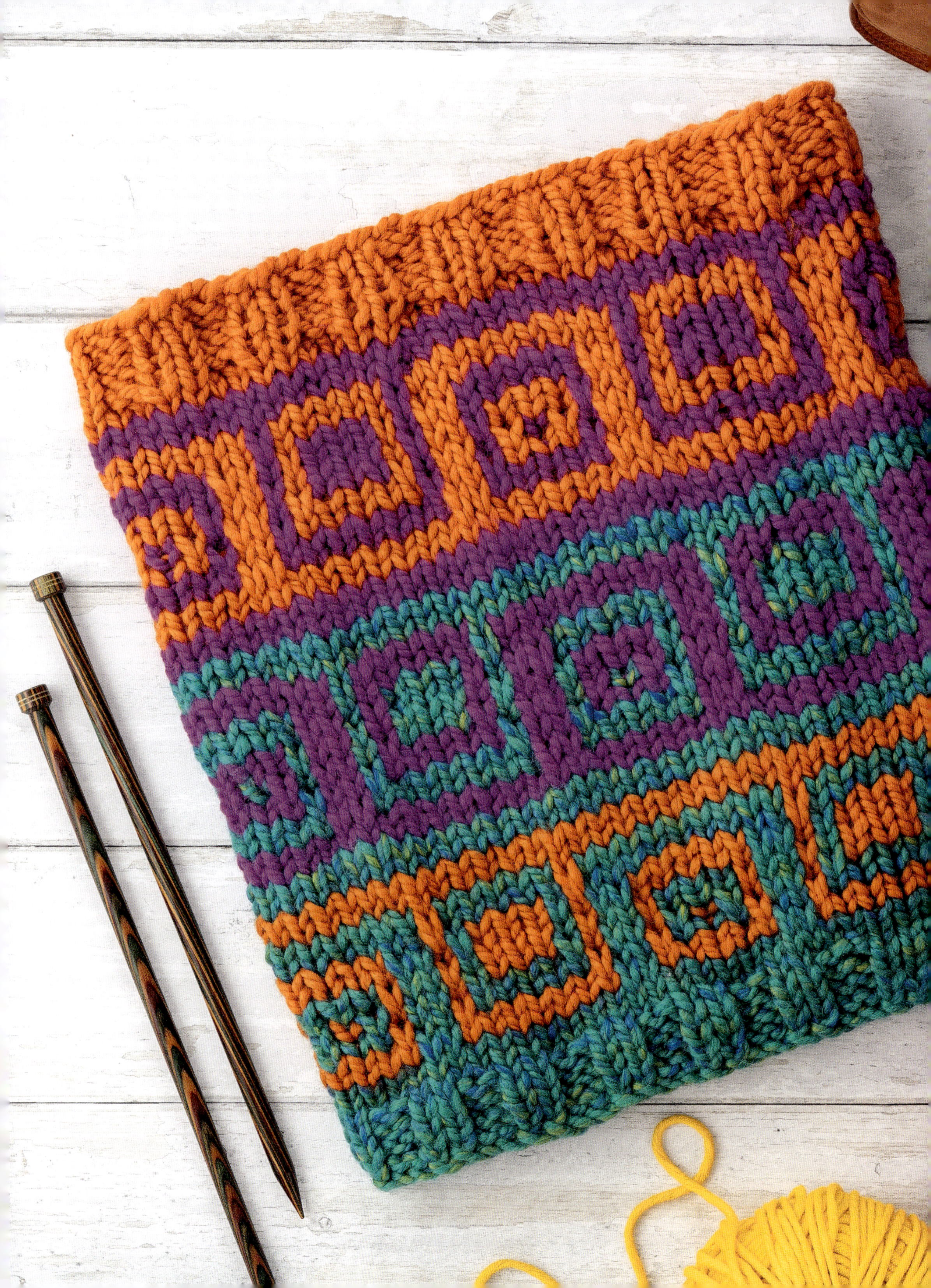

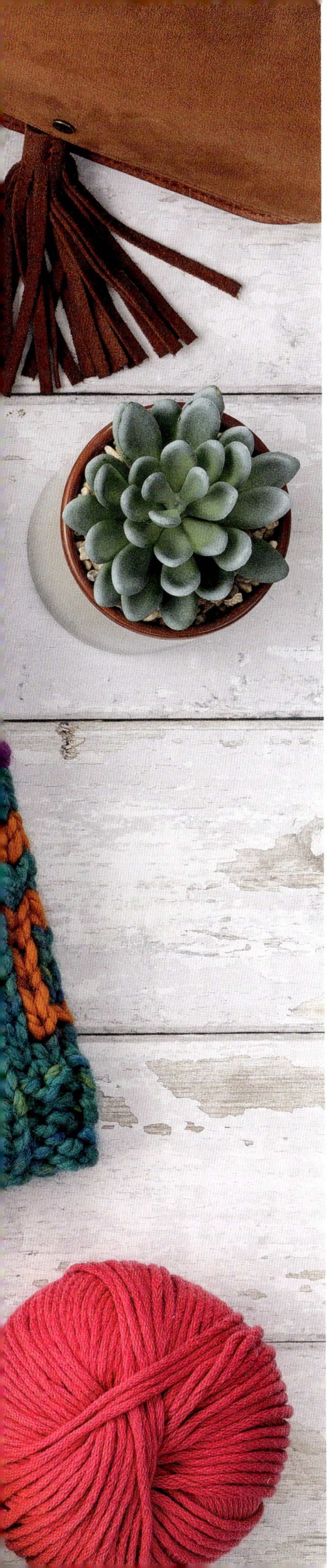

Alternative Farbgebung

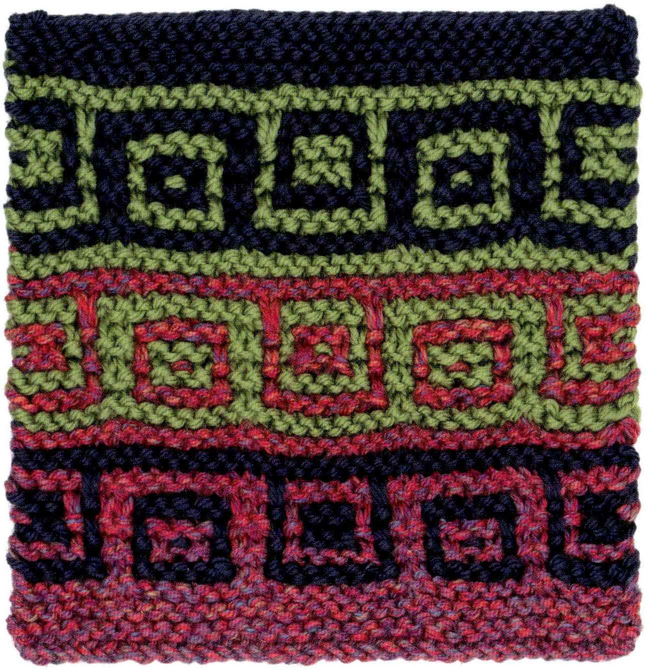

Garn

Lion Brand Hometown Yarn – Super Bulky (100 % Acryl; Lauflänge 74 m/ 142 g), in den folgenden Farbtönen:

- Phoenix Azalea (208M)
- San Diego Navy (111L)
- Oklahoma City Green (172D)

Nadeln

Wie in der Anleitung.

Maschenprobe

Wie in der Anleitung.

Ich habe den Tundra-Schal einfach mal mit drei intensiven Farben von Hometown Yarn und zur Abwechslung kraus rechts gestrickt. Dadurch erhält der Schal eine besonders kuschelige Struktur. Du könnest das Motiv auch einige Male vertikal wiederholen und eine wunderbar gemütliche Decke oder einen tollen Schal damit stricken.

SCHWIERIGKEITSGRAD:

+++

Wilder WESTEN KISSEN

Die markanten Muster und kontrastreichen Farben des amerikanischen Südwestens liegen mir besonders am Herzen und schmücken fast mein ganzes Haus. Diese großzügigen Kissen wirken auf jedem Sofa toll. Wenn du genau hinsiehst, merkst du, dass die Mosaikmotive eigentlich gleich sind – das eine ist lediglich breiter als das andere, mit erstaunlicher Wirkung!

GRÖSSE DER FERTIGEN ARBEIT

Die Kissenfüllungen sind bewusst größer als die Kissenbezüge, damit die Kissen schön füllig und kuschelig werden.

Wilder Westen Kissen mit breitem Muster

Etwa 48 x 56 cm nach Spannen unter Dampf und vor dem Beziehen

Dreifarbiges Wilder Westen Kissen

Etwa 48 x 48 cm nach Spannen und vor dem Beziehen

Du benötigst

GARN

Für das Wilder Westen Kissen mit breitem Muster

Lion Brand Hue + Me – Bulky (80 % Acryl, 20 % Wolle; 125 m/125 g), in den folgenden Farbtönen:

- 1 Knäuel Werewolf (152AB)
- 2 Knäuel Salt (098AS)

Für das dreifarbige Wilder Westen Kissen

Lion Brand Hue + Me – Bulky (80 % Acryl, 20 % Wolle) Lauflänge 125 m/125 g), in den folgenden Farbtönen:

- 2 Knäuel Werewolf (152AB)
- 1 Knäuel Salt (098AS)
- 1 Knäuel Love Song (140U)

STRICKNADELN

Für das Wilder Westen Kissen mit breitem Muster

- 5,5 mm-Nadeln
- 6 mm-Nadeln

Für das dreifarbige Wilder Westen Kissen

- 6 mm-Nadeln
- 6,5 mm-Nadeln

WEITERES ZUBEHÖR

- Zwei 56 x 56 cm große Kissenfüllungen
- Maschenmarkierer (optional)

MASCHENPROBE

Die Maschenprobe ist nicht entscheidend für dieses Projekt. Die Arbeit ist an sich schon sehr dehnbar, aber der Garnbedarf kann abweichen.

Für das Wilder Westen Kissen mit breitem Muster

12 M und 23 R ergeben 10 x 10 cm im Mosaikmotiv mit 6 mm-Nadeln und glatt rechts mit 5,5 mm-Nadeln gestrickt.

Für das dreifarbige Wilder Westen Kissen

13 M und 20 R ergeben 10 x 10 cm im Mosaikmotiv mit 6,5 mm-Nadeln und glatt rechts mit 6 mm-Nadeln gestrickt.

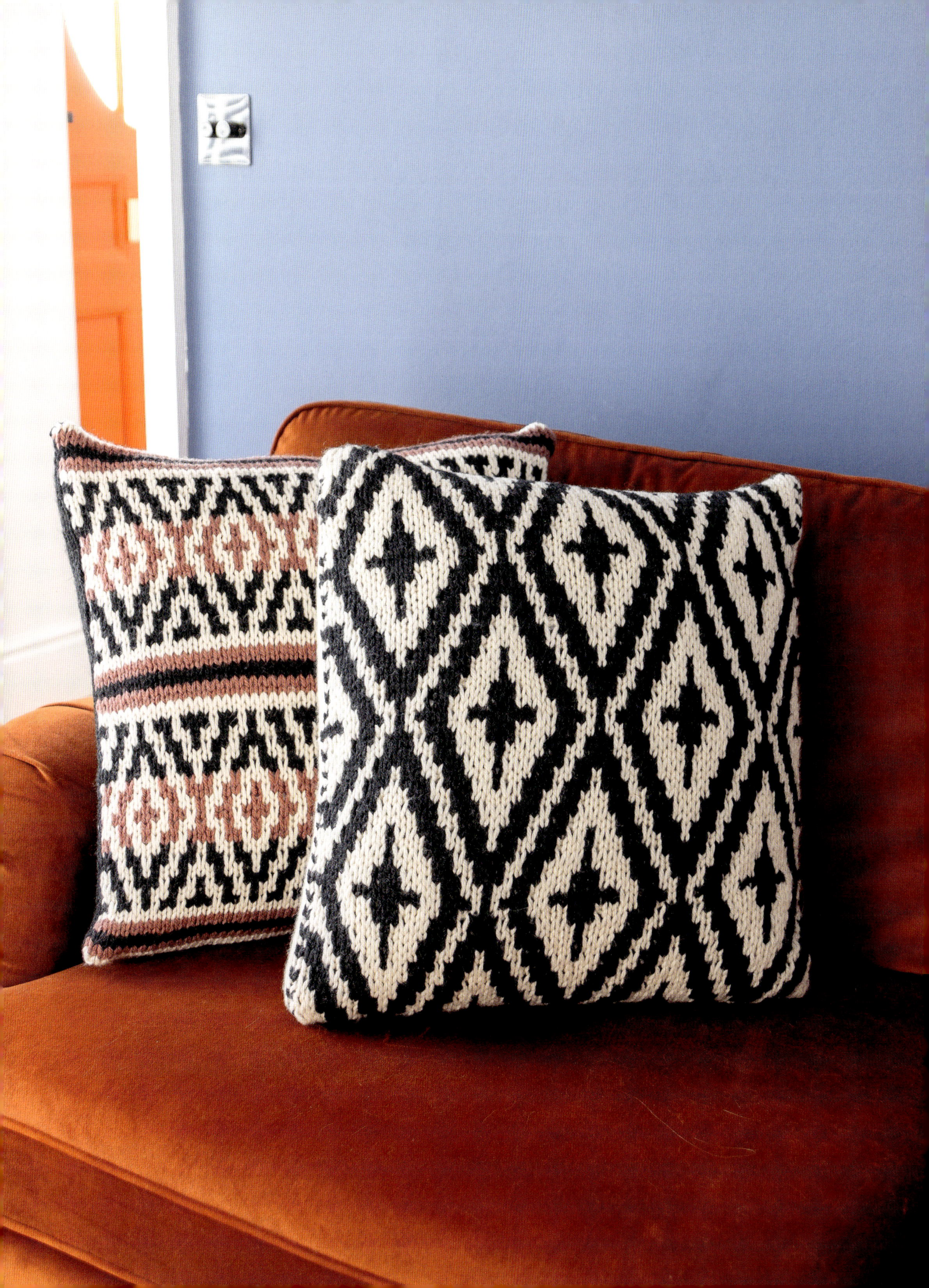

Hinweise zur Anleitung

Die Kissen werden in zwei Teilen gearbeitet, das Vorderteil im Mosaikmotiv und das Rückenteil glatt rechts. Die beiden Teile werden mit Matratzenstich zusammengenäht.

In allen Hinreihen alle Hebemaschen mit Faden hinten abheben und in allen Rückreihen alle Hebemaschen mit Faden vorne abheben.

Wenn du die Größe des dreifarbigen Wilder Westen Kissens ändern möchtest, ein Vielfaches von 12+13 M anschlagen. Zum Beispiel 12x4=48, 48+13=61 angeschlagene Maschen

Wenn du die Größe des Wilder Westen Kissens mit breitem Muster ändern möchtest, ein Vielfaches von 20+19 M anschlagen. Zum Beispiel 20x2=40, 40+19=59 angeschlagene Maschen.

Bei den Farbwechseln in den Anleitungen kannst du entweder den jeweiligen Faden abschneiden oder am rechten Rand der Arbeit mitführen.

Hinweise zum Diagramm

Jedes Quadrat stellt eine Masche dar. Das Diagramm beginnt in der unteren rechten Ecke in der 1. Reihe.

Nur Hinreihen (ungerade Zahlen) sind dargestellt. Sie werden von rechts nach links gelesen.

Die Farbe der ersten Masche im Diagramm bestimmt immer die aktive Farbe, die für die nächsten zwei Reihen verwendet wird.

DREIFARBIGES WILDER WESTEN KISSEN

ANLEITUNG: 1. SEITE

Mit 6 mm-Nadeln und Salt mit einfachem Anschlag 61 M anschlagen.

1. Startreihe (Rückr): Mit Salt alle M li stricken. (61 M)

1. ABSCHNITT: STREIFEN

1. R (Hinr): Mit Salt alle M re stricken.

2. R: Mit Salt alle M li stricken.

3. R: Mit Love Song alle M re stricken.

4. R: Mit Love Song alle M li stricken.

5. R: Mit Werewolf alle M re stricken.

6. R: Mit Werewolf alle M li stricken.

7. bis 8. R: 3. bis 4. R wdh.

9. bis 10. R: 1. bis 2. R wdh.

Zu 6,5 mm-Nadeln wechseln.

2. ABSCHNITT: MOSAIKMOTIV

Wenn du Maschenmarkierer für die Wiederholungen verwenden möchtest, bringe einen Markierer nach der ersten M und dann alle 12 M an.
Befolge entweder die Anleitung oder das nachstehende Diagramm.

ANLEITUNG

1. R (Hinr): Mit Werewolf 1 M re, *1 M re, 1 M abh, 2 M re, 1 M abh, 1 M re, 2x [1 M abh, 2 M re]; ab * noch 4x wdh.

2. R und alle Rückr: Die re M aus der vorherigen R mit der aktiven Farbe li stricken und die Hebemaschen aus der vorherigen R mFv abh.

3. R: Mit Salt 1 M re, *4x [2 M re, 1 M abh], ab * noch 3x wdh, 3x [2 M re, 1 M abh], 3 M re.

5. R: Mit Werewolf 1 M re, *1 M abh, 2 M re, 1 M abh, 3 M re, 1 M abh, 2 M re, 1 M abh, 1 M re; ab * noch 4x wdh.

7. R: Mit Salt 1 M re, *1 M re, 1 M abh, 2 M re, 1 M abh, 1 M re, 1 M abh, 2 M re, 1 M abh, 2 M re; ab * noch 4x wdh.

9. R: Mit Werewolf wie 3. R.

11. R: Mit Salt wie 5. R.

13. R: Mit Love Song wie 7. R.

15. R: Mit Salt wie 3. R.

17. R: Mit Love Song wie 5. R.

19. R: Wie 15. R.

21. R: Wie 13. R.

23. R: Wie 11. R.

25. R: Wie 9. R.

27. R: Wie 7. R.

29. R: Wie 5. R.

31. R: Wie 3. R.

33. R: Wie 1. R.

ERLÄUTERUNG DIAGRAMM

1. R (Hinr): Mit Werewolf 1. R des Diagramms stricken, dabei den Rapport 4x arbeiten.

2. R und alle Rückr: Die re M aus der vorherigen R mit der aktiven Farbe li stricken und die Hebemaschen aus der vorherigen R mFv abh.

Weitere 32 R nach dem Diagramm stricken.

NÄCHSTE SCHRITTE

1. bis 2. Abschnitt noch 1x wdh.

1. Abschnitt noch 1x wdh.

FERTIGSTELLEN

Alle M mit Salt abketten. Fäden vernähen, nach Wunsch spannen.

ANLEITUNG: 2. SEITE

GLATT RECHTS

Mit 6 mm-Nadeln und Werewolf mit einfachem Anschlag 61 M anschlagen.

1. Startreihe (Rückr): Mit Werewolf alle M li stricken. (61 M)

98 R re stricken (alle Hinr re stricken und alle Rückr li stricken).

Alle M abketten. Fäden vernähen, nach Wunsch spannen.

FERTIGSTELLEN

Mit zueinander zeigenden Rückseiten die beiden Teile mit Matratzenstich zusammennähen (siehe Techniken: Matratzenstich). Die Kissenfüllung einstecken und den letzten Rand schließen.

DREIFARBIGES WILDER WESTEN KISSEN

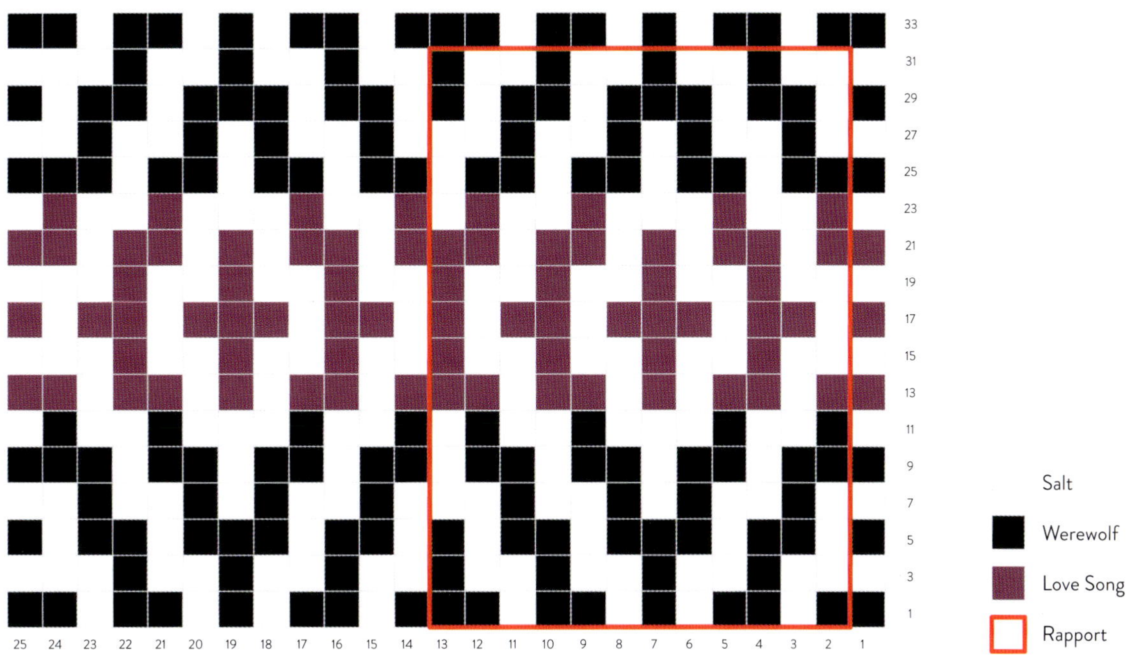

WILDER WESTEN KISSEN MIT BREITEM MUSTER

ANLEITUNG: 1. SEITE

Mit 5,5 mm-Nadeln und Salt mit einfachem Anschlag 59 M anschlagen.

1. Startreihe (Rückr): Mit Salt alle M li stricken. (59 M)

Wenn du Maschenmarkierer für die Wiederholungen verwenden möchtest, bringe einen Markierer nach der ersten M und dann alle 20 M bis zu den letzten 19 M an.

Befolge entweder die Anleitung oder das nachstehende Diagramm.

ANLEITUNG

1. R (Hinr): Mit Werewolf 1 M re, *2 M re, 2 M abh, 3 M re, 1 M abh, 1 M re, 1 M abh, 3 M re, 2 M abh, 5 M re; ab * noch 1x wdh, 2 M re, 2 M abh, 3 M re, 1 M abh, 1 M re, 1 M abh, 3 M re, 2 M abh, 3 M re.

2. R und alle Rückr: Die re M aus der vorherigen R mit der aktiven Farbe li stricken und die Hebemaschen aus der vorherigen R mFv abh.

3. R: Mit Salt 1 M re, *4 M re, 2 M abh, 2 M re, 1 M abh, 2 M re, 2 M abh, 4 M re, 3 M abh; ab * noch 1x wdh, 4 M re, 2 M abh, 2 M re, 1 M abh, 2 M re, 2 M abh, 5 M re.

5. R: Mit Werewolf 1 M re, *3 M abh, 3 M re, 2x [1 M abh, 3 M re], 3 M abh, 3 M re; ab * noch 1x wdh, 3 M abh, 3 M re, 2x [1 M abh, 3 M re], 3 M abh, 1 M re.

7. R: Mit Salt 1 M re, *3 M re, 2 M abh, 2 M re, 3 M abh, 2 M re, 2 M abh, 4 M re, 1 M abh, 1 M re; ab * noch 1x wdh, 3 M re, 2 M abh, 2 M re, 3 M abh, 2 M re, 2 M abh, 4 M re.

9. R: Mit Werewolf 1 M re, *2 M abh, 3 M re, 1 M abh, 5 M re, 1 M abh, 3 M re, 3 M abh, 1 M re, 1 M abh; ab * noch 1x wdh, 2 M abh, 3 M re, 1 M abh, 5 M re, 1 M abh, 3 M re, 2 M abh, 1 M re.

11. R: Mit Salt 1 M re, *2x [2 M re, 2 M abh], 1 M re, 2 M abh, 2 M re, 2 M abh, 3 M re, 1 M abh, 1 M re; ab * noch 1x wdh, 2x [2 M re, 2 M abh], 1 M re, 2 M abh, 2 M re, 2 M abh, 3 M re.

13. R: Mit Werewolf 1 M re, *4x [1 M abh, 3 M re], 2 M abh, 1 M re, 1 M abh; ab * noch 1x wdh, 4x [1 M abh, 3 M re], 1 M abh, 1 M re.

15. R: Mit Salt 1 M re, *1 M re, 2 M abh, 2 M re, 2 M abh, 3 M re, 2 M abh, 2 M re, 2 M abh, 4 M re; ab * noch 1x wdh, 1 M re, 2 M abh, 2 M re, 2 M abh, 3 M re, 2 M abh, 2 M re, 2 M abh, 2 M re.

17. R: Mit Werewolf 1 M re, *3 M re, 1 M abh, 3 M re, 3 M abh, 3 M re, 1 M abh, 3 M re, 3 M abh; ab * noch 1x wdh, 3 M re, 1 M abh, 3 M re, 3 M abh, 3 M re, 1 M abh, 4 M re.

19. R: Mit Salt 1 M re, *2 M abh, 2 M re, 2 M abh, 5 M re, 2 M abh, 2 M re, 2 M abh, 3 M re; ab * noch 1x wdh, 2 M abh, 2 M re, 2 M abh, 5 M re, 2 M abh, 2 M re, 2 M abh, 1 M re.

21. R: Mit Werewolf 1 M re, *2 M re, 1 M abh, 3 M re, 2 M abh, 1 M re, 2 M abh, 2x [3 M re, 1 M abh], 1 M re; ab * noch 1x wdh, 2 M re, 1 M abh, 3 M re, 2 M abh, 1 M re, 2 M abh, 3 M re, 1 M abh, 3 M re.

23. R: Mit Salt 1 M re, *1 M abh, 2 M re, 2 M abh, 3 M re, 1 M abh, 3 M re, 2 M abh, 2 M re, 2 M abh, 1 M re, 1 M abh; ab * noch 1x wdh; 1 M abh, 2 M re, 2 M abh, 3 M re, 1 M abh, 3 M re, 2 M abh, 2 M re, 1 M abh, 1 M re.

25. R: Mit Werewolf 1 M re, *1 M re, 1 M abh, 3 M re, 3 M abh, 1 M re, 3 M abh, 3 M re, 1 M abh, 4 M re; ab * noch 1x wdh, 1 M re, 1 M abh, 3 M re, 3 M abh, 1 M re, 3 M abh, 3 M re, 1 M abh, 2 M re.

27. R: Mit Salt 1 M re, *2 M re, 2 M abh, 4 M re, 1 M abh, 4 M re, 2 M abh, 2 M re, 3 M abh; ab * noch 1x wdh; 2 M re, 2 M abh, 4 M re, 1 M abh, 4 M re, 2 M abh, 3 M re.

29. R: Mit Werewolf 1 M re, *1 M abh, 2x [3 M re, 3 M abh], 3 M re, 1 M abh, 3 M re; ab * noch 1x wdh, 1 M abh, 2x [3 M re, 3 M abh], 3 M re, 1 M abh, 1 M re.

31. R: Mit Salt 1 M re, *1 M re, 2 M abh, 4 M re, 3 M abh, 4 M re, 2 M abh, 2 M re, 1 M abh, 1 M re; ab * noch 1x wdh, 1 M re, 2 M abh, 4 M re, 3 M abh, 4 M re, 2 M abh, 2 M re.

33. R: Mit Werewolf 1 M re, *3 M re, 2 M abh, 7 M re, 2 M abh, 3 M re, 1 M abh, 1 M re, 1 M abh; ab * noch 1x wdh, 3 M re, 2 M abh, 7 M re, 2 M abh, 4 M re.

35. R: Wie 31. R.

37. R: Wie 29. R.

39. R: Wie 27. R.

41. R: Wie 25. R.

43. R: Wie 23. R.

45. R: Wie 21. R.

47. R: Wie 19. R.

49. R: Wie 17. R.

51. R: Wie 15. R.

53. R: Wie 13. R.

55. R: Wie 11. R.

57. R: Wie 9. R.

59. R: Wie 7. R.

61. R: Wie 5. R.

63. R: Wie 3. R.

65. bis 98. R: 1. bis 34. R wdh.

ERLÄUTERUNG DIAGRAMM

1. R (Hinr): Mit Werewolf 1. R des Diagramms stricken, dabei Rapport 2x arbeiten.

2. R und alle Rückr: Die re M aus der vorherigen R mit der aktiven Farbe li stricken und die Hebemaschen aus der vorherigen R mFv abh.

Weitere 32 R nach dem Diagramm arbeiten.

65. bis 98. R: 1. bis 34. R wdh.

FERTIGSTELLEN

Mit Salt alle M abketten. Fäden vernähen, nach Wunsch spannen.

ANLEITUNG: 2. SEITE

RECHTS STRICKEN

Mit 6 mm-Nadeln und Salt mit einfachem Anschlag 59 M anschlagen.

1. Startreihe (Rückr): Mit Salt alle M li stricken. (59 M)

98 R re stricken (alle Hinr re und alle Rückr li).

Alle M abketten. Fäden vernähen, nach Wunsch spannen.

FERTIGSTELLEN

Auf links die beiden Teile an drei Seiten mit Matratzenstich zusammennähen (siehe Techniken: Matratzenstich). Die Arbeit auf rechts drehen, die Kissenfüllung einstecken und die letzte Seite schließen.

WILDER WESTEN KISSEN MIT BREITEM MUSTER

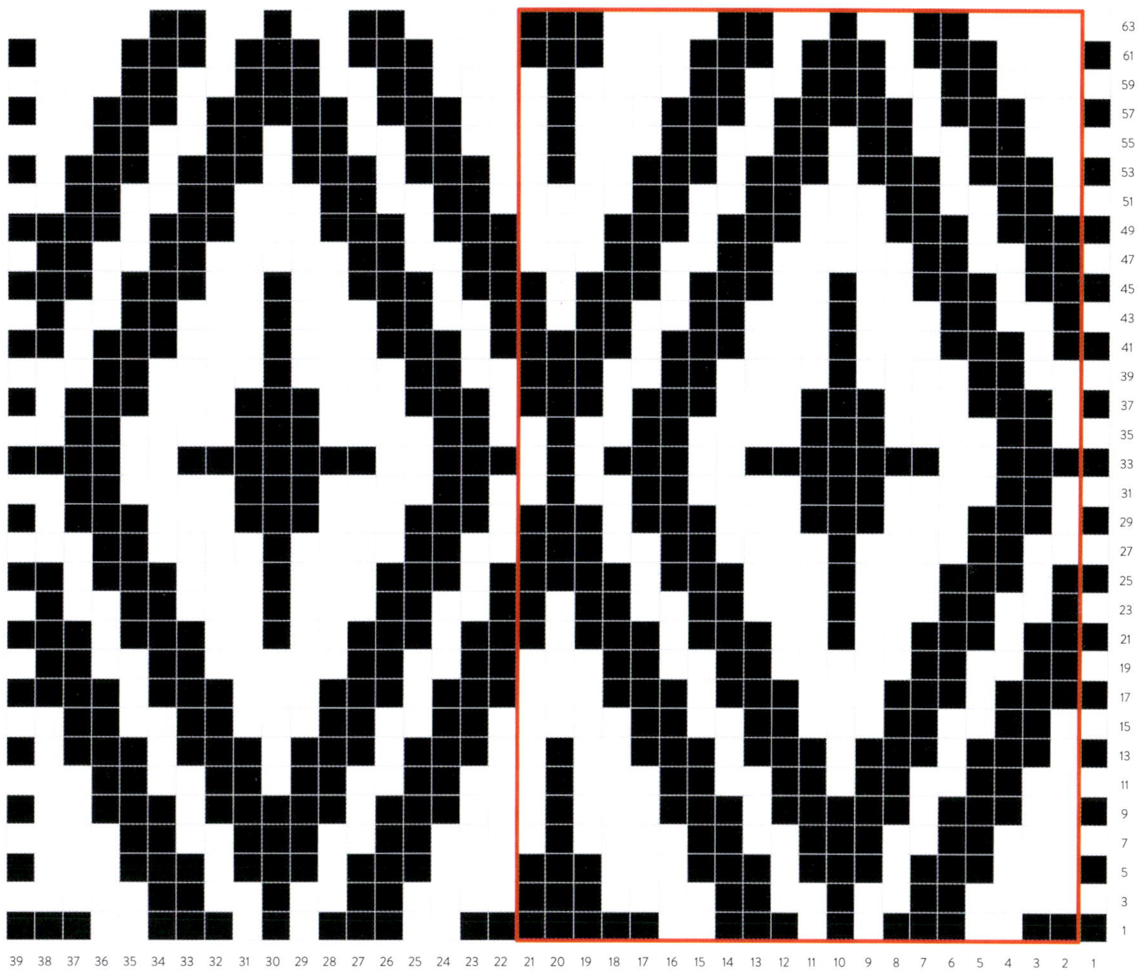

Salt

Werewolf

Rapport

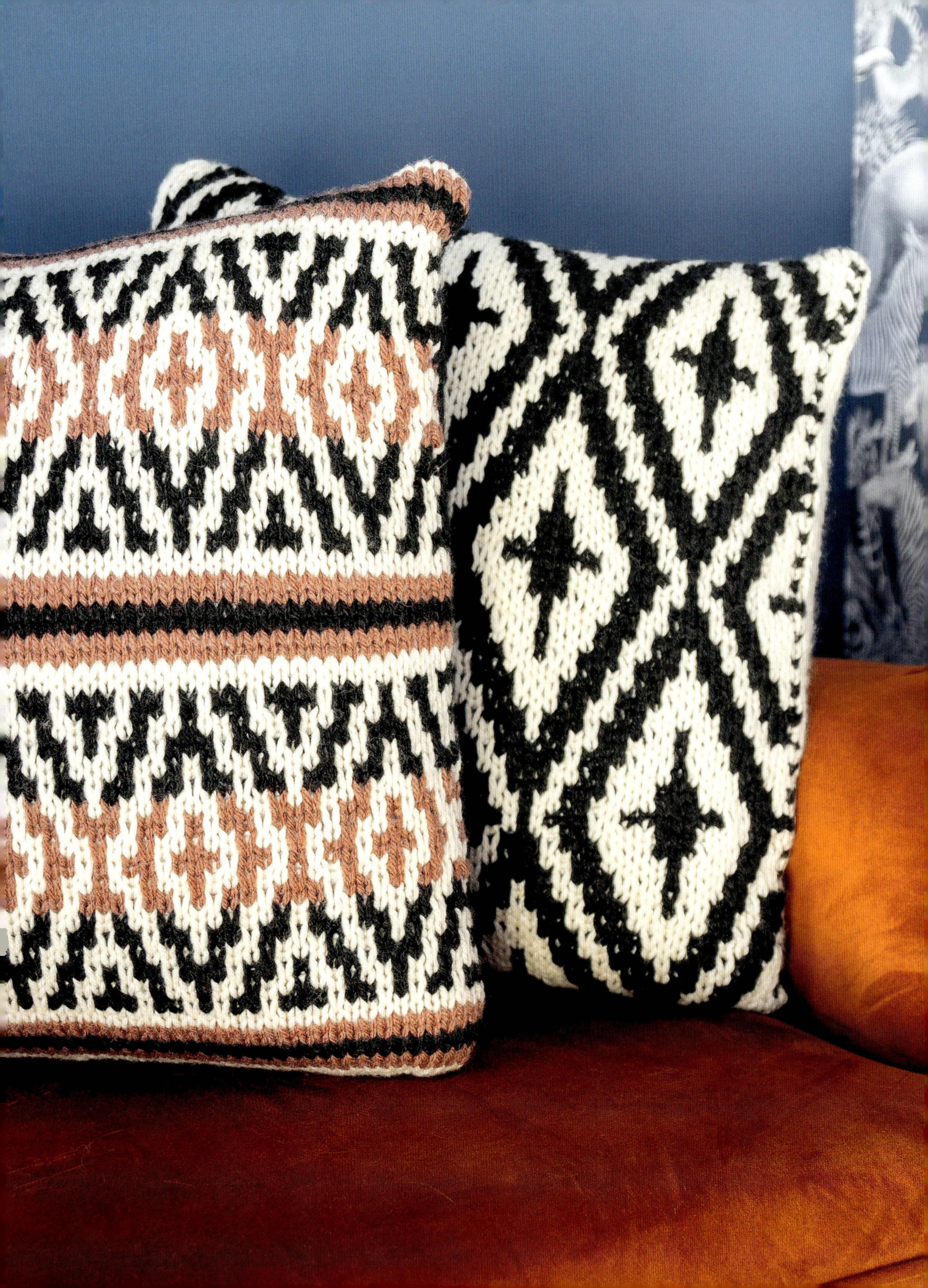

Alternative Farbgebung

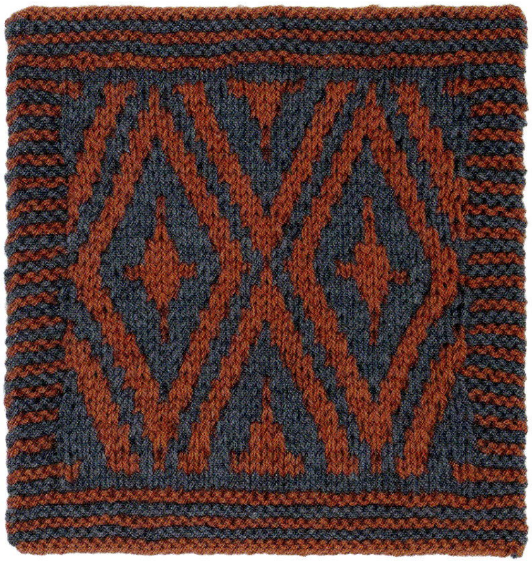

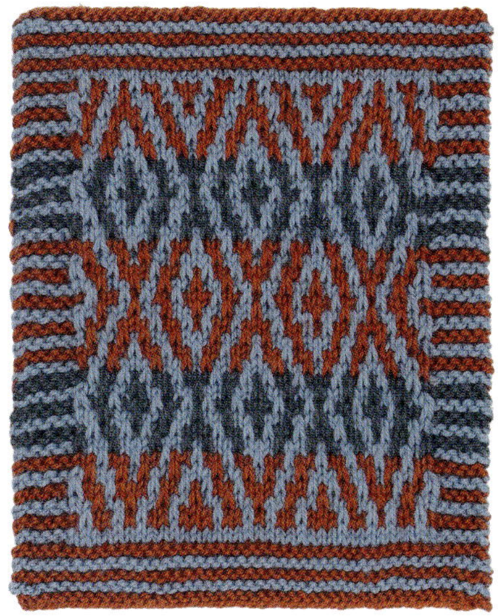

Garn

Lion Brand Re-Spun Thick & Quick Yarn – Super Bulky (100 % recycelter Polyester; Lauflänge 204 m/340 g), in den folgenden Farbtönen:

- Faded Denim (106BD)
- Night Sky (110AT)
- Cinnamon Stick (133AS)

Nadeln

Wie in der Anleitung.

Maschenprobe

Wie in der Anleitung.

Stimmungsvolle Grautöne und Zimt zeigen, wie anders ein Muster mit anderen Farben aussehen kann. Diese Kissen sind der perfekte Herbstlook (oder schlage zusätzliche Maschen an und mache eine Decke daraus). Nur zum Spaß habe ich die Querstreifen entfernt und beim Motiv des dreifarbigen Wilder Westen Kissens die 1. bis 32. R mehrfach wiederholt. Lasse deiner Fantasie freien Lauf, um dein ganz eigenes Stück zu stricken.

SCHWIERIGKEITSGRAD:

+++

Farbspiel-DREIECKS-TUCH

Bei diesem Dreieckstuch sind deiner Fantasie keine Grenzen gesetzt! Das Tuch mit Quasten kombiniert ein klassisches Mosaikmotiv, bei dem zwei Garnknäuel mit Farbwechseln zum Einsatz kommen – jedes Tuch mit diesem faszinierenden Muster wird ein Unikat, da sich die Farbkombinationen durch die Farbwechsel im Garn immer wieder verändern. So entstehen unerwartete, einzigartige Farbgebungen.

Du benötigst

GARN

Lion Brand Mandala Yarn – DK Light Worsted (100 % Acryl; Lauflänge 540 m/150 g), im folgenden Farbton:

- 2 Knäuel Thunderbird (207AG)

STRICKNADELN

- 5 mm-Nadeln
- 5,5 mm-Nadeln

WEITERES ZUBEHÖR

- Maschenmarkierer

MASCHENPROBE

20 M und 30 R ergeben 10 x 10 cm im Mosaikmotiv li mit 5,5 mm-Nadeln gestrickt.

Die Maschenprobe ist nicht entscheidend für dieses Projekt, aber der Garnbedarf kann abweichen.

GRÖSSE DER FERTIGEN ARBEIT

162 x 64 cm nach Spannen unter Dampf

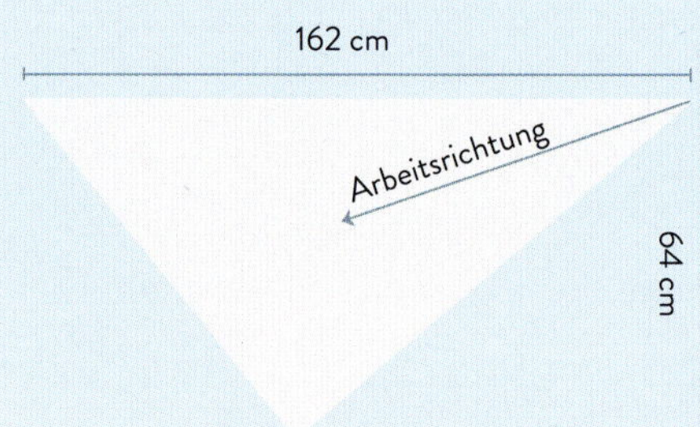

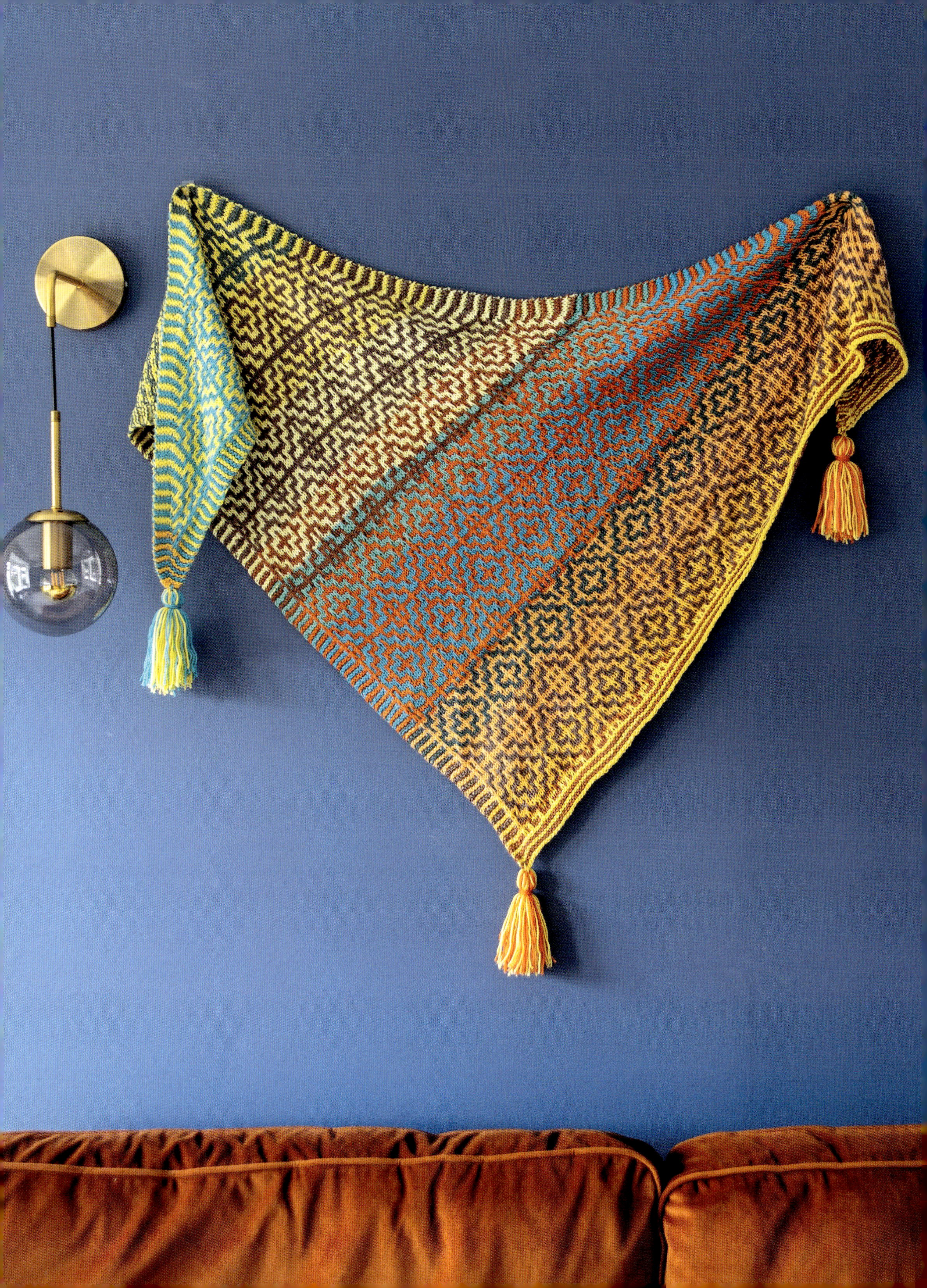

Hinweise zur Anleitung

Das Tuch wird in Reihen gearbeitet. Dabei beginnst du in einer Ecke des Dreiecks und nimmst in jeder Hinreihe eine Masche zu, um ein großes Dreieckstuch zu arbeiten, das auf vielfältige Weise getragen werden kann.

Dieses Tuch wird mit zwei Knäueln der gleichen Garnfarbe gestrickt. Um Verwirrung zu vermeiden, bezeichne ich das Garn als 1. Knäuel und 2. Knäuel. (Ich fand es am praktischsten, die Knäuel mit Etiketten zu versehen, falls ich einmal meine Stelle in der Anleitung verlieren sollte.)

In allen Hinreihen im Mosaikmotiv alle Maschen in der aktiven Farbe re stricken und alle Hebemaschen mit Faden hinten abheben.

In allen Rückreihen alle Maschen in der aktiven Farbe li stricken und alle Hebemaschen mit Faden vorne abheben.

Wenn du die Größe des Tuchs ändern möchtest, arbeite die 1. bis 64 R des Motivs und wiederhole dann die 33. bis 64. Reihe (wobei du die Anzahl der Rapports jeweils um 1 erhöhst) so oft, bis du die gewünschte Größe erreicht hast.

Hinweise zum Diagramm

Jedes Quadrat stellt eine Masche dar. Das Diagramm beginnt in der unteren rechten Ecke in der 1. Reihe.

Nur Hinreihen (ungerade Zahlen) sind dargestellt. Sie werden von rechts nach links gelesen.

Die Farbe der ersten Masche im Diagramm bestimmt immer die aktive Farbe, die für die nächsten zwei Reihen verwendet wird.

ANLEITUNG

VORBEREITUNG

Optional: Wenn du eine Quaste an jeder Ecke des Tuchs haben möchtest, die farblich in etwa mit diesem Teil des Tuchs übereinstimmt, reserviere vor dem Anschlagen für die erst Quaste etwas Garn von beiden Knäueln. Nach Beendigung der Arbeit verwendest du dann das Garn, mit dem du abgekettet hast, für die Quasten an den anderen beiden Ecken.

Mit 5 mm-Nadeln und 2. Knäuel mit einfachem Anschlag 5 M anschlagen.

1., 5., 9., 13. Startreihe (Rückr): Mit 2. Knäuel re stricken.

2. Startreihe (Hinr): Mit 1. Knäuel 3 M re, 1 M zun, 2 M re. (6 M)

3., 7., 11. Startreihe: Mit 1. Knäuel re stricken.

4. Startreihe: Mit 2. Knäuel 4 M re, 1 M zun, 2 M re. (7 M)

6. Startreihe: Mit 1. Knäuel 5 M re, 1 M zun, 2 M re. (8 M)

8. Startreihe: Mit 2. Knäuel 5 M re, 1 M zun, 3 M re. (9 M)

10. Startreihe: Mit 1. Knäuel 5 M re, 1 M zun, 4 M re. (10 M)

12. Startreihe: Mit 2. Knäuel, 5 M re, MM (= Maschenmarkierer), 1 M zun, 5 M re. (11 M)

Zu 5,5 mm-Nadeln wechseln.

MOSAIKMOTIV

Wenn du Maschenmarkierer für die Wiederholungen verwenden möchtest, lasse die in der 12. Startreihe angebrachten Markierer an Ort und Stelle und bringe einen weiteren Markierer nach der 6. M an. In der 33. R kannst du am Ende jedes 16 M-Rapports einen weiteren Markierer anbringen, während das Tuch größer wird.

Befolge entweder die Anleitung oder das nachstehende Diagramm.

ANLEITUNG

Hinweis: Die 33. bis 64. R enthalten den Rapportabschnitt des Musters. Dieser Abschnitt beginnt mit »*« und endet mit »;«. Wenn du die 33. bis 64. Reihe zum ersten Mal strickst, arbeitest du den Rapport nur einmal. In der Anleitung steht daher »ab * noch 1x arbeiten«. Mit jeder Wiederholung der 33. bis 64. R erhöhst du die Anzahl der Wiederholungen des Rapportabschnitts um 1.

1. R (Hinr): Mit 1. Knäuel 5 M re, MM abh, 1 M re, 1 M zun, MM abh, 5 M re. (12 M)

2. R und alle Rückr: 5 M re, MM abh, die M li stricken, die in der vorherigen Reihe re gestrickt wurden. Dabei die zugenommene M mit der aktiven Farbe li stricken. Alle Hebemaschen aus der vorherigen Reihe mFv abh, bis zum letzten MM, MM abh, 5 M re.

3. R: Mit 2. Knäuel 5 M re, MM abh, 2 M re, 1 M zun, MM abh, 5 M re. (13 M)

5. R: Mit 1. Knäuel 5 M re, MM abh, 1 M re, 1 M abh, 1 M re, 1 M zun, MM abh, 5 M re. (14 M)

7. R: Mit 2. Knäuel 5 M re, MM abh, 2 M re, 1 M abh, 1 M re, 1 M zun, MM abh, 5 M re. (15 M)

9. R: Mit 1. Knäuel 5 M re, MM abh, 2x [1 M re, 1 M abh], 1 M re, 1 M zun, MM abh, 5 M re. (16 M)

11. R: Mit 2. Knäuel 5 M re, MM abh, 4 M re, 1 M abh, 1 M re, 1 M zun, MM abh, 5 M re. (17 M)

13. R: Mit 1. Knäuel 5 M re, MM abh, 1 M re, 1 M abh, 3 M re, 1 M abh, 1 M re, 1 M zun, MM abh, 5 M re. (18 M)

15. R: Mit 2. Knäuel 5 M re, MM abh, 2 M re, 1 M abh, 3 M re, 1 M abh, 1 M re, 1 M zun, MM abh, 5 M re. (19 M)

17. R: Mit 1. Knäuel 5 M re, MM abh, 1 M re, 1 M abh, 3 M re, 1 M abh, 3 M re, 1 M zun, MM abh, 5 M re. (20 M)

19. R: Mit 2. Knäuel 5 M re, MM abh, 4 M re, 1 M abh, 3 M re, 1 M abh, 1 M re, 1 M zun, MM abh, 5 M re. (21 M)

21. R: Mit 1. Knäuel 5 M re, MM abh, 2x [1 M re, 1 M abh], 3 M re, 1 M abh, 3 M re, 1 M zun, MM abh, 5 M re. (22 M)

23. R: Mit 2. Knäuel 5 M re, MM abh, 2 M re, 1 M abh, 3 M re, 1 M abh, 5 M re, 1 M zun, MM abh, 5 M re. (23 M)

25. R: Mit 1. Knäuel 5 M re, MM abh, 1 M re, 3x [1 M abh, 3 M re], 1 M zun, MM abh, 5 M re. (24 M)

27. R: Mit 2. Knäuel 5 M re, MM abh, 4 M re, 1 M abh, 3 M re, 1 M abh, 1 M re, 1 M abh, 3 M re, 1 M zun, MM abh, 5 M re. (25 M)

29. R: Mit 1. Knäuel 5 M re, MM abh, 2x [1 M abh, 1 M re], 2x [3 M re, 1 M abh], 3 M re, 1 M zun, MM abh, 5 M re. (26 M)

31. R: Mit 2. Knäuel 5 M re, MM abh, bis MM re stricken, 1 M zun, MM abh, 5 M re. (27 M)

33. R: Mit 1. Knäuel 5 M re, MM abh, 1 M re, *1 M abh, 1 M re, 3x [1 M abh, 3 M re], 1 M abh, 1 M re; ab * noch 1x arbeiten, 1 M zun, MM abh, 5 M re. (28 M)

35. R: Mit 2. Knäuel 5 M re, MM abh, 1 M re, *2x [3 M re, 1 M abh], 1 M re, 1 M abh, 3 M re, 1 M abh, 2 M re; ab * noch 1x arbeiten, 1 M re, 1 M zun, MM abh, 5 M re. (29 M)

37. R: Mit 1. Knäuel 5 M re, MM abh, 1 M re, *4x [1 M abh, 3 M re]; ab * noch 1x arbeiten, 1 M abh, 1 M re, 1 M zun, MM abh, 5 M re. (30 M)

39. R: Mit 2. Knäuel 5 M re, MM abh, 1 M re, *1 M re, 1 M abh, 3 M re, 1 M abh, 5 M re, 1 M abh, 3 M re, 1 M abh; ab * noch 1x arbeiten, 1 M re, 1 M abh, 1 M re, 1 M zun, MM abh, 5 M re. (31 M)

41. R: Mit 1. Knäuel 5 M re, MM abh, 1 M re, *1 M abh, 1 M re, 1 M abh, 3x [3 M re, 1 M abh], 1 M re; ab * noch 1x arbeiten, 2x [1 M abh, 1 M re], 1 M zun, MM abh, 5 M re. (32 M)

43. R: Mit 2. Knäuel 5 M re, MM abh, 1 M re, *2x [3 M re, 1 M abh], 1 M re, 1 M abh, 3 M re, 1 M abh, 2 M re; ab * noch 1x arbeiten, 3 M re, 1 M abh, 1 M re, 1 M zun, MM abh, 5 M re. (33 M)

45. R: Mit 1. Knäuel 5 M re, MM abh, 1 M re, *4x [1 M abh, 3 M re]; ab * noch 1x arbeiten, 1 M abh, 3 M re, 1 M abh, 1 M re, 1 M zun, MM abh, 5 M re. (34 M)

47. R: Mit 2. Knäuel 5 M re, MM abh, 1 M re, *1 M re, 1 M abh, 3 M re, 1 M abh, 5 M re, 1 M abh, 3 M re, 1 M abh ; ab * noch 1x arbeiten, 1 M re, 1 M abh, 3 M re, 1 M abh, 1 M re, 1 M zun, MM abh, 5 M re. (35 M)

49. R: Mit 1. Knäuel 5 M re, MM abh, 1 M re, *4x [1 M abh, 3 M re]; ab * noch 1x arbeiten, 2x [1 M abh, 3 M re], 1 M zun, MM abh, 5 M re. (36 M)

51. R: Mit 2. Knäuel 5 M re, MM abh, 1 M re, *2x [3 M re, 1 M abh], 1 M re, 1 M abh, 3 M re, 1 M abh, 2 M re; ab * noch 1x arbeiten, 2x [3 M re, 1 M abh], 1 M re, 1 M zun, MM abh, 5 M re. (37 M)

53. R: Mit 1. Knäuel 5 M re, MM abh, 1 M re, *1 M abh, 1 M re, 1 M abh, 3x [3 M re, 1 M abh], 1 M re; ab * noch 1x arbeiten, 1 M abh, 1 M re, 2x [1 M abh, 3 M re], 1 M zun, MM abh, 5 M re. (38 M)

55. R: Mit 2. Knäuel 5 M re, MM abh, 1 M re, *1 M re, 1 M abh, 3 M re, 1 M abh, 5 M re, 1 M abh, 3 M re, 1 M abh; ab * noch 1x arbeiten, 1 M re, 1 M abh, 3 M re, 1 M abh, 5 M re, 1 M zun, MM abh, 5 M re. (39 M)

57. R: Mit 1. Knäuel 5 M re, MM abh, 1 M re, *4x [1 M abh, 3 M re]; ab * noch 1x arbeiten, 3x [1 M abh, 3 M re], 1 M zun, MM abh, 5 M re. (40 M)

59. R: Mit 2. Knäuel 5 M re, MM abh, 1 M re, *2x [3 M re, 1 M abh], 1 M re, 1 M abh, 3 M re, 1 M abh, 2 M re; ab * noch 1x arbeiten, 3 M re, 1 M abh, 3 M re, 1 M abh, 1 M re, 1 M abh, 3 M re, 1 M zun, MM abh, 5 M re. (41 M)

61. R: Mit 1. Knäuel 5 M re, MM abh, 1 M re, *1 M abh, 1 M re, 3x [1 M abh, 3 M re], 1 M abh, 1 M re; ab * noch 1x arbeiten, 1 M abh, 1 M re, 3x [1 M abh, 3 M re], 1 M zun, MM abh, 5 M re. (42 M)

63. R: Mit 2. Knäuel 5 M re, MM abh, bis zum letzten MM re stricken, 1 M zun, MM abh, 5 M re. (43 M)

33. bis 64. R wdh, dabei beim Rapportabschnitt (zwischen »*« und »;«) die Anzahl der Wiederholungen um 1 erhöhen. (59 M)

33. bis 64. R so oft wie gewünscht wdh. Im Beispiel wurden die 33. bis 64. R insgesamt 10x gearbeitet. (187 M)

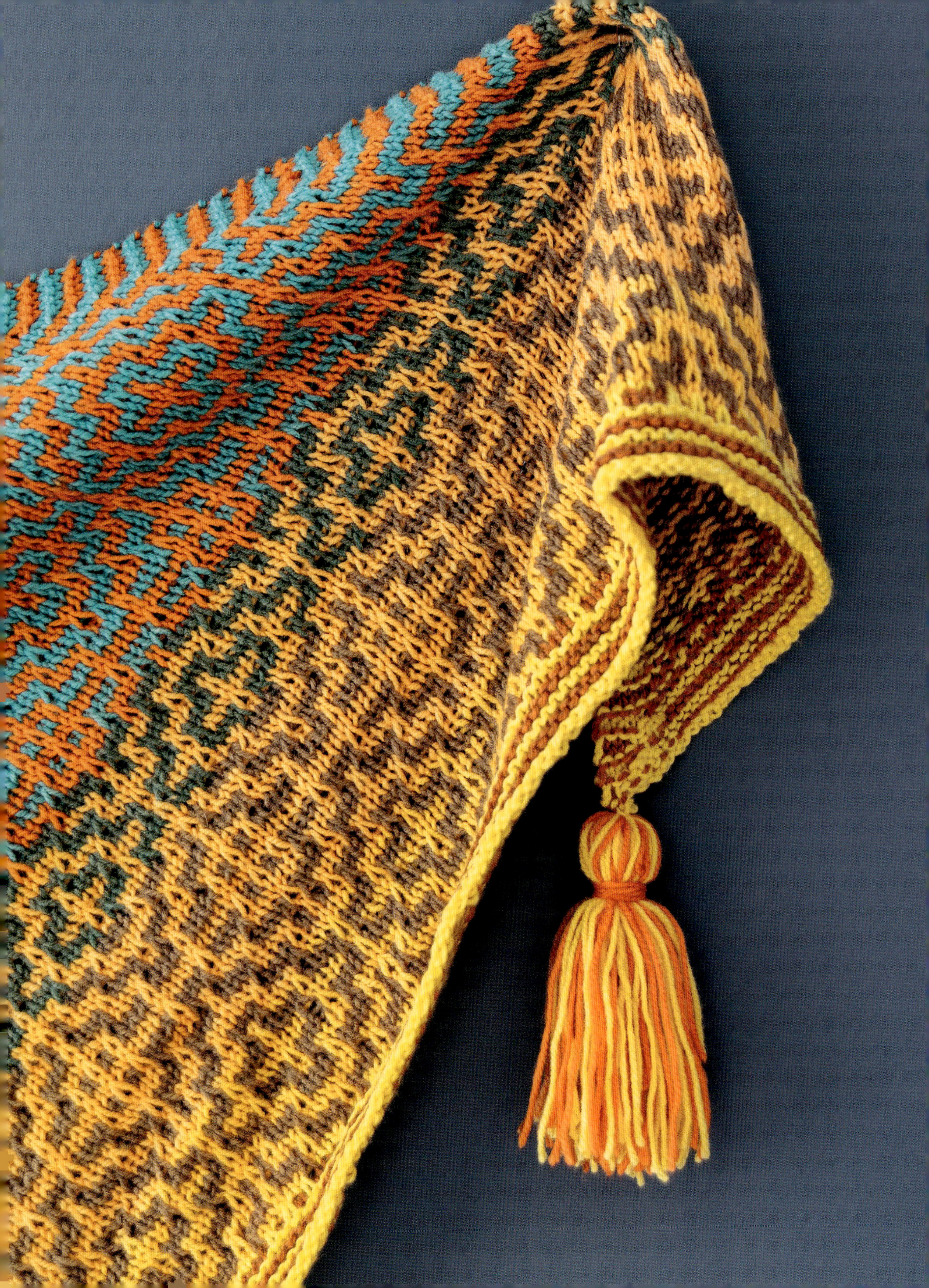

ERLÄUTERUNG DIAGRAMM

1. R (Hinr): Mit 1. Knäuel bis MM re stricken, MM abh, 1. R des Diagramms arbeiten, MM abh, 5 M re. (12 M)

2. R und alle Rückr: 5 M re, MM abh, die M li stricken, die in der vorherigen Reihe re gestrickt wurden. Dabei die zugenommene M mit der aktiven Farbe li stricken. Alle Hebemaschen aus der vorherigen Reihe mFv abh, bis zum letzten MM, MM abh, 5 M re.

Für weitere 62 R weiter bis zum ersten MM kraus rechts stricken, dann gemäß dem Diagramm stricken und nach dem zweiten MM weiter kraus rechts stricken. (43 M)

33. bis 64. R wdh, aber den Rapport einmal mehr als in der vorherigen Wiederholung arbeiten. (59 M)

33. bis 64. R so oft wie gewünscht wdh. Im Beispiel wurden die 33. bis 64. R insgesamt 10x gearbeitet. (187 M)

Nach Fertigstellen dieses Abschnitts die Markierer entfernen.

FERTIGSTELLEN

Zu 5 mm-Nadeln wechseln.

1. Startreihe: Mit 1. Knäuel bis letzte 5 M re stricken, 1 M zun, 5 M re. (188 M)

2. Startreihe: Mit 1. Knäuel re stricken.

3. Startreihe: Mit 2. Knäuel bis letzte 5 M stricken, 1 M zun, 5 M re. (189 M)

4. Startreihe: Mit 2. Knäuel re stricken.

1. bis 4. Startreihe noch 1x arbeiten, dann 1. bis 2. Startreihe noch 1x arbeiten. (192 M)

M mit 1. Knäuel isländisch oder mit deiner bevorzugten Technik abketten (siehe Techniken: Isländisch Abketten). Fäden vernähen, nach Wunsch unter Dampf spannen. Das Garn vom Abkettrand und das vom Anschlag aufgehobene Garn verwenden, um drei Quasten zu fertigen. Quasten an den Ecken des Tuchs anbringen (siehe Techniken: Quasten).

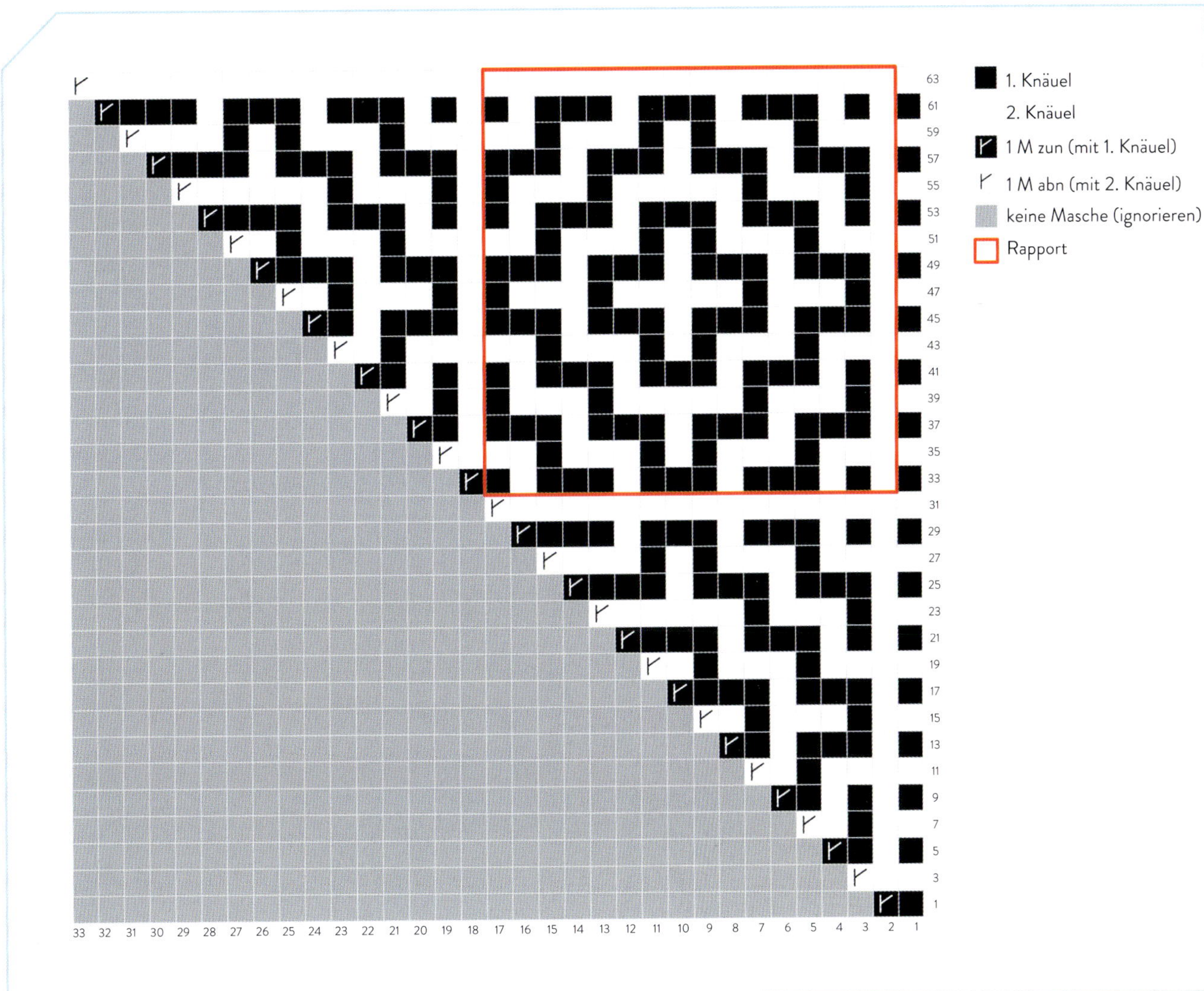

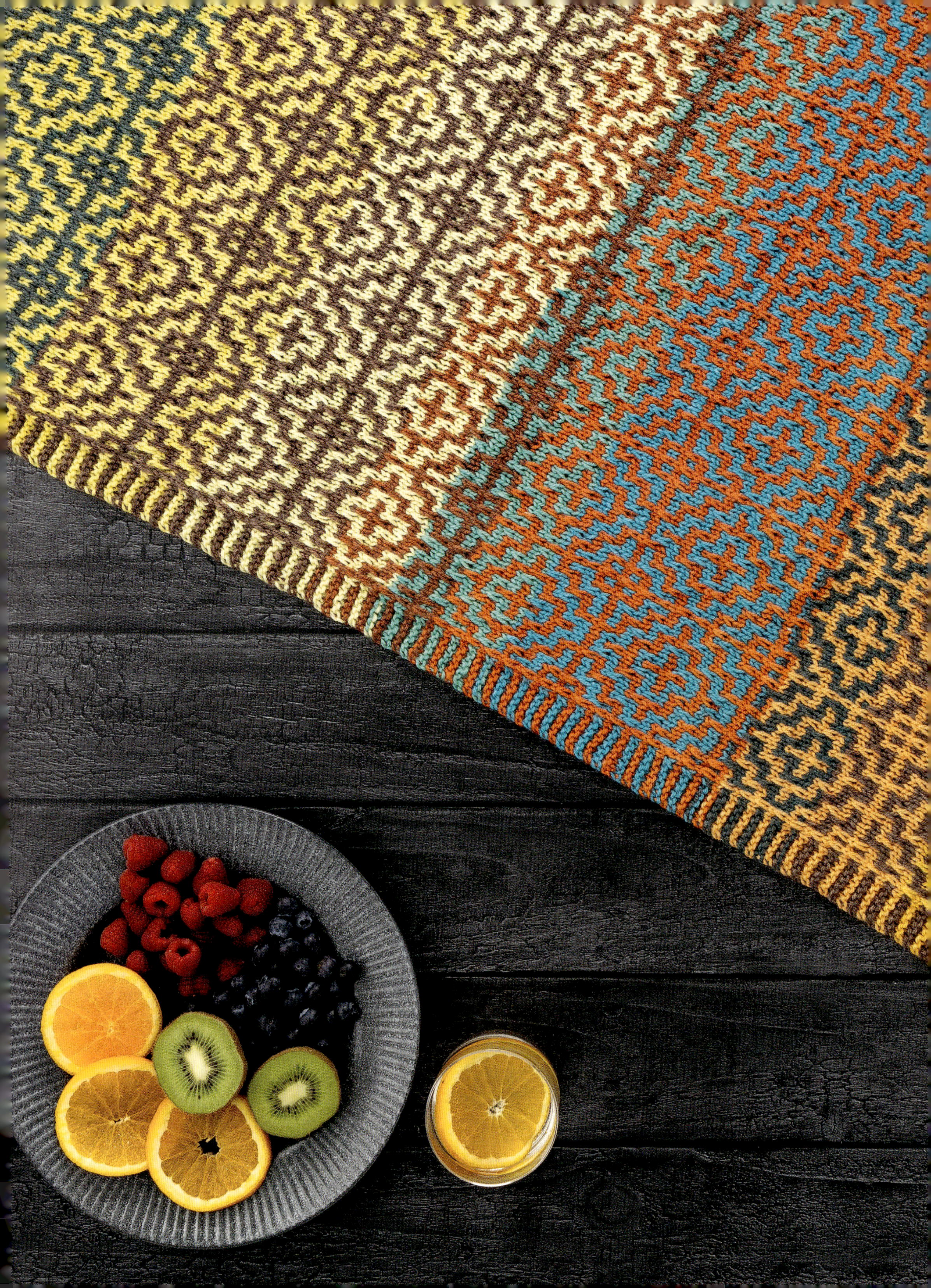

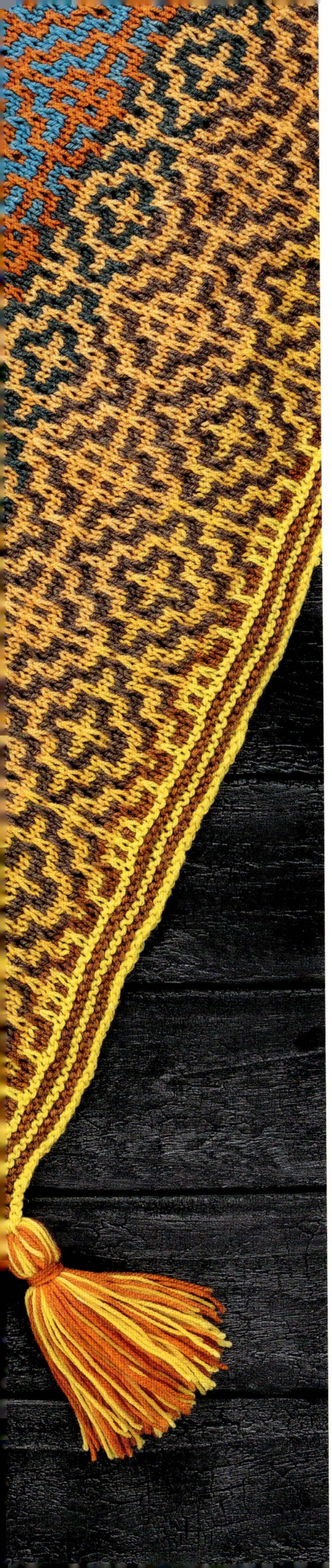

Alternative Farbgebung

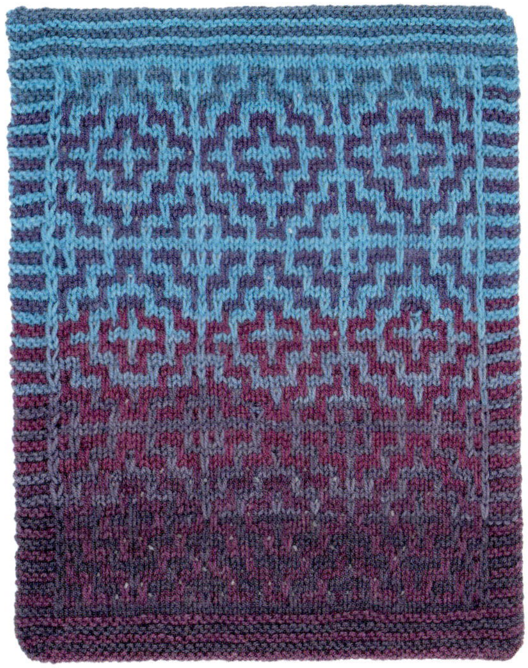

Garn

Lion Brand Mandala Yarn – DK Light Worsted (100 % Acryl; Lauflänge 540 m/
150 g), im folgenden Farbton:

- Hades (244D)

Nadeln

Wie in der Anleitung.

Maschenprobe

Wie in der Anleitung.

Hast du eine Lieblingsfarbe? Verwendest du sie beim Stricken? Farben von Edelsteinen sind meine absoluten Lieblingsfarben! Ich habe dieses Muster mit Hades in Mandala gestrickt. Das Spannende bei Garn mit langen Farbwechseln ist, dass man nie weiß, wie das Endprodukt aussehen wird. Dieses Beispiel zeigt hervorragend, wie du Kontrast bei der Farbwahl vorteilhaft nutzen kannst – du siehst, wie Farben mit geringem Kontrast ineinanderfließen und das Motiv dann wenige Reihen später hervortritt, wenn sich die Farben verändern.

SCHWIERIGKEITSGRAD:

+++

Tic Tac Toe WAND-BEHANG

Wenn ich mit meiner Tochter Tic Tac Toe spiele, will sie immer die X nehmen. Manchmal spielt sie das Spiel ganz für sich, und dann gewinnt sie immer, weil jedes Kästchen ein X enthält! Dieser faszinierende Wandbehang ist von ihrem siegreichen Spiel inspiriert und zeigt, dass man nicht nur mit Makramee und Häkeln schöne Wandbehänge zaubern kann! Die beiden Lagen aus Fransen verleihen Tiefe und sind perfekt, um Garnreste aufzubrauchen.

Du benötigst

GARN

Lion Brand Wool Ease Thick & Quick – Super Bulky (80 % Acryl, 20 % Wolle; Lauflänge 97 m/170 g), in den folgenden Farbtönen:

- 2 Knäuel Fisherman (099)
- 1 Knäuel Black (153)
- 1 Knäuel Mustard (158)
- 1 Knäuel Bluegrass (550F)

STRICKNADELN

- 9 mm-Nadeln
- 10 mm-Nadeln

WEITERES ZUBEHÖR

- Häkelnadel (um die Fransen anzubringen)
- Papprechteck in den Maßen 30 x 23 cm
- 1 cm-Holzstab, etwa 65 cm lang

MASCHENPROBE

10,5 M und 22 R ergeben 10 x 10 cm im Mosaikmotiv kraus rechts mit 10 mm-Nadeln gestrickt und im Perlmuster mit 9 mm-Nadeln gestrickt.

Die Maschenprobe ist nicht entscheidend für dieses Projekt.

GRÖSSE DER FERTIGEN ARBEIT

Etwa 46 x 70 cm nach Spannen unter Dampf, ohne Fransen

Etwa 46 x 89 cm mit Fransen

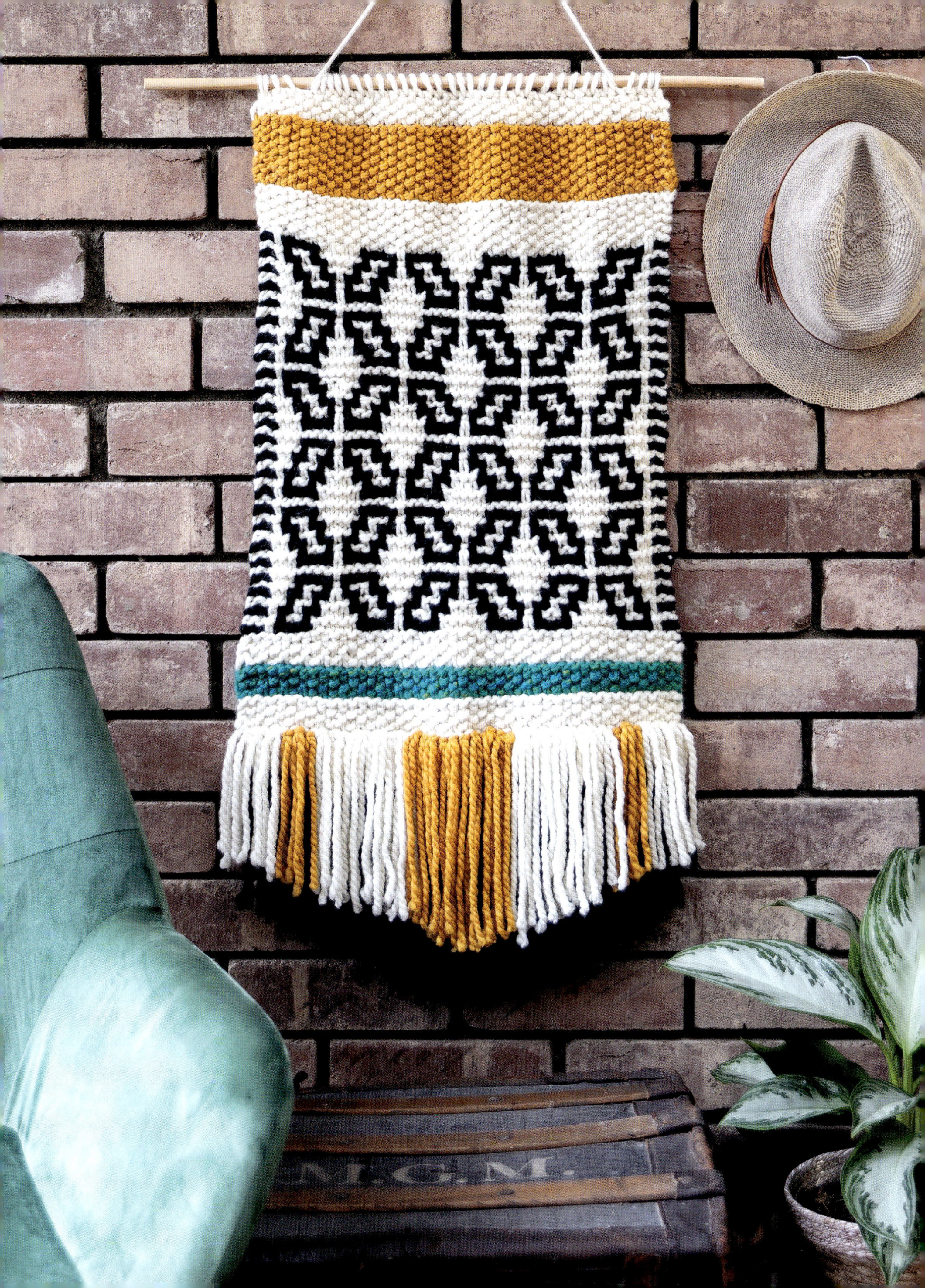
M.G.M.

Hinweise zur Anleitung

Der Wandbehang wird in Reihen von oben nach unten gearbeitet. Nach dem Abketten wird der Holzstab an den Wandbehang angenäht und die Fransen werden angebracht.

Beim Arbeiten des Motivs in allen Hinreihen alle Hebemaschen mit Faden hinten abheben und in allen Rückreihen alle Hebemaschen mit Faden vorne abheben.

Wenn du die Größe des Wandbehangs ändern möchtest, ein Vielfaches von 14+5 M anschlagen. Zum Beispiel 14x3=42, 42+5=47 angeschlagene Maschen.

Hinweise zum Diagramm

Jedes Quadrat stellt eine Masche dar. Das Diagramm beginnt in der unteren rechten Ecke in der 1. Reihe.

Nur Hinreihen (ungerade Zahlen) sind dargestellt. Sie werden von rechts nach links gelesen.

Die Farbe der ersten Masche im Diagramm bestimmt immer die aktive Farbe, die für die nächsten zwei Reihen verwendet wird.

ANLEITUNG

1. ABSCHNITT: PERLMUSTER

Mit 9 mm-Nadeln und Fisherman mit einfachem Anschlag 47 M anschlagen.

Die folgende Perlmusterreihe wird über den ganzen Wandbehang gearbeitet.

Perlmusterreihe: 2 M re, [1 M li, 2 M re] bis letzte 3 M, 1 M li, 2 M re. (47 M)

Startreihe (Rückr): Mit Fisherman die Perlmusterreihe arbeiten.

1. bis 4. R: Mit Fisherman die Perlmusterreihe arbeiten.

5. bis 6. R: Mit Mustard re stricken.

7. bis 18. R: Mit Mustard die Perlmusterreihe arbeiten.

19. bis 20. R: Mit Fisherman re stricken.

21. bis 30. R: Mit Fisherman die Perlmusterreihe arbeiten.

Zu 10 mm-Nadeln wechseln.

2. ABSCHNITT: MOSAIKMOTIV

Wenn du Maschenmarkierer für die Wiederholungen verwenden möchtest, bringe einen Markierer nach den ersten 2 M und dann alle 14 M bis zu den letzten 3 M an.

Befolge entweder die Anleitung oder das nachstehende Diagramm. Das Motiv enthält mehrere Reihen, in denen fünf aufeinander folgende Maschen abgehoben werden. Achte darauf, dass die mitgeführten Fäden locker bleiben, damit sich die Arbeit nicht zusammenzieht.

ANLEITUNG

1. R (Hinr): Mit Black 2 M re, *1 M abh, 4 M re, 5 M abh, 4 M re; ab * noch 2x wdh, 1 M abh, 2 M re.

2. R und alle Rückr: Die re M aus der vorherigen R mit der aktiven Farbe re stricken und die Hebemaschen aus der vorherigen R mFv abh.

3. R: Mit Fisherman 2 M re, *1 M re, 1 M abh, 2 M re, 1 M abh, 5 M re, 1 M abh, 2 M re, 1 M abh; ab * noch 2x wdh, 3 M re.

5. R: Mit Black 2 M re, *1 M abh, 2 M re, 1 M abh, 2 M re, 3 M abh, 2 M re, 1 M abh, 2 M re; ab * noch 2x wdh, 1 M abh, 2 M re.

7. R: Mit Fisherman 2 M re, *2 M re, 1 M abh, 2 M re, 1 M abh, 3 M re, 1 M abh, 2 M re, 1 M abh, 1 M re; ab * noch 2x wdh, 3 M re.

9. R: Mit Black 2 M re, *2 M abh, 4x [2 M re, 1 M abh]; ab * noch 2x wdh, 1 M abh, 2 M re.

11. R: Mit Fisherman 2 M re, *3 M re, 1 M abh, 2 M re, 1 M abh, 1 M re, 1 M abh, 2 M re, 1 M abh, 2 M re; ab * noch 2x wdh, 3 M re.

13. R: Mit Black 2 M re, *3 M abh, 4 M re, 1 M abh, 4 M re, 2 M abh; ab * noch 2x wdh, 1 M abh, 2 M re.

15. R: Mit Fisherman re stricken.

17. R: Wie 13. R.

19. R: Wie 11. R.

21. R: Wie 9. R.

23. R: Wie 7. R.

25. R: Wie 5. R.

27. R: Wie 3. R.

29. R: Wie 1. R.

31. R: Wie 15. R.

1. bis 32. R noch 2x wdh.

ERLÄUTERUNG DIAGRAMM

1. R (Hinr): Mit Black 1. R des Diagramms arbeiten.

2. R und alle Rückr: Die re M aus der vorherigen R mit der aktiven Farbe re stricken und die Hebemaschen aus der vorherigen R mFv abh.

Weitere 30 R gemäß Diagramm arbeiten.

1. bis 32. R noch 2x wdh.

3. ABSCHNITT: PERLMUSTER

Zu 9 mm-Nadeln wechseln.

Perlmusterreihe: 2 M re, [1 M li, 2 M re] bis letzte 3 M, 1 M li, 2 M re. (47 M)

1. bis 2. R: Mit Fisherman re stricken.

3. bis 6. R: Mit Fisherman die Perlmusterreihe stricken.

7. bis 12. R: Mit Bluegrass 1. bis 6. R wdh.

13. bis 18. R: Mit Fisherman 1. bis 6. R wdh.

19. bis 24. R: Mit Fisherman 1. bis 6. R wdh. Die obere Lage der Fransen wird an den »Knubbeln« der linken Maschen aus der 20. R dieses Abschnitts angebracht.

FERTIGSTELLEN

Mit gestricktem Abketten alle M abketten. Fäden vernähen, nach Wunsch spannen.

Mit Fisherman und einer Stopfnadel den Wandbehang oben am Holzstab festnähen. Als Aufhängung einen Faden in der gewünschten Länge an beiden Enden des Stabs befestigen.

Etwa 21 cm lange Fransen anfertigen (siehe Techniken: Fransen anbringen).

Untere Lage: 47 Fransen in Black entlang dem abgeketteten Rand anbringen.

Obere Lage: Im folgenden Muster Fransen an den linken Maschen der 20. R des 3. Abschnitts anbringen: 5 Fisherman, 3 Mustard, 10 Fisherman, 11 Mustard, 10 Fisherman, 3 Mustard, 5 Fisherman.

Beide Fransenlagen so zuschneiden, dass sie eine Spitze bilden und beide Lagen gut sichtbar sind. Die Fransen können gedämpft werden, damit sie flacher liegen.

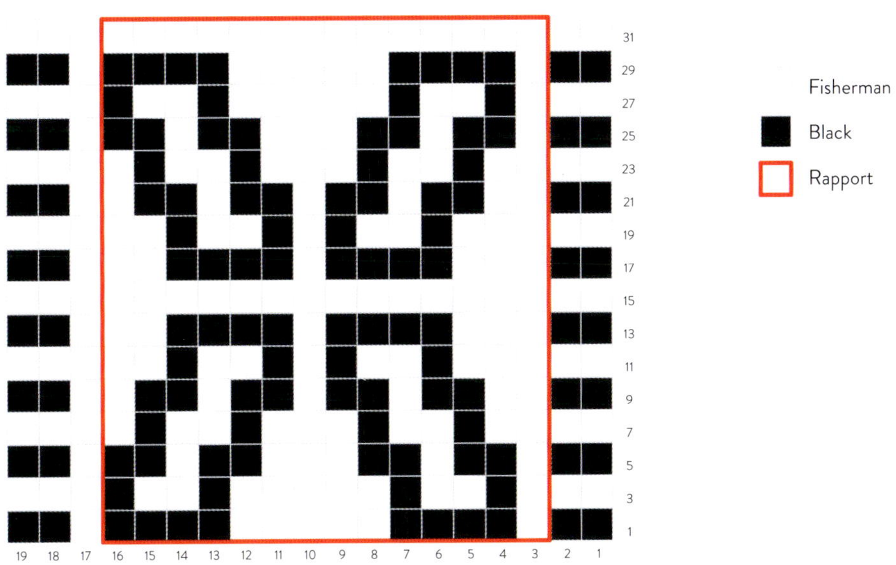

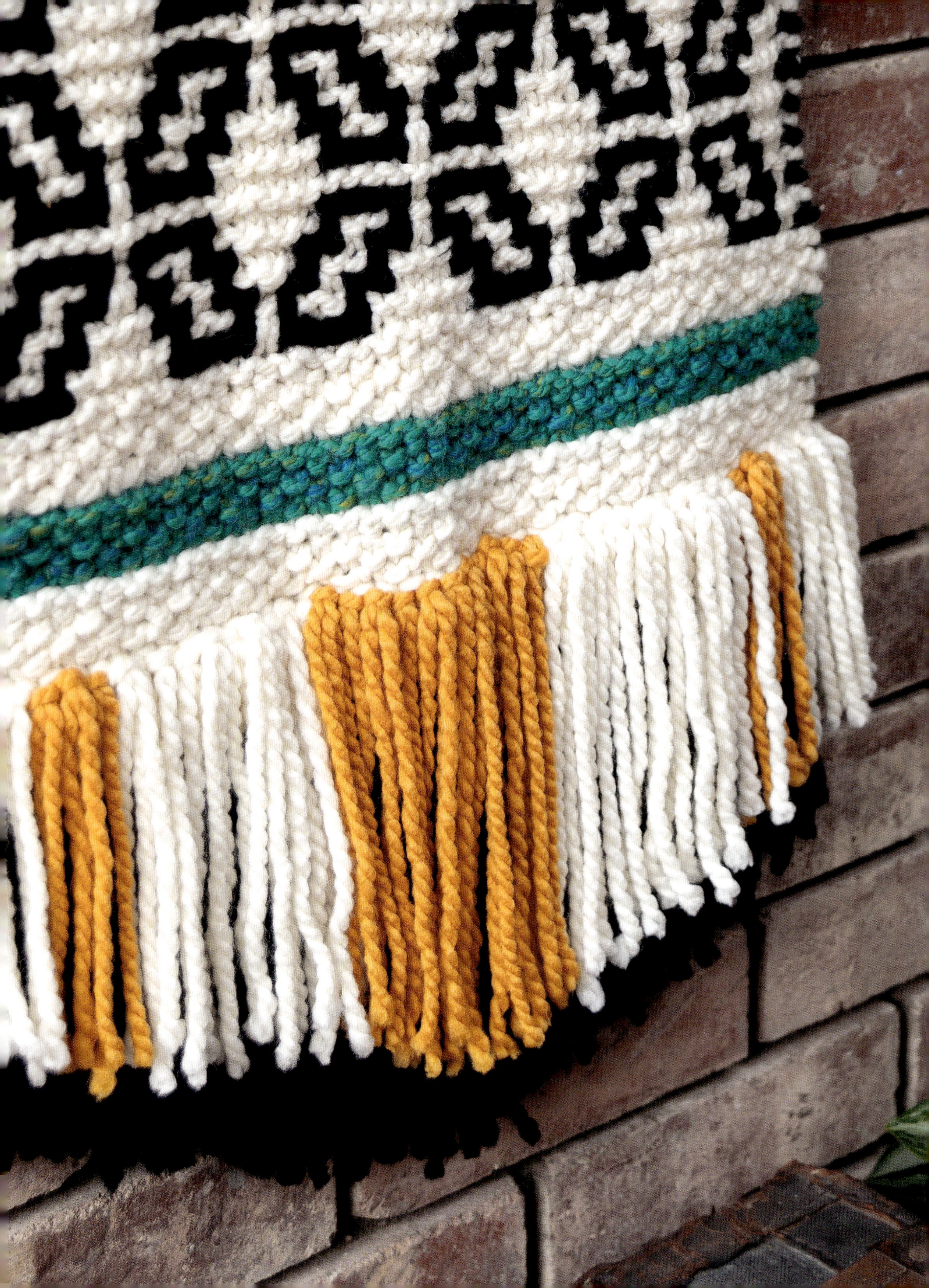

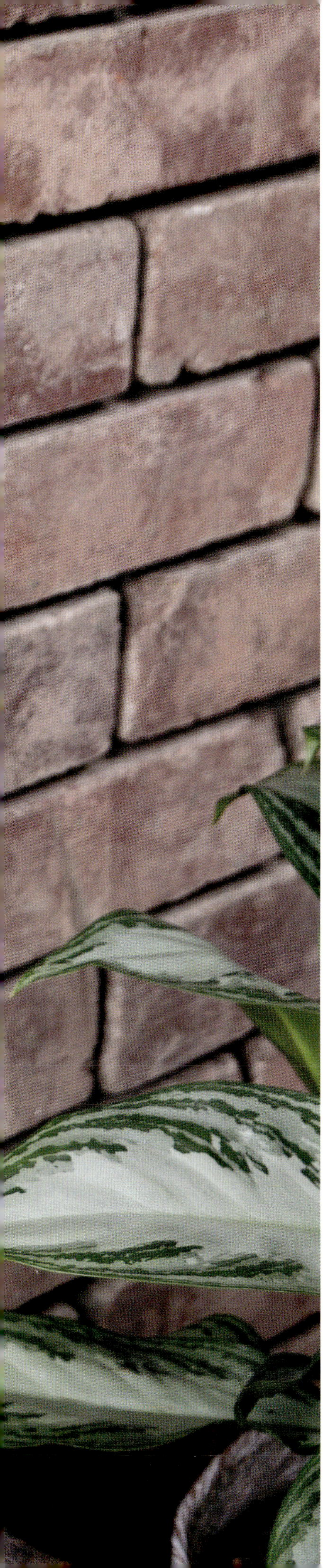

Alternative Farbgebung

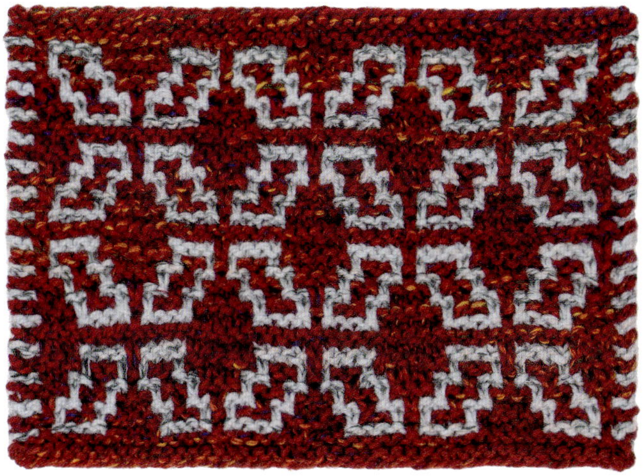

Garn

Lion Brand Wool Ease Thick & Quick – Super Bulky (80 % Acryl, 20 % Wolle; Lauflänge 97 m/170 g), in den folgenden Farbtönen:

- Campfire (621D)
- Arctic Ice (548D)

Nadeln

Wie in der Anleitung.

Maschenprobe

Wie in der Anleitung.

Ich kann nur sagen: Wool Ease Thick & Quick in Campfire und Arctic Ice ist eindrucksvoll. Ich habe das ursprüngliche Farbschema umgedreht: Tiefrot ist die primäre Farbe und ein heller Farbton ersetzt das Schwarz. Ein senfgelber Farbakzent im Perlmuster sähe auch toll mit dieser Farbkombination aus!

SCHWIERIGKEITSGRAD:

+++

Saguaro SONNEN-UNTERGANG-DECKE

Saguaros sind vereinzelt stehende Kakteen, die zwischen Buschwerk und Steppenläufern in den Himmel ragen, und deren offene Arme wie eine Einladung sind, sie zu umarmen (auch wenn das natürlich keine gute Idee ist!). Meine Saguaro Sonnenuntergang-Decke erinnert an heiße Nachmittage in der Wüste, wo die Temperatur am Abend schnell sinkt – die langsamen Farbwechsel wirken wie die wunderschönen Sonnenuntergänge, die man nur in der Wüste findet. Diese Decke will man immer - weiterstricken, denn mit jeder Reihe sieht man ein bisschen mehr vom Motiv.

Du benötigst

GARN

Lion Brand Mandala Ombre – Worsted (100 % Acryl; Lauflänge 315 m/150 g), im folgenden Farbton:

- 3 Knäuel Serene (207BA)

Lion Brand Wool Ease - Worsted (80 % Acryl, 20 % Wolle; Lauflänge 85 g/180 m) im folgenden Farbton:

- 5 Knäuel Rainforest (078A)

STRICKNADELN

- 5,5 mm-Nadeln
- 6 mm-Nadeln

WEITERES ZUBEHÖR

- Maschenmarkierer (optional)

MASCHENPROBE

19 M und 25 R ergeben 10 x 10 cm im Mosaikmotiv links mit 6 mm-Nadeln gestrickt.

Die Maschenprobe ist nicht entscheidend für dieses Projekt.

GRÖSSE DER FERTIGEN ARBEIT

91 x 127 cm nach Spannen unter Dampf

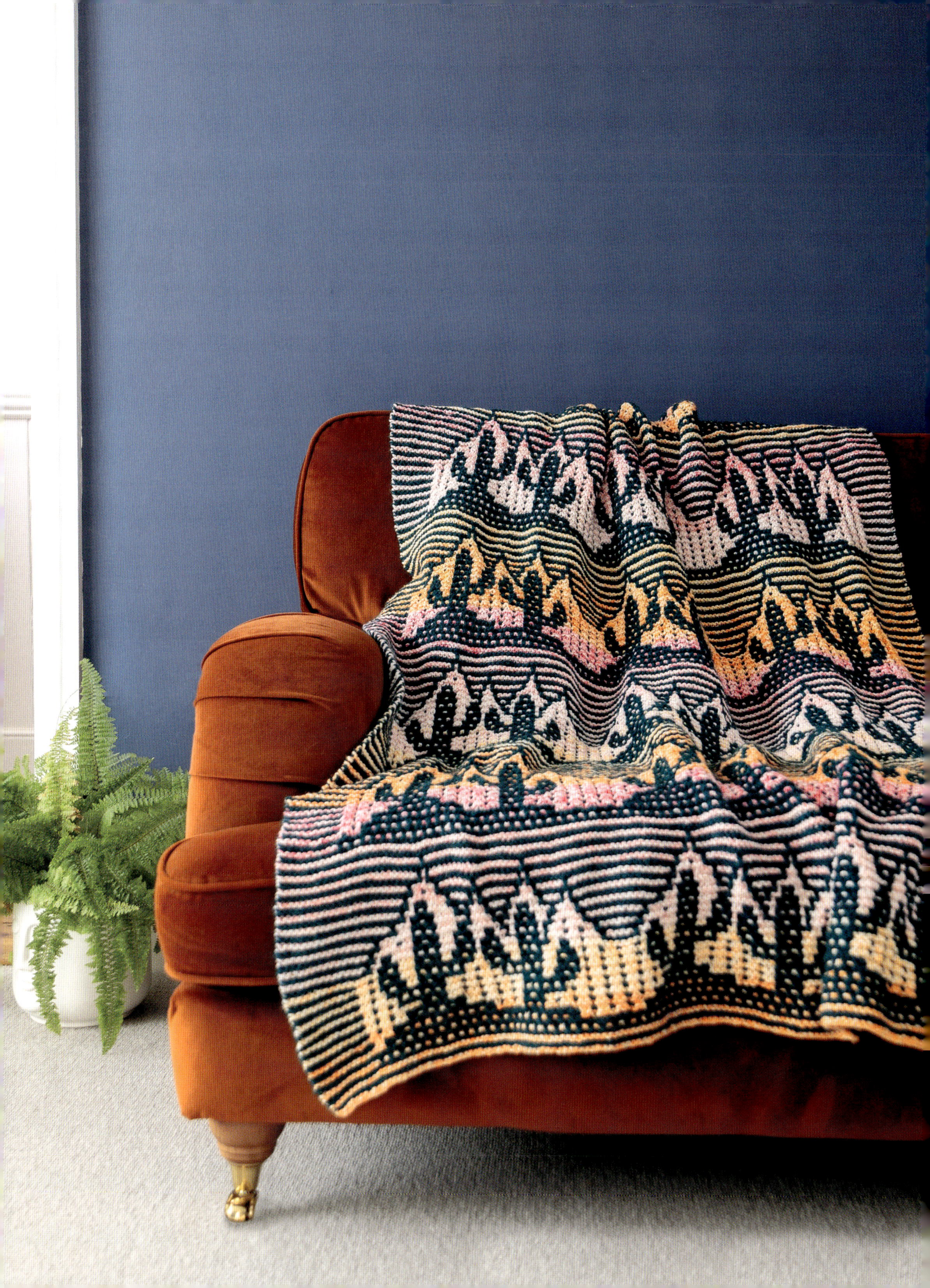

Hinweise zur Anleitung

Die Decke wird als Rechteck in Reihen kraus rechts gestrickt.

In allen Hinreihen alle Hebemaschen mit Faden hinten abheben und in allen Rückreihen alle Hebemaschen mit Faden vorne abheben.

Wenn du die Größe dieser Anleitung ändern möchtest, ein Vielfaches von 52+19 M anschlagen. Zum Beispiel 52x3=156, 156+19=175 angeschlagene Maschen.

Hinweise zum Diagramm

Jedes Quadrat stellt eine Masche dar. Das Diagramm beginnt in der unteren rechten Ecke in der 1. Reihe.

Nur Hinreihen (ungerade Zahlen) sind dargestellt. Sie werden von rechts nach links gelesen.

Die Farbe der ersten Masche im Diagramm bestimmt immer die aktive Farbe, die für die nächsten zwei Reihen verwendet wird.

ANLEITUNG

VORBEREITUNG

Mit 5,5 mm-Nadeln und Serene mit einfachem Anschlag 175 M anschlagen.

Startreihe (Rückr): Mit Serene alle M re stricken.

1. bis 2. R: Mit Rainforest alle M re stricken.

3. bis 4. R: Mit Serene alle M re stricken.

Zu 6 mm-Nadeln wechseln.

MOSAIKMOTIV

Wenn du Maschenmarkierer für die Wiederholungen verwenden möchtest, bringe einen Markierer nach den ersten 10 M und dann alle 52 M bis zu den letzten 9 M an.

Befolge entweder die Anleitung oder das nachstehende Diagramm.

ANLEITUNG

1. R (Hinr): Mit Rainforest alle M re stricken.

2. R und alle Rückr: Die re M aus der vorherigen R mit der aktiven Farbe re stricken und die Hebemaschen aus der vorherigen R mFv abh.

3. R: Mit Serene 10 M re, [1 M abh, 1 M re] bis letzte 9 M, 9 M re.

5. R: Wie 1. R.

7. R: Mit Serene 10 M re, *8 M re, 2 M abh, 18x [1 M re, 1 M abh], 1 M abh, 5 M re; ab * noch 2x wdh, 9 M re.

9. R: Mit Rainforest 10 M re, *2x [2 M abh, 1 M re], 2 M abh, 39 M re, 1 M abh, 1 M re, 2 M abh, 1 M re; ab * noch 2x wdh, 9 M re.

11. R: Mit Serene 10 M re, *14 M re, 2x [1 M abh, 1 M re], 1 M abh, 7 M re, 2 M abh, 8x [1 M re, 1 M abh], 1 M abh, 7 M re; ab * noch 2x wdh, 9 M re.

13. R: Mit Rainforest 10 M re, *4x [2 M abh, 1 M re], 2 M abh, 5 M re, 2x [2 M abh, 1 M re], 1 M abh, 19 M re, 3 M abh, 1 M re, 2 M abh, 1 M re; ab * noch 2x wdh, 9 M re.

15. R: Mit Serene 10 M re, *14 M re, 2 M abh, 1 M re, 2 M abh, 12 M re, 2 M abh, 4x [1 M re, 1 M abh], 1 M abh, 10 M re; ab * noch 2x wdh, 9 M re.

17. R: Mit Rainforest 10 M re, *3x [2 M abh, 1 M re], 1 M abh, 9 M re, 3x [2 M abh, 1 M re], 3 M abh, 11 M re, 3 M abh, 2x [1 M re, 2 M abh], 1 M re; ab * noch 2x wdh, 9 M re.

19. R: Mit Serene 10 M re, *10 M re, 4x [1 M abh, 1 M re], 1 M abh, 15 M re, 2 M abh, 1 M re, 2 M abh, 13 M re; ab * noch 2x wdh, 9 M re.

21. R: Mit Rainforest 10 M re, *2x [2 M abh, 1 M re], 2 M abh, 11 M re, 4x [2 M abh, 1 M re], 3 M abh, 9 M re, 3x [2 M abh, 1 M re]; ab * noch 2x wdh, 9 M re.

23. R: Mit Serene 10 M re, *8 M re, 1 M abh, 1 M re, 2 M abh, 2 M re, 2 M abh, 1 M re, 2 M abh, 15 M re, 4x [1 M abh, 1 M re], 1 M abh, 9 M re; ab * noch 2x wdh, 9 M re.

25. R: Mit Rainforest 10 M re, *2x [2 M abh, 1 M re], 1 M abh, 5 M re, 2 M abh, 9 M re, 1 M abh, 3x [1 M re, 2 M abh], 1 M abh, 11 M re, 3 M abh, 1 M re, 2 M abh, 1 M re; ab * noch 2x wdh, 9 M re.

27. R: Mit Serene 10 M re, *7 M re, 1 M abh, 1 M re, 2 M abh, 3 M re, 4x [1 M abh, 1 M re], 1 M abh, 11 M re, 2 M abh, 1 M re, 2 M abh, 2 M re, 2 M abh, 1 M re, 1 M abh, 7 M re; ab * noch 2x wdh, 9 M re.

29. R: Mit Rainforest 10 M re, *2x [2 M abh, 1 M re], 1 M abh, 4 M re, 3 M abh, 11 M re, 2 M abh, 1 M re, 2 M abh, 9 M re, 2 M abh, 5 M re, 2x [2 M abh, 1 M re]; ab * noch 2x wdh, 9 M re.

31. R: Mit Serene 10 M re, *7 M re, 2 M abh, 1 M re, 1 M abh, 3 M re, 2 M abh, 1 M re, 2 M abh, 2 M re, 2 M abh, 1 M re, 1 M abh, 5 M re, 4x [1 M abh, 1 M re], 1 M abh, 3 M re, 2 M abh, 1 M re, 1 M abh, 6 M re; ab * noch 2x wdh, 9 M re.

33. R: Mit Rainforest 10 M re, *2x [2 M abh, 1 M re], 1 M abh, 4 M re, 3 M abh, 5 M re, 2 M abh, 5 M re, 2 M abh, 11 M re, 3 M abh, 4 M re, 2x [2 M abh, 1 M re]; ab * noch 2x wdh, 9 M re.

35. R: Mit Serene 10 M re, *8 M re, 2 M abh, 4 M re, 2x [1 M abh, 1 M re], 1 M abh, 3 M re, 2 M abh, 1 M re, 1 M abh, 2 M re, 1 M abh, 1 M re, 2 M abh, 2 M re, 2 M abh, 1 M re, 2 M abh, 3 M re, 1 M abh, 1 M re, 2 M abh, 6 M re; ab * noch 2x wdh, 9 M re.

37. R: Mit Rainforest 10 M re, *2 M re, 3 M abh, 1 M re, 2 M abh, 2 M re, 2 M abh, 7 M re, 3 M abh, 4 M re, 1 M abh, 5 M re, 2 M abh, 5 M re, 3 M abh, 4 M re, 1 M abh, 5 M re; ab * noch 2x wdh, 9 M re.

39. R: Mit Serene 10 M re, *1 M re, 1 M abh, 10 M re, 1 M abh, 1 M re, 2 M abh, 1 M re, 2 M abh, 3 M re, 1 M abh, 1 M re, 2 M abh, 1 M re, 1 M abh, 2 M re, 3 M abh, 2x [1 M abh, 1 M re], 1 M abh, 4 M re, 2 M abh, 2 M re, 1 M abh, 4 M re; ab * noch 2x wdh, 9 M re.

41. R: Mit Rainforest 10 M re, *3 M re, 2x [2 M abh, 1 M re], 3 M abh, 1 M re, 1 M abh, 7 M re, 1 M abh, 4 M re, 1 M abh, 4 M re, 3 M abh, 5 M re, 4 M abh, 2 M re, 1 M abh, 6 M re; ab * noch 2x wdh, 9 M re.

43. R: Mit Serene 10 M re, *2 M re, 1 M abh, 9 M re, 5x [1 M abh, 1 M re], 1 M re, 2 M abh, 2 M re, 2 M abh, 1 M re, 1 M abh, 3 M re, 2 M abh, 1 M re, 2 M abh, 7 M re, 1 M abh, 5 M re; ab * noch 2x wdh, 9 M re.

45. R: Mit Rainforest 10 M re, *5 M re, 3 M abh, 1 M re, 2 M abh, 2 M re, 1 M abh, 5 M re, 2x [1 M abh, 2 M re], 2 M abh, 4 M re, 3 M abh, 5 M re, 2 M abh, 1 M re, 3 M abh, 7 M re; ab * noch 2x wdh, 9 M re.

47. R: Mit Serene 10 M re, *4 M re, 1 M abh, 6 M re, 1 M abh, 2 M re, 2 M abh, 1 M re, 2 M abh, 2 M re, 1 M abh, 6 M re, 2 M abh, 4 M re, 2x [1 M abh, 1 M re], 2x [1 M abh, 6 M re]; ab * noch 2x wdh, 9 M re.

49. R: Mit Rainforest 10 M re, *6 M re, 4 M abh, 2 M re, 2 M abh, 5 M re, 1 M abh, 2x [3 M re, 4 M abh], 5 M re, 3 M abh, 10 M re; ab * noch 2x wdh, 9 M re.

51. R: Mit Serene 10 M re, *5 M re, 2x [1 M abh, 4 M re], 1 M abh, 1 M re, 1 M abh, 2 M re, s1, 1 M re, 1 M abh, 4 M re, 1 M abh, 6 M re, 2 M abh, 1 M re, 2 M abh, 3 M re, 1 M abh, 9 M re; ab * noch 2x wdh, 9 M re.

53. R: Mit Rainforest 10 M re, *7 M re, 1 M abh, 5 M re, 2 M abh, 3 M re, 1 M abh, 5 M re, 3 M abh, 3 M re, 4 M abh, 5 M re, 1 M abh, 12 M re; ab * noch 2x wdh, 9 M re.

55. R: Mit Serene 10 M re, *6 M re, 1 M abh, 1 M re, 1 M abh, 3 M re, 1 M abh, 6 M re, 1 M abh, 3 M re, 1 M abh, 3 M re, 1 M abh, 1 M re, 1 M abh, 5 M re, 1 M abh, 1 M re, 1 M abh, 2 M re, 1 M abh, 11 M re; ab * noch 2x wdh, 9 M re.

57. R: Mit Rainforest 10 M re, *14 M re, 3 M abh, 8 M re, 1 M abh, 5 M re, 4 M abh, 3 M re, 1 M abh, 13 M re; ab * noch 2x wdh, 9 M re.

59. R: Mit Serene 10 M re, *7 M re, 1 M abh, 5 M re, 1 M abh, 3 M re, 1 M abh, 6 M re, 1 M abh, 1 M re, 1 M abh, 3 M re, 1 M abh, 8 M re, 1 M abh, 12 M re; ab * noch 2x wdh, 9 M re.

61. R: Mit Rainforest 10 M re, *15 M re, 1 M abh, 17 M re, 2 M abh, 1 M re, 2 M abh, 14 M re; ab * noch 2x wdh, 9 M re.

63. R: Mit Serene 10 M re, *14 M re, 1 M abh, 1 M re, 1 M abh, 8 M re, 1 M abh, 6 M re, 1 M abh, 5 M re, 1 M abh, 13 M re; ab * noch 2x wdh, 9 M re.

65. R: Mit Rainforest 10 M re, *35 M re, 1 M abh, 16 M re; ab * noch 2x wdh, 9 M re.

67. R: Mit Serene 10 M re, *15 M re, 1 M abh, 18 M re, 1 M abh, 1 M re, 1 M abh, 15 M re; ab * noch 2x wdh, 9 M re.

69. R: Mit Rainforest alle M re stricken.

71. R: Mit Serene wie 65. R.

73. R: Mit Rainforest alle M re stricken.

75. R: Mit Serene alle M re stricken.

1. bis 76. R noch 5x wdh.

ERLÄUTERUNG DIAGRAMM

1. R (Hinr): Mit Rainforest 9 M re, 1. R des Diagramms arbeiten, dabei den Rapportabschnitt insgesamt 3x stricken, 9 M re.

2. R und alle Rückr: Die re M aus der vorherigen R mit der aktiven Farbe re stricken und die Hebemaschen aus der vorherigen R mFv abh.

Weitere 74 R gemäß dem Diagramm arbeiten.

1. bis 76. R noch 5x wdh.

FERTIGSTELLEN

Zu 5,5 mm-Nadeln wechseln.

M gestrickt (siehe Techniken: Gestricktes Abketten) oder mit deiner bevorzugten Technik abketten.

Alle Fäden vernähen und unter Dampf spannen. Die Decke ist sehr dehnbar und wird sich nicht stark verändern, aber durch leichtes Spannen wird das Maschenbild sauberer.

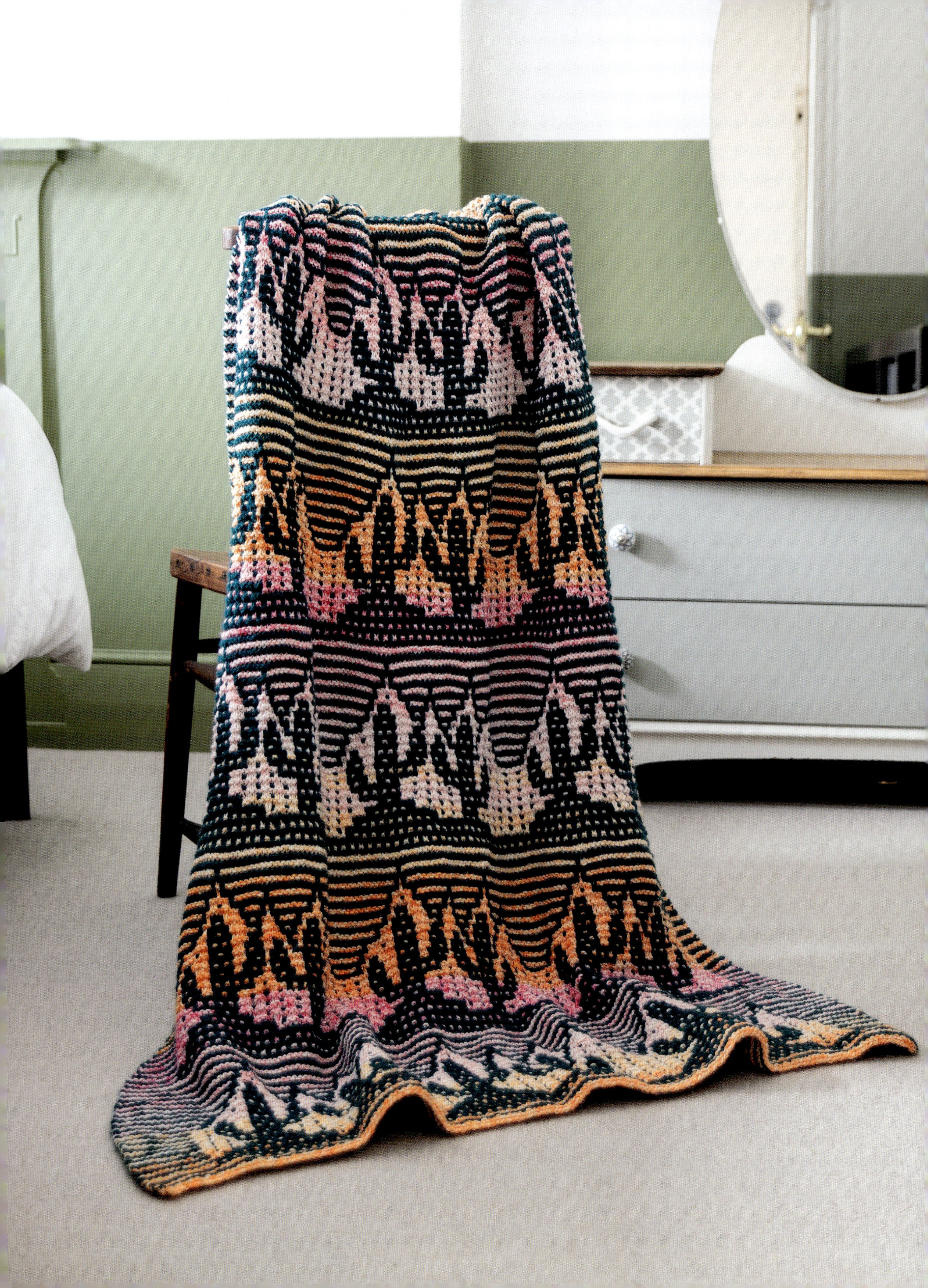

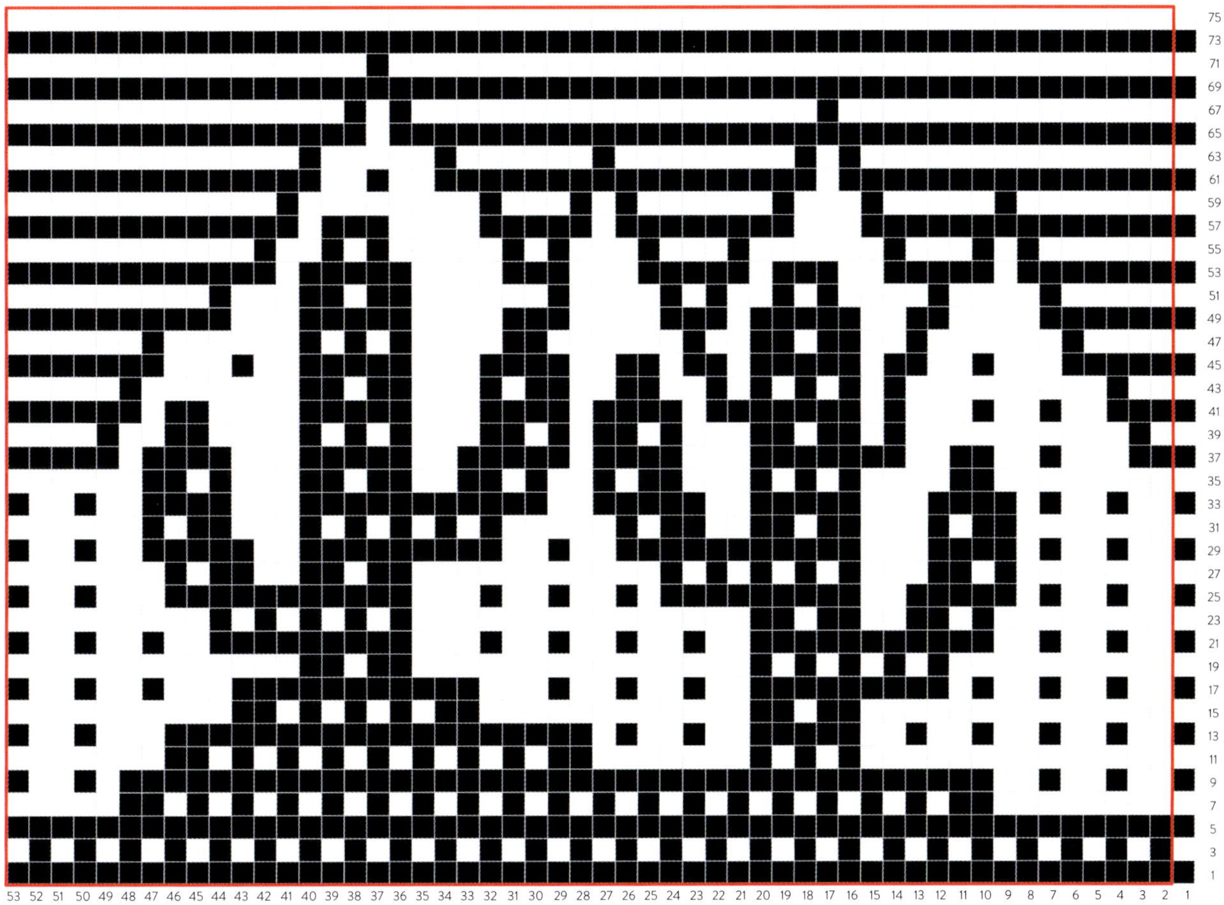

Serene

Rainforest

Rapport

TIPP

Wenn du feststellst, dass du Mosaikmotive wesentlich fester als kraus rechts strickst, rate ich, in der 61. R zu den dünnerenNadeln (5,5 mm) zu wechseln und dann nach Abschluss aller Reihen in dem Motiv wieder zu den dicke-ren Nadeln (6 mm) zurückzuwechseln. In der 61. bis 76. R gibt es nur wenige Hebemaschen, sodass die Fadenspannung anders als in den vorherigen Motivreihen sein kann.

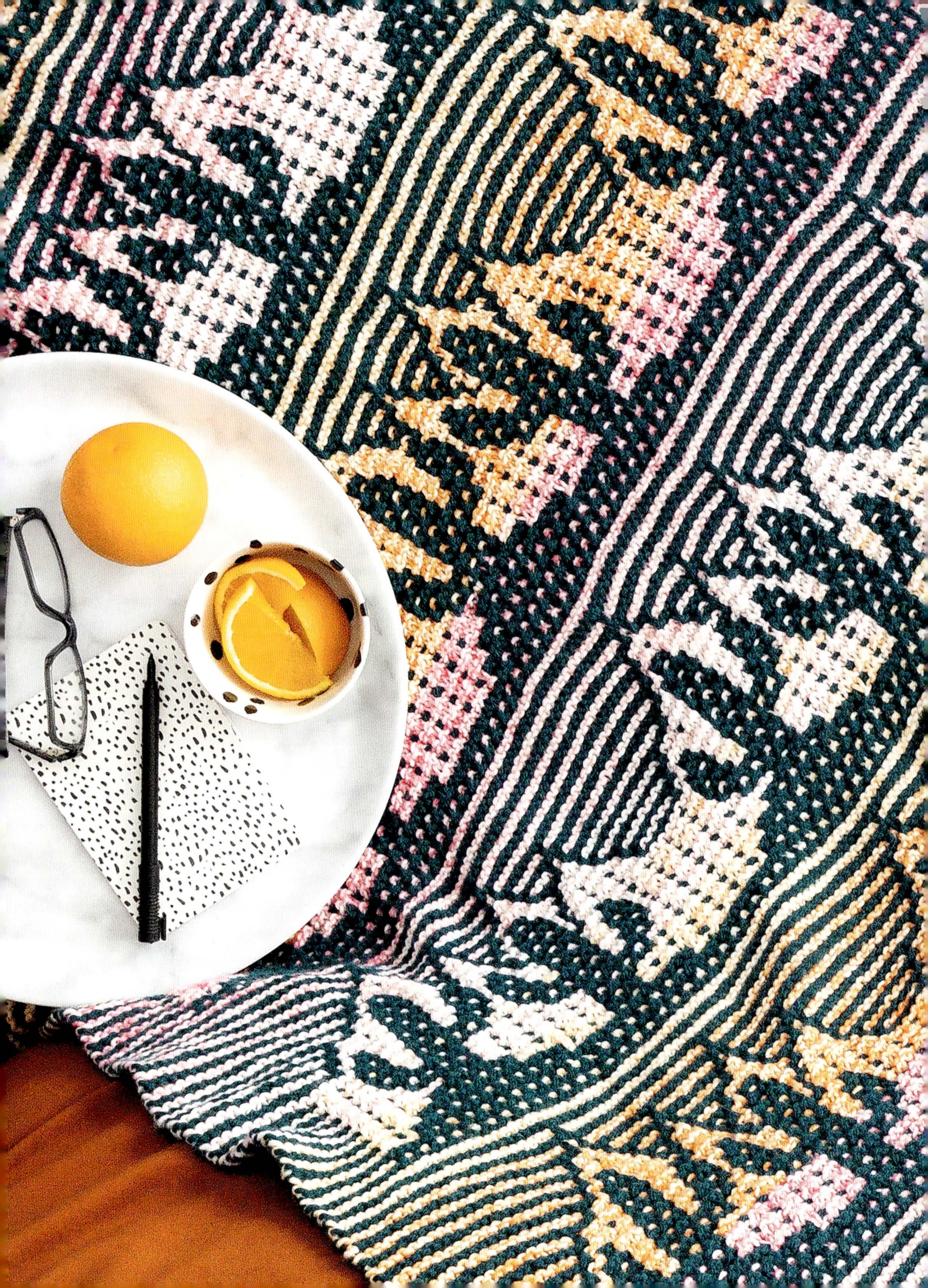

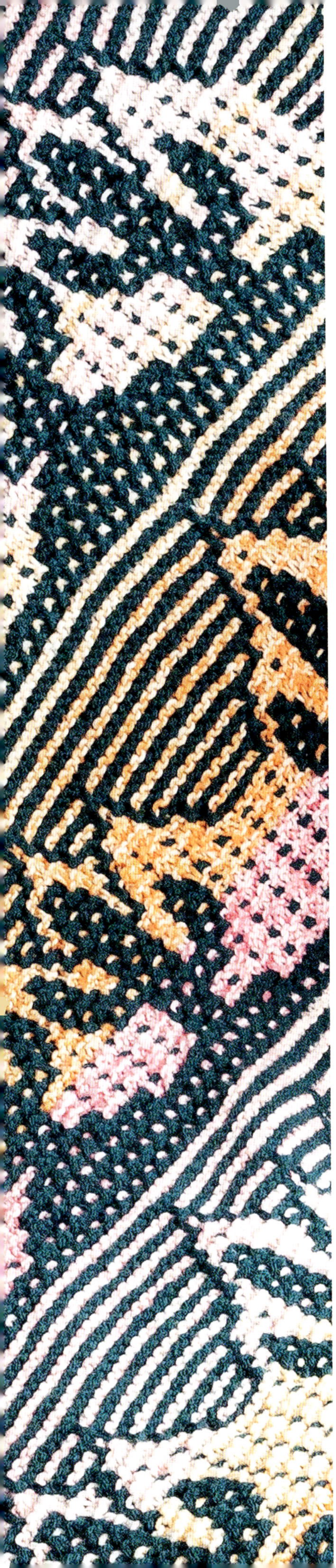

Alternative Farbgebung

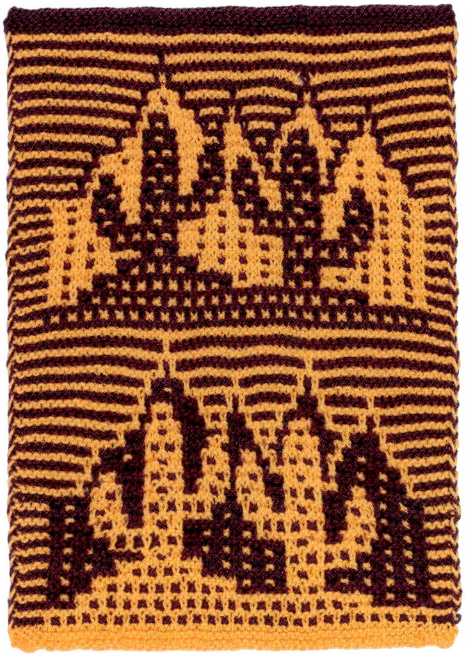

Garn

Lion Brand 24/7 Cotton Yarn – Worsted (100 % merzerisierte Baumwolle; Lauflänge 170 m/100 g), in den folgenden Farbtönen:

- Creamsicle (132EF)
- Beets (146AM)

Nadeln

- 4,5 mm-Nadeln
- 5 mm-Nadeln

Maschenprobe

21 M und 42 Reihen ergeben 10 x 10 cm im Mosaikmotiv mit 5 mm-Nadeln gestrickt.

Mit einem neuen Motiv oder Maschenmuster stricke ich gerne ein schnelles Spültuch. So kann man das neue Muster prima üben und hat am Ende ein nützliches Projekt gestrickt, statt einem Maschenmuster, das am Ende nur rumliegt. Lion Brand 24/7 Cotton hat eine tolle Farbauswahl, um schöne Spültücher zu stricken – ich habe Creamsicle und Beets gewählt, das Motiv einmal mit den Saguaros in Creamsicle gestrickt und dann bei der nächsten Wiederholung die Farben getauscht. Es ist spannend, wie unterschiedlich die Motive wirken, obwohl ich dieselben Farben verwendet habe – ich liebe das Ergebnis!

SCHWIERIGKEITSGRAD:

+++

Sonntag-MORGEN-DECKE

Ein früher Sonntagmorgen ist wie gemacht für heißen Kaffee, ein gutes Buch und, falls du kleine Kinder hast wie ich, viel Kuscheln! Diese Decke in Übergröße mit markanten Mosaikmotiven und leuchtenden Farben hält dich auch an den kältesten Wintermorgen schön warm. Experimentiere mit deiner Farbwahl – ungewöhnliche Farben können toll wirken!

Du benötigst

GARN

Lion Brand Wool Ease Thick & Quick Bonus Bundle – Super Bulky (80 % Acryl, 20 % Wolle; Lauflänge 194 m/340 g) im folgenden Farbton:

- 4 Knäuel Fisherman (099)

Lion Brand Wool Ease Thick & Quick – Super Bulky (80 % Acryl, 20 % Wolle), Lauflänge 97 m/170 g), in den folgenden Farbtönen:

- 2 Knäuel Black (153)
- 1 Knäuel Raspberry (112)
- 1 Knäuel Lollipop (191)

STRICKNADELN

- 9 mm-Nadeln
- 10 mm-Nadeln

Hinweis: Dieses Modell ist sehr schwer auf geraden Nadeln zu arbeiten. Ich empfehle lange Rundstricknadeln (das Beispiel wurde mit 116 cm langen Rundstricknadeln gestrickt).

WEITERES ZUBEHÖR

- Maschenmarkierer (optional)

MASCHENPROBE

9 M and 15 R ergeben 10 x 10 cm im Mosaikmotiv glatt rechts mit 10 mm-Nadeln gestrickt.

GRÖSSE DER FERTIGEN ARBEIT

127 x 147 cm nach dem Spannen

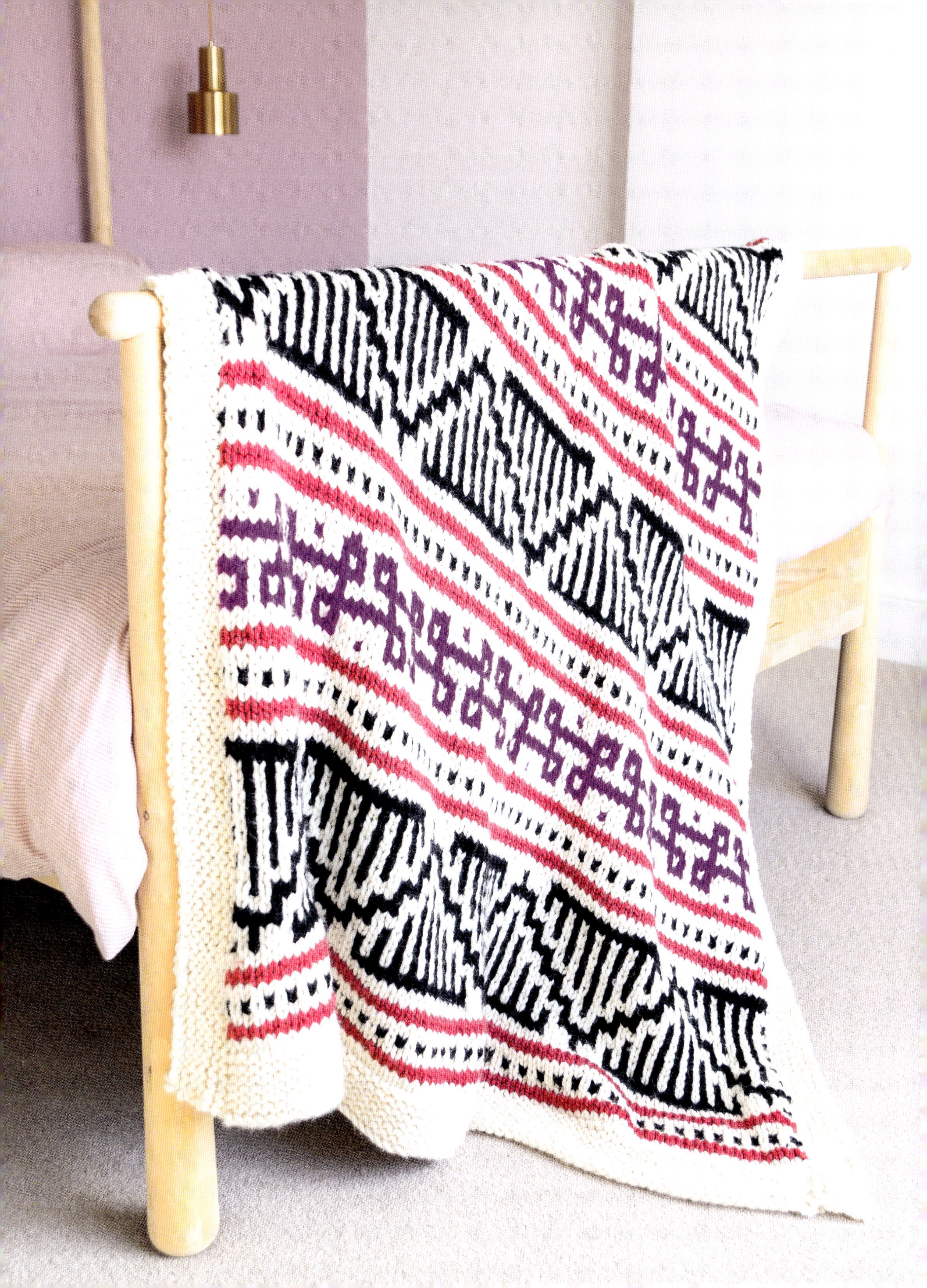

Hinweise zur Anleitung

Die Decke wird als Rechteck in Reihen glatt rechts gestrickt. Anschließend werden an den Seiten Maschen aufgenommen und kraus rechts gestrickt.

Bei diesem Design werden die Farben oft gewechselt. Du kannst die Farben an der Seite mitführen oder den Faden jeweils abschneiden, wie du willst. In meinem Beispiel habe ich Fisherman durchgängig beibehalten und dann nach jedem Motiv den Faden der zusätzlichen Farbe abgeschnitten – das verhindert, dass sich der rechte Rand zusammenzieht.

In allen Hinreihen alle Hebemaschen mit Faden hinten abheben und in allen Rückreihen alle Hebemaschen mit Faden vorne abheben.

Wenn du die Größe dieser Anleitung ändern möchtest, ein Vielfaches von 24+6 M anschlagen. Zum Beispiel 24x4=96, 96+6=102 angeschlagene Maschen.

Hinweise zum Diagramm

Jedes Quadrat stellt eine Masche dar. Das Diagramm beginnt in der unteren rechten Ecke in der 1. Reihe.

Nur Hinreihen (ungerade Zahlen) sind dargestellt. Sie werden von rechts nach links gelesen.

Die Farbe der ersten Masche im Diagramm bestimmt immer die aktive Farbe, die für die nächsten zwei Reihen verwendet wird.

ANLEITUNG

VORBEREITUNG

Mit 9 mm-Nadeln und Fisherman und mit einfachem Anschlag 102 M anschlagen.

13 R re stricken und nach einer Rückreihe aufhören (kraus rechts).

Zu 10 mm-Nadeln wechseln.

1. ABSCHNITT: STREIFEN MIT EINZELNER HEBEMASCHE

1. R (Hinr): Mit Fisherman alle M re stricken.

2. R: Mit Fisherman alle M li stricken.

3. R: Mit Raspberry alle M re stricken.

4. R: Mit Raspberry alle M li stricken.

5. bis 6. R: 1. bis 2. R wdh.

7. R: Mit Black [1 M re, 1 M abh] bis letzte 2 M wdh, 2 M re.

8. R: Mit Black, 1 M li, [1 M li, 1 M abh] bis letzte M wdh, 1 M li.

9. bis 14. R: 1. bis 6. R wdh.

2. ABSCHNITT: MOSAIKMOTIV A

Befolge entweder die Anleitung oder das nachstehende Diagramm.

Wenn du Maschenmarkierer für die Wiederholungen verwenden möchtest, bringe einen Markierer nach der zweiten M und dann alle 24 M bis zu den letzten 4 M an.

ANLEITUNG

1. R (Hinr): Mit Black 2 M re, *1 M abh, 1 M re, 3 M abh, 17 M re, 2 M abh; ab * noch 3x wdh, 1 M abh, 1 M re, 1 M abh, 1 M re.

2. R und alle Rückr: Die re M aus der vorherigen R mit der aktiven Farbe li stricken und die Hebemaschen aus der vorherigen R mFv abh.

3. R: Mit Fisherman 2 M re, *1 M re, 1 M abh, 3 M re, 9x [1 M abh, 1 M re], 1 M re; ab * noch 3x wdh, 1 M re, 1 M abh, 2 M re.

5. R: Mit Black 2 M re, *4 M re, 10x [1 M abh, 1 M re]; ab * noch 3x wdh, 4 M re.

7. R: Mit Fisherman 2 M re, *2x [3 M re, 1 M abh], 6x [1 M re, 1 M abh], 3 M re, 1 M abh; ab * noch 3x wdh, 4 M re.

9. R: Mit Black 2 M re, *1 M abh, 1 M re, 1 M abh, 3 M re, 7x [1 M abh, 1 M re], 1 M abh, 3 M re; ab * noch 3x wdh, 2x [1 M abh, 1 M re].

11. R: Mit Fisherman 2 M re, *1 M re, 2x [1 M abh, 3 M re], 5x [1 M abh, 1 M re], 2 M re, 1 M abh, 2 M re; ab * noch 3x wdh, 1 M re, 1 M abh, 2 M re.

13. R: Mit Black 2 M re, *3x [1 M abh, 1 M re], 2 M re, 5x [1 M abh, 1 M re], 1 M abh, 3 M re, 1 M abh, 1 M re; ab * noch 3x wdh, 2x [1 M abh, 1 M re].

15. R: Mit Fisherman 2 M re, *2x [1 M re, 1 M abh], 2x [3 M re, 1 M abh], 2x [1 M re, 1 M abh], 2x [3 M re, 1 M abh]; ab * noch 3x wdh, 1 M re, 1 M abh, 2 M re.

17. R: Mit Black 2 M re, *4x [1 M abh, 1 M re], 2 M re, 4x [1 M abh, 1 M re], 2 M re, 2x [1 M abh, 1 M re]; ab * noch 3x wdh, 2x [1 M abh, 1 M re].

19. R: Mit Fisherman 2 M re, *3x [1 M re, 1 M abh], 4x [3 M re, 1 M abh], 1 M re, 1 M abh; ab * noch 3x wdh, 1 M re, 1 M abh, 2 M re.

21. R: Mit Black 2 M re, *5x [1 M abh, 1 M re], 2 M re, 1 M abh, 1 M re, 1 M abh, 3 M re, 3x [1 M abh, 1 M re]; ab * noch 3x wdh, 2x [1 M abh, 1 M re].

23. R: Mit Fisherman 2 M re, *4x [1 M re, 1 M abh], 3x [3 M re, 1 M abh], 2x [1 M re, 1 M abh]; ab * noch 3x wdh, 1 M re, 1 M abh, 2 M re.

25. R: Mit Black 2 M re, *6x [1 M abh, 1 M re], 4 M re, 4x [1 M abh, 1 M re]; ab * noch 3x wdh, 2x [1 M abh, 1 M re].

27. R: Mit Fisherman 2 M re, *5x [1 M re, 1 M abh], 2x [3 M re, 1 M abh], 3x [1 M abh, 1 M re]; ab * noch 3x wdh, 1 M re, 1 M abh, 2 M re.

29. R: Mit Black 2 M re, *10 M re, 3 M abh, 1 M re, 3 M abh, 7 M re; ab * noch 3x wdh, 4 M re.

ERLÄUTERUNG DIAGRAMM

1. R (Hinr): Mit Black 1. R des Diagramms für Mosaikmotiv A arbeiten, dabei den Rapportabschnitt 4x stricken.

2. R und alle Rückr: Die re M aus der vorherigen R mit der aktiven Farbe li stricken und die Hebemaschen aus der vorherigen R mFv abh.

Weitere 28 R gemäß dem Diagramm arbeiten.

3. ABSCHNITT: STREIFEN MIT EINZELNER HEBEMASCHE

Wie 1. Abschnitt: Streifen mit einzelner Hebemasche wdh.

4. ABSCHNITT: MOSAIKMOTIV B

Befolge entweder die Anleitung oder das nachstehende Diagramm.

Wenn du Maschenmarkierer für die Wiederholungen verwenden möchtest, bringe einen Markierer nach der ersten M und dann alle 24 M bis zu den letzten 5 M an.

ANLEITUNG

1. R (Hinr): Mit Lollipop 1 M re, *1 M abh, 3 M re, 2 M abh, 1 M re, 2 M abh, 2x [3 M re, 1 M abh], 1 M abh, 1 M re, 2 M abh, 3 M re; ab * noch 3x wdh, 1 M abh, 4 M re.

2. R und alle Rückr: Die re M aus der vorherigen R mit der aktiven Farbe li stricken und die Hebemaschen aus der vorherigen R mFv abh.

3. R: Mit Fisherman 1 M re, *2x [1 M re, 1 M abh], 5 M re, 3x [1 M abh, 1 M re], 1 M abh, 5 M re, 1 M abh, 1 M re, 1 M abh; ab * noch 3x wdh, 2x [1 M re, 1 M abh], 1 M re.

MOSAIKMOTIV A

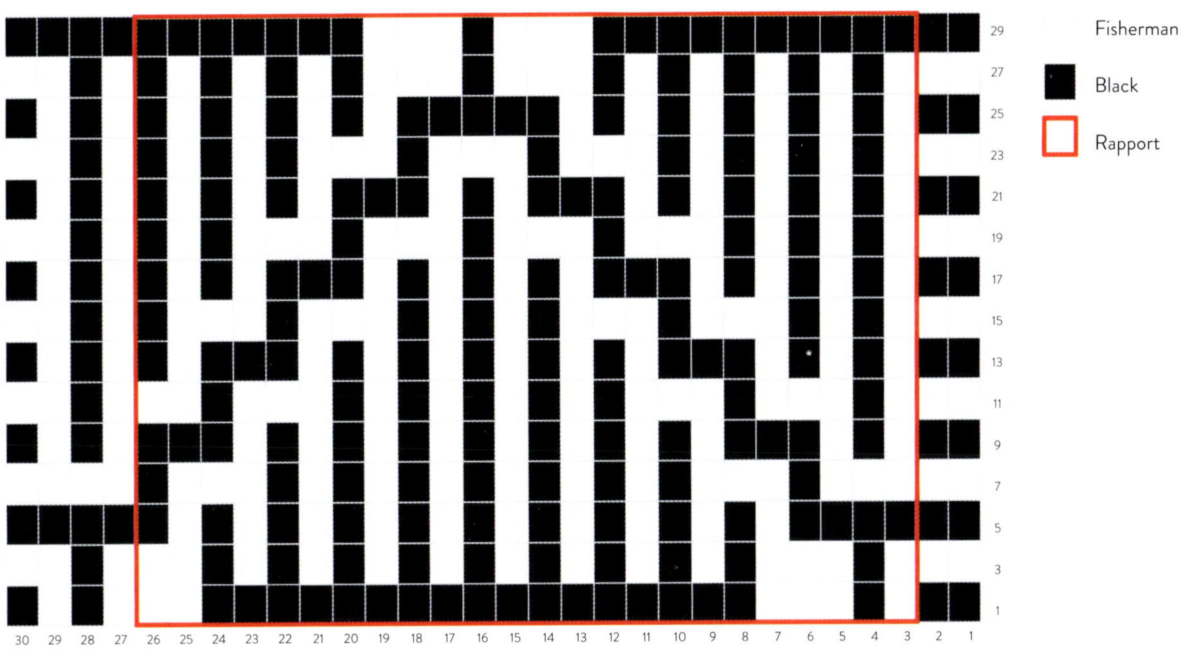

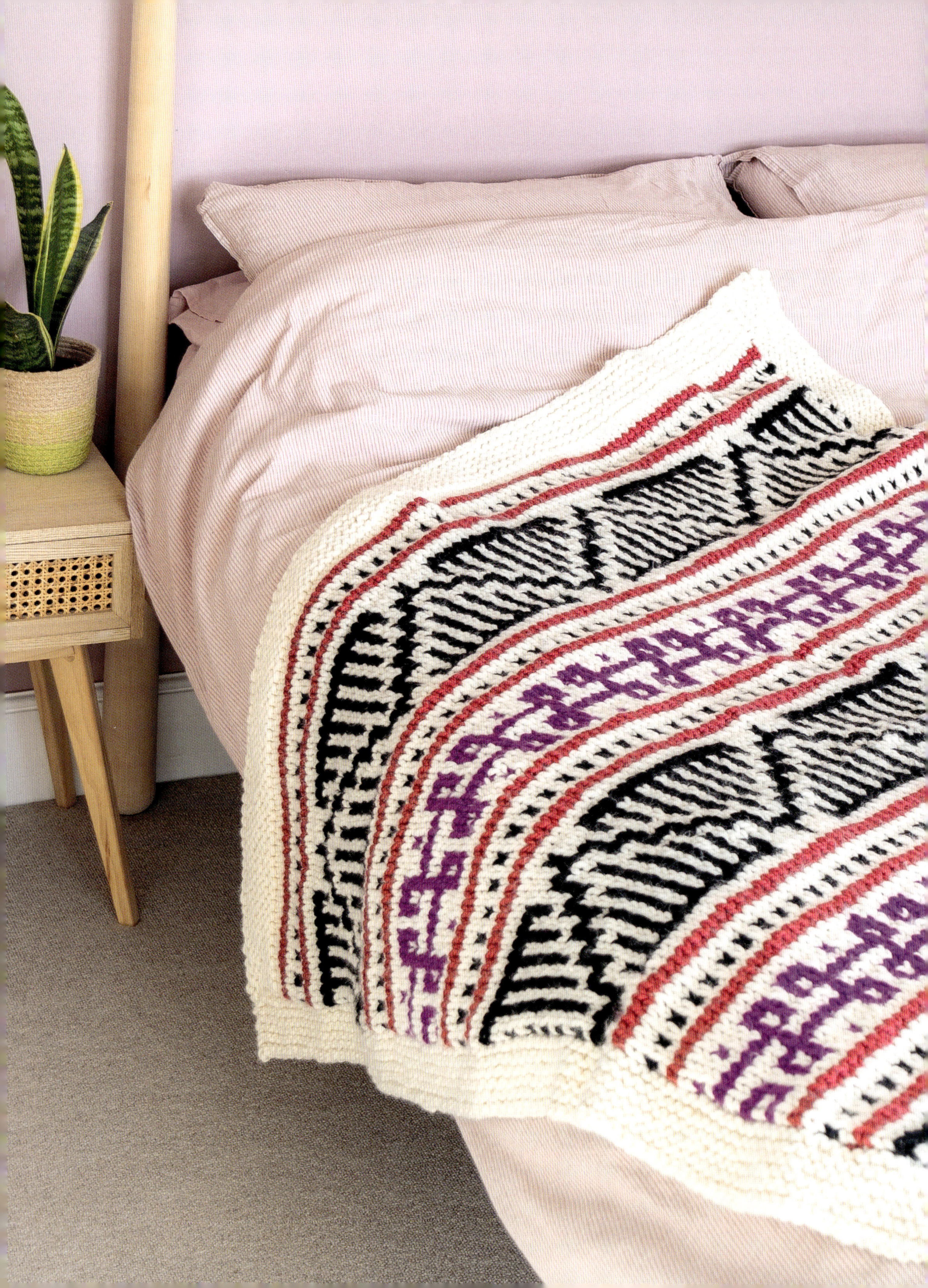

5. R: Mit Lollipop 1 M re, *2x [1 M abh, 11 M re]; ab * noch 3x wdh, 1 M abh, 4 M re.

7. R: Mit Fisherman 1 M re, *3 M re, 3x [1 M abh, 5 M re], 1 M abh, 2 M re, ab * noch 3x wdh, 3 M re, 1 M abh, 1 M re.

9. R: Mit Lollipop 1 M re, *6 M re, 1 M abh, 11 M re, 1 M abh, 5 M re; ab * noch 3x wdh, 5 M re.

11. R: Mit Fisherman 1 M re, *3 M re, 4x [1 M abh, 1 M re], 4 M re, 3x [1 M abh, 1 M re], 1 M abh, 2 M re; ab * noch 3x wdh, 3 M re, 1 M abh, 1 M re.

13. R: Mit Lollipop 1 M re, *1 M re, 2 M abh, 3 M re, 1 M abh, 3 M re, 2 M abh, 1 M re, 2 M abh, 3 M re, 1 M abh, 3 M re, 2 M abh; ab * noch 3x wdh, 1 M re, 2 M abh, 2 M re.

ERLÄUTERUNG DIAGRAMM

1. R (Hinr): Mit Lollipop 1. R nach dem Diagramm mit Mosaikmotiv B stricken, dabei den Rapport 4x stricken.

2. R und alle Rückr: Die re M aus der vorherigen R mit der aktiven Farbe li stricken und die Hebemaschen aus der vorherigen R mFv abh.

Weitere 12 R gemäß dem Diagramm arbeiten.

NÄCHSTE SCHRITTE

1. bis 4. Abschnitt noch 1x wdh.

1. bis 3. Abschnitt noch 1x wdh.

Zu 9 mm-Nadeln wechseln.

13 R mit Fisherman re stricken (kraus rechts).

Maschen isländisch (siehe Techniken: Isländisches Abketten) oder mit deiner bevorzugten Technik abketten.

BORDÜRE

Mit Fisherman und 9 mm-Nadeln entlang eines der langen Ränder der Decke etwa 130 M gleichmäßig aufnehmen und re stricken. Dazu pro drei R zwei M und gelegentlich pro zwei R eine M aufnehmen (siehe Techniken: Maschen aufnehmen).

11 R kraus rechts stricken, die letzte R ist eine Rückreihe. Maschen isländisch (siehe Techniken: Isländisches Abketten) oder mit deiner bevorzugten Technik abketten.

Die kraus rechts gestrickte Bordüre an der anderen langen Seite der Decke wdh.

FERTIGSTELLEN

Alle Fäden vernähen und Arbeit nach Wunsch spannen. Bei einer Decke dieser Größe finde ich es am einfachsten, die Decke in der Waschmaschine im Wollwaschgang zu waschen und dann auf dem Boden auf mehreren Handtüchern auszubreiten, um überschüssiges Wasser aufzunehmen. Die Decke ist sehr dehnbar und verändert sich nicht stark, aber durch leichtes Spannen wird das Maschenbild sauberer.

MOSAIKMOTIV B

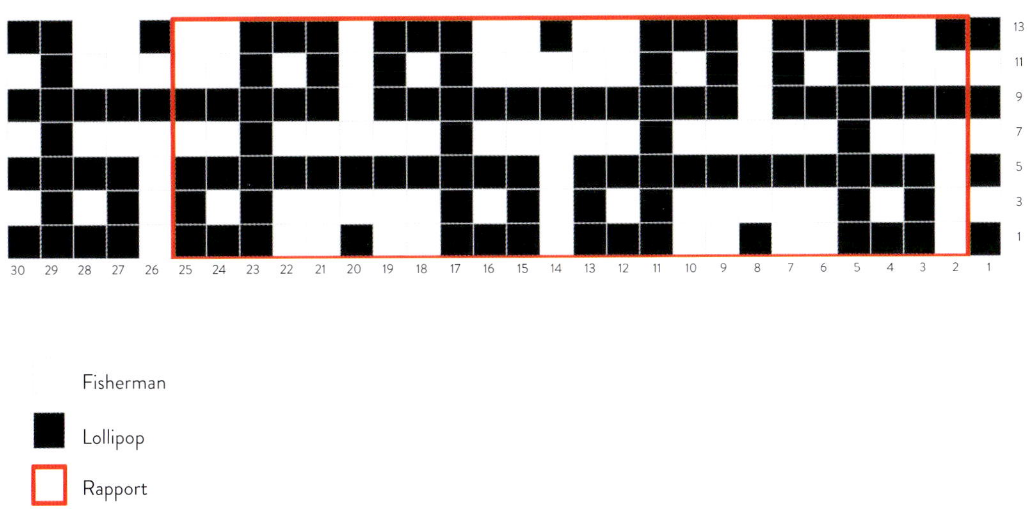

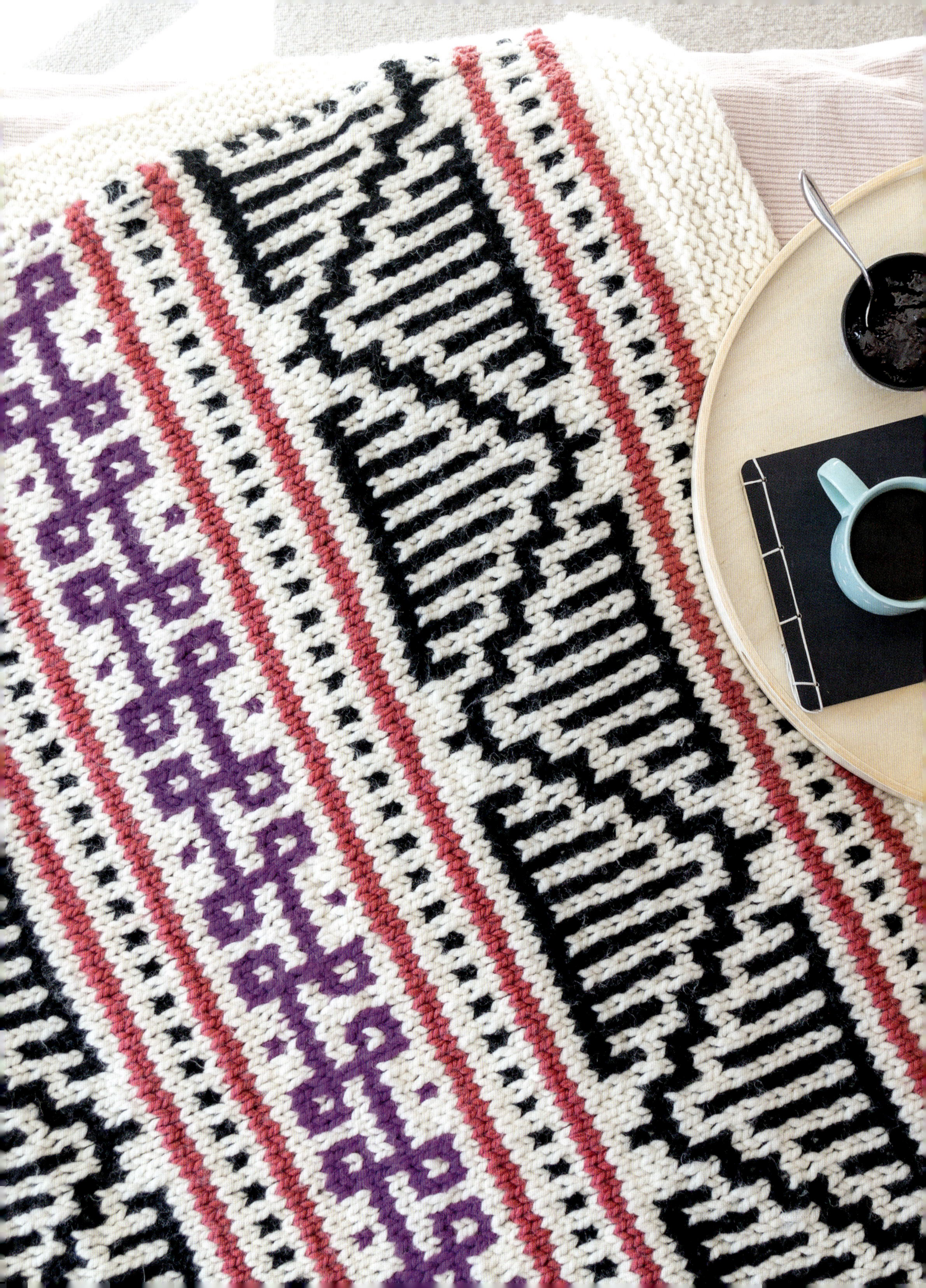

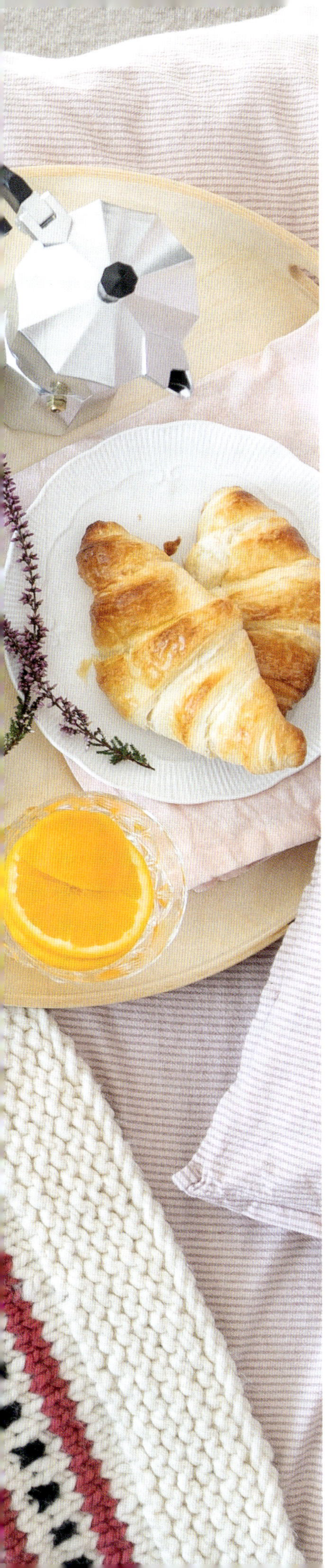

Alternative Farbgebung

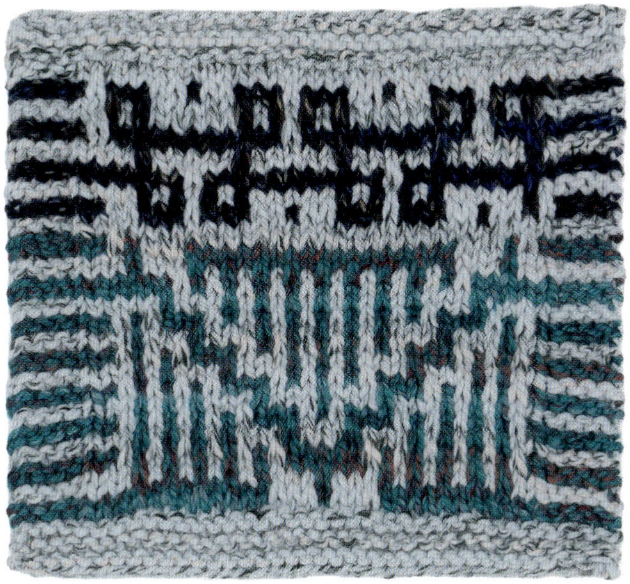

Garn

Lion Brand Wool Ease Thick & Quick – Super Bulky (80 % Acryl, 20 % Wolle; Lauflänge 97 m/170 g), in den folgenden Farbtönen:

- Night Shadow (540B)
- Deep Lagoon (623D)
- Arctic Ice (648D)

Nadeln

Wie in der Anleitung.

Maschenprobe

Wie in der Anleitung.

Ich wollte eine dreifarbige Version der Sonntagmorgen-Decke ausprobieren. Daher habe ich Wool Ease Thick & Quick in drei stimmungsvollen kühlen Farbtönen gewählt: Night Shadow, Deep Lagoon und Arctic Ice. Außerdem habe ich die Querstreifen weggelassen. Ich mag es, wie die melierten Farbtöne eine etwas rustikalere Version dieser Decke ergeben.

Wenn du nicht gerne Maschen an der Seite aufnimmst, kannst du auch ein paar zusätzliche Maschen (ich würde mindestens fünf hinzufügen) am Anfang und Ende jeder Reihe anschlagen und sie kraus rechts stricken. Das verhindert, dass sich die Decke an den Seiten aufrollt, wie es bei glatt rechts gestrickten Arbeiten vorkommen kann.

TECHNIKEN

Stricken lernen kann zunächst schwierig erscheinen – aber denk dran: Jede und jeder hat mal mit den Grundlagen angefangen. Hunderte von Maschen und Techniken werden in der ganzen Welt in Unmengen von Anleitungen beschrieben. Aber glücklicherweise brauchst du für die Modelle in diesem Buch nicht alle zu beherrschen. Hier ist ein nützlicher Leitfaden für alle Techniken, die in diesem Buch vorgestellt wurden.

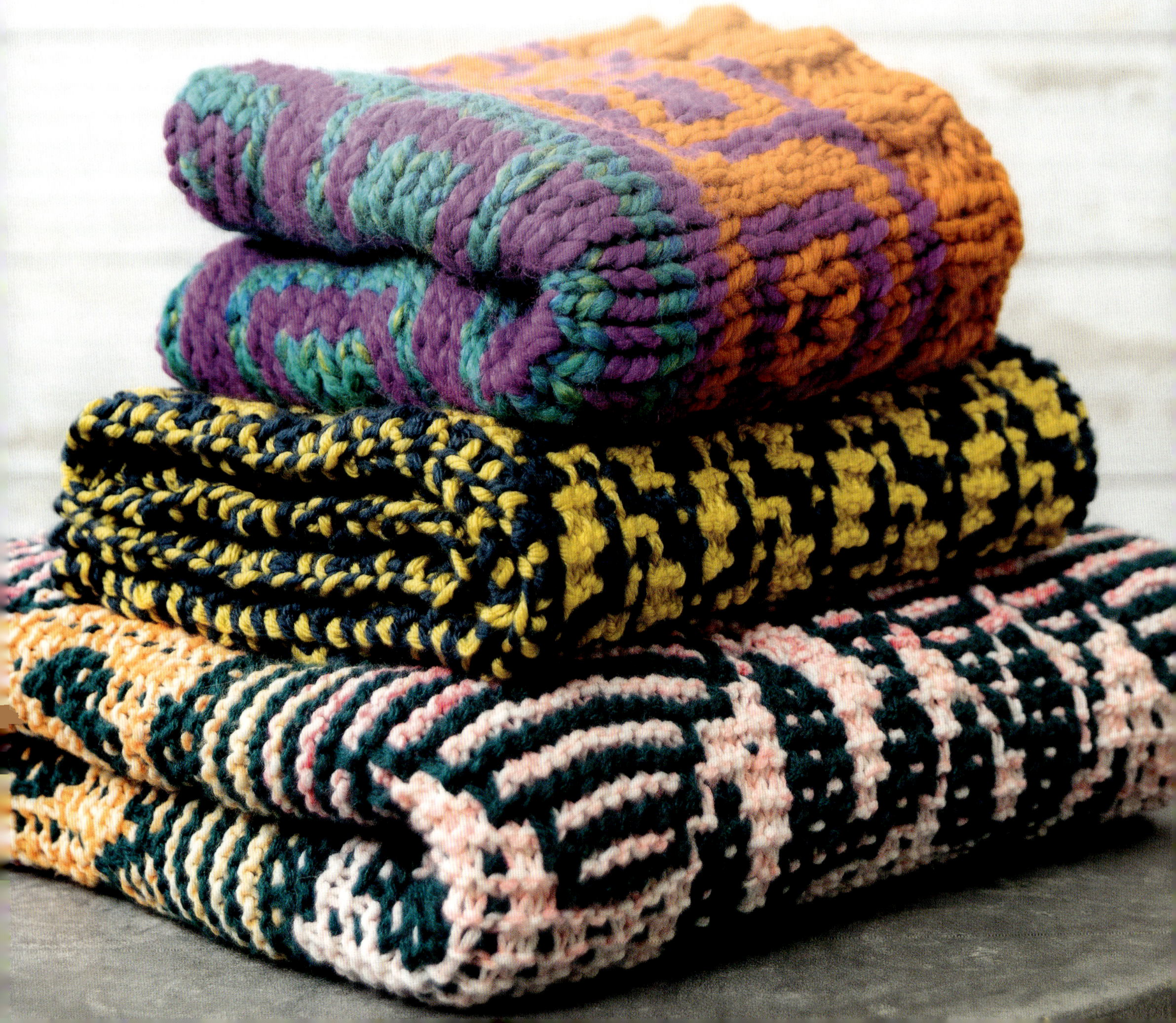

Strick-Know-how

ABKÜRZUNGEN

Die Anleitungen in diesem Buch verwenden die nachstehenden Abkürzungen

1 M zun – eine Masche zunehmen

2 M zus – zwei Maschen zusammenstricken

abh – Masche wie für linke Masche abheben

Hinr – Hinreihe

li – links stricken

M – Masche(n)

Maschengl – Maschenglied

MM – Maschenmarkierer (anbringen)

MM abh – Maschenmarkierer abheben

mFv – mit Faden vorne

re – rechts stricken

Rückr – Rückreihe

verschr – verschränkt

wdh – wiederholen

Bei allen Anleitungen in diesem Buch werden Abschnitte wiederholt, um die Mosaikmotive zu bilden. Wiederholungen werden wie folgt angegeben:

***...; ab * bis ... wdh**, Anleitung ab * bis; arbeiten und dann bis zum angegebenen Punkt wiederholen

***...; ab * noch 1x/2x/3x wdh**, die Anleitung ab * bis; arbeiten und dann diesen Abschnitt so oft wiederholen, wie angegeben

1x/2x/3x [....], die Anweisungen zwischen den eckigen Klammern so oft arbeiten wie angegeben.

Wenn du Hilfe mit deinen rechten Maschen, dem Abketten oder dem Matratzenstich brauchst, bist du hier richtig!

EINFACHES ANSCHLAGEN

Einfaches Anschlagen ist meine Lieblingsmethode – es ist die Methode, die man meist als erstes lernt, und sie ist schnell, elastisch und vielseitig.

1. Auf der rechten Nadel einen Schiebeknoten machen. Dabei einen Faden hängen lassen, der mindestens 4x so lang ist wie die Breite deines Projekts (sei großzügig ... es ist sehr frustrierend, wenn dir der Faden ausgeht, bevor du alle Maschen angeschlagen hast). Den Schiebeknoten in der rechten Hand halten.

2. Mit der linken Hand Zeigefinger und Daumen zwischen die beiden Fäden führen. Die herabhängenden Fäden fest mit den übrigen drei Fingern festhalten. **(1)**

3. Mit leicht gespanntem Faden die Nadel unter den Faden führen, der um den Daumen gewickelt ist. **(2)**

4. Mit dem angehobenen Faden auf der Nadel den oberen Faden, der sich auf dem Zeigefinger befindet, mit der Nadel aufnehmen. **(3)**

5. Den Faden durch die Öffnung am Daumen führen. Den Daumen herausziehen.

6. Beide Fäden nach unten ziehen, bis die Masche auf der Nadel liegt. **(4)**

7. Den 3. bis 6. Schritt für jede anzuschlagende Masche wiederholen.

1

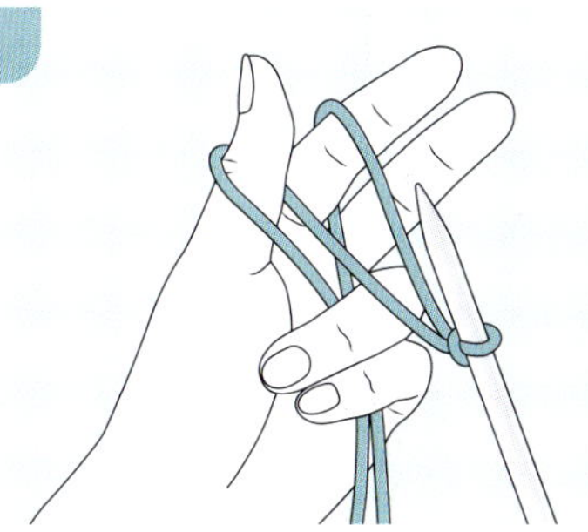

2

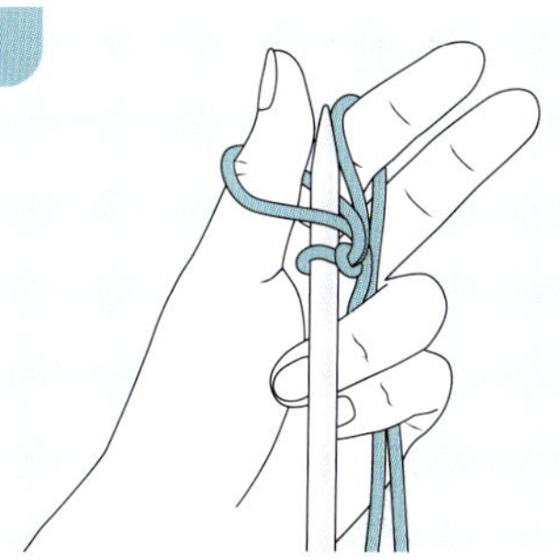

3

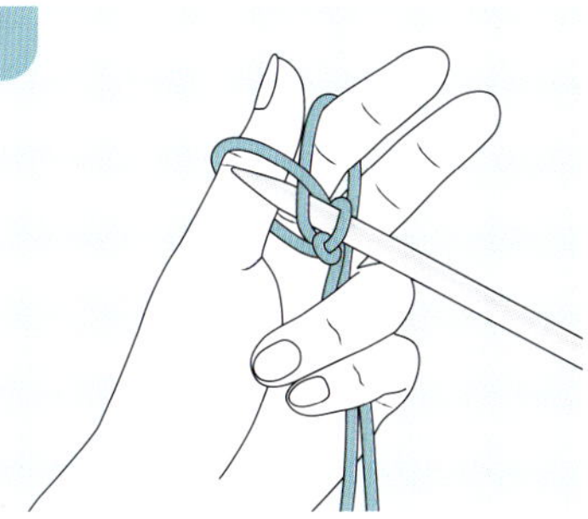

4

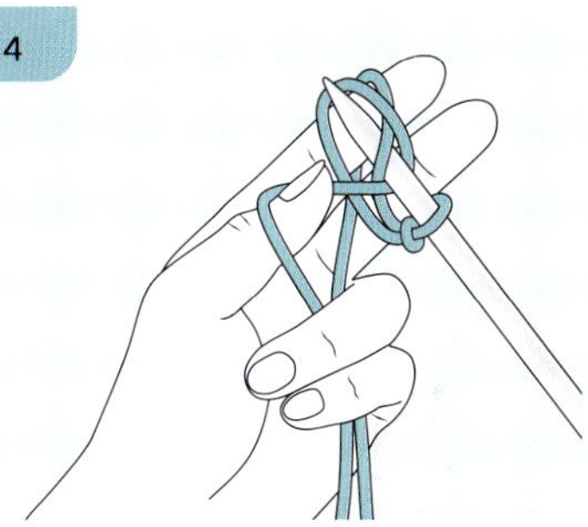

TIPP

Falls du feststellst, dass dieser Maschenanschlag zu fest ist, wechsele zum Anschlagen zu einer dickeren Nadel und dann für die erste Reihe zurück zur ursprünglichen Nadelstärke.

RECHTE MASCHEN

(ENGLISCHE VARIANTE)

1. Die Nadel mit den angeschlagenen Maschen in der linken Hand halten, die aktive Nadel in der rechten Hand. Der Faden ist locker um deine Finger gewickelt. Die rechte Nadel von vorne nach hinten in die erste angeschlagene Masche auf der linken Nadel stechen. Das Garn hinten und die rechte Nadel unter der linken Nadel halten. **(1)**

2. Das Garn im Uhrzeigersinn unter und über die rechte Nadel schlagen. **(2)**

3. Den Faden mit der rechten Nadel durch die angeschlagene Masche ziehen. **(3)**

4. Die angeschlagene Masche von der linken Nadel schieben und die neue Masche auf der rechten Nadel liegen lassen. **(4)** Diese Schritte wiederholen, bis alle Maschen auf der linken Nadel gestrickt wurden – eine rechts gestrickte Reihe ist fertig.

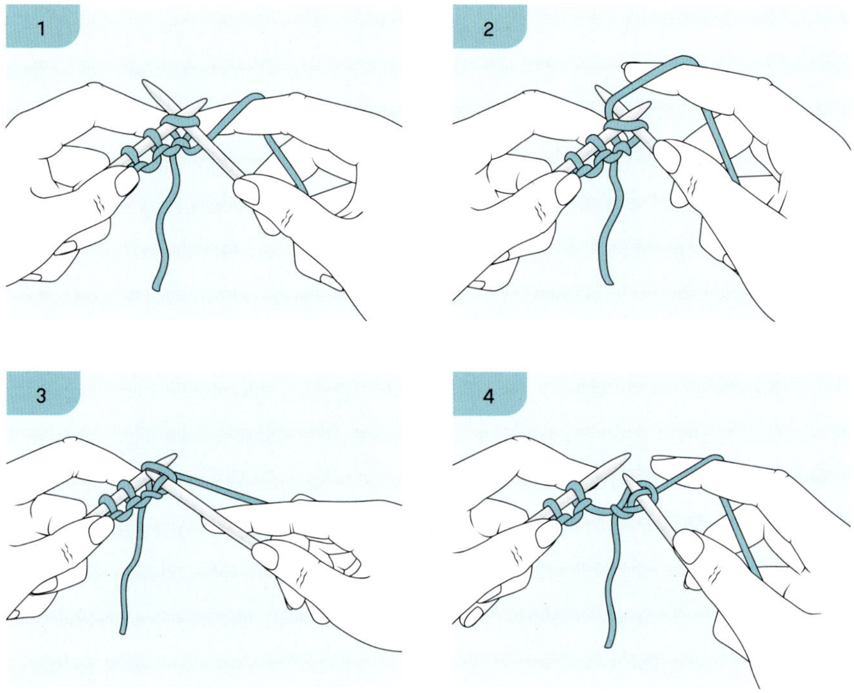

LINKE MASCHEN

1. Die aktive Nadel in der rechten Hand und die Nadel mit den Maschen in der linken Hand halten. Die rechte Nadel von hinten nach vorne in die erste Masche auf der linken Nadel stechen. Das Garn vor der Arbeit und die rechte Nadel vor der linken Nadel halten. **(1)**

2. Das Garn gegen den Uhrzeigersinn um die rechte Nadel schlagen. **(2)**

3. Das Garn mit der rechten Nadel durch die Masche auf der linken Nadel ziehen und so eine Schlaufe auf der rechten Nadel bilden. **(3)**

4. Die Masche von der linken Nadel schieben. Die neue Masche liegt auf der rechten Nadel. **(4)**

Diese Schritte wiederholen, bis alle Maschen auf der linken Nadel gestrickt wurden – eine links gestrickte Reihe ist fertig.

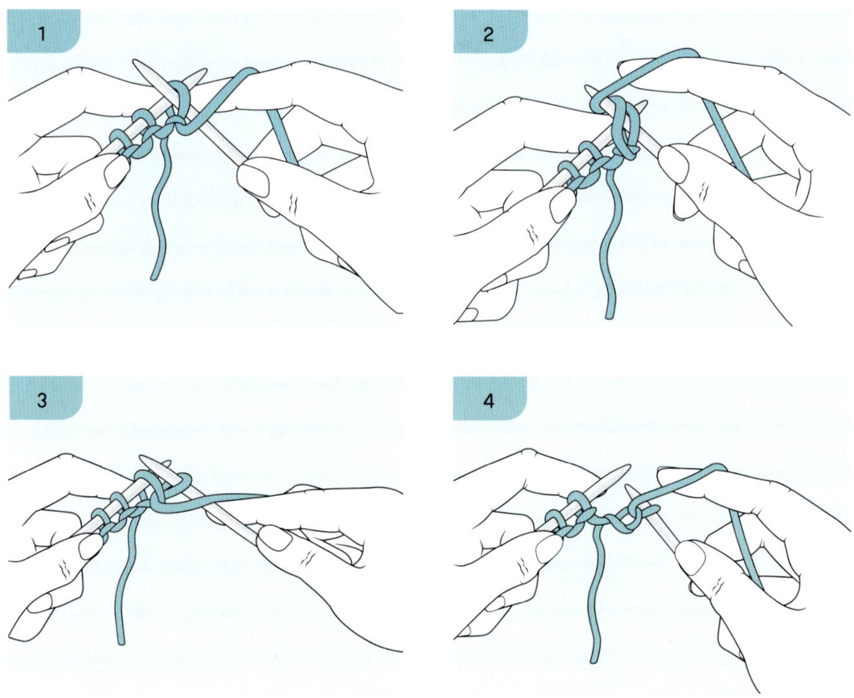

MASCHE WIE FÜR LINKE MASCHE ABHEBEN

Die rechte Nadel in die nächste Masche wie zum Linksstricken stechen und die Masche von der linken auf die rechte Nadel schieben, ohne sie abzustricken.

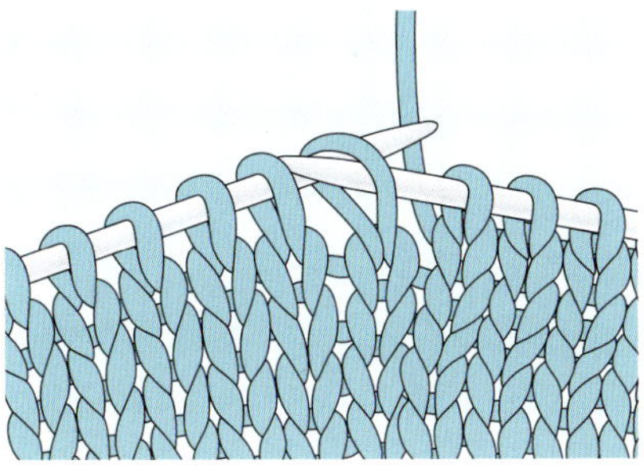

2 M ZUS

Die rechte Nadel von vorne nach hinten in die nächsten zwei Maschen auf der linken Nadel stechen. Das Garn um die rechte Nadel schlagen (wie für eine rechte Masche) und hindurchziehen. Dadurch entsteht eine Abnahme, die nach rechts geneigt ist, und deine Maschenanzahl ist um eine Masche reduziert.

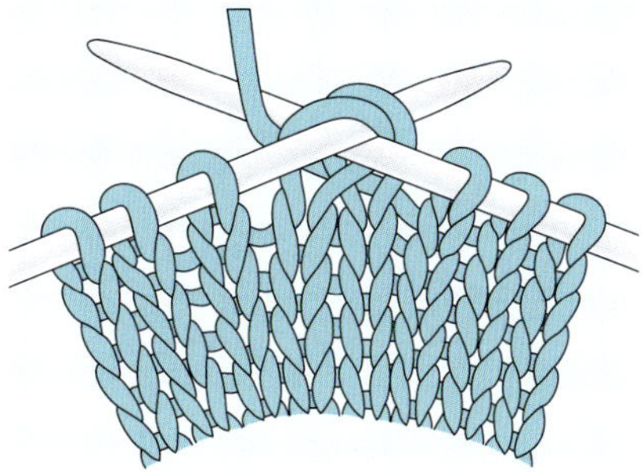

DURCH VORDERES UND HINTERES MASCHENGLIED

Die rechte Nadel wie für eine rechte Masche in die Masche stechen, in der zugenommen werden soll. Das Garn um die rechte Nadel schlagen und wie zum Stricken durchziehen, aber die Masche auf der linken Nadel liegen lassen. Die rechte Masche hinten in die gleiche Masche stechen. Das Garn um die Nadel schlagen und durchziehen. Die Masche von der linken Nadel schieben. Jetzt liegen zwei Maschen auf der rechten Nadel.

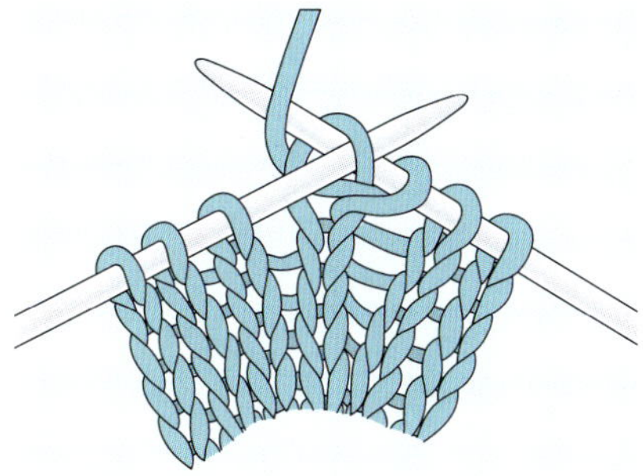

1 M ZUN

1. Die linke Nadel von hinten nach vorne unter den Querfaden zwischen der letzten gestrickten Masche und der nächsten Masche auf der linken Nadel führen. **(1)**

2. Diese Masche verschränkt stricken. Dadurch entsteht eine nahezu unsichtbare Zunahme zwischen den beiden Maschen, die nach rechts geneigt ist. **(2)**

1

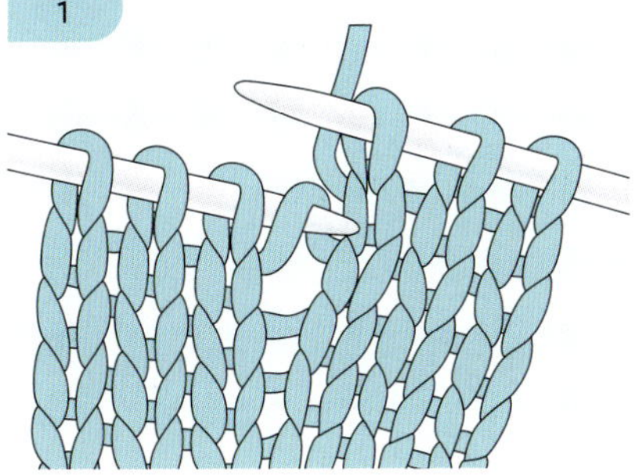

2

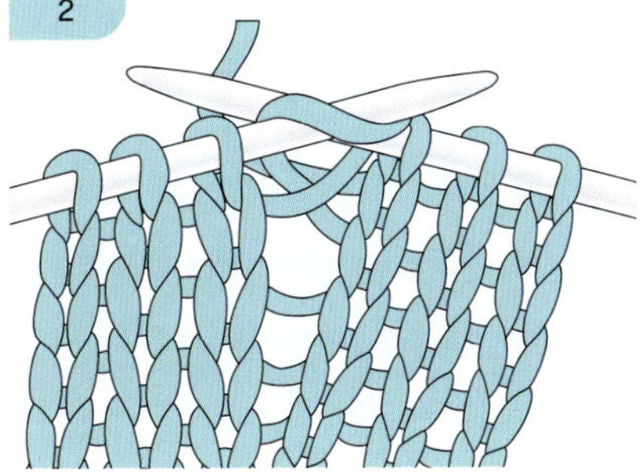

ISLÄNDISCH ABKETTEN

Dies ist meine Lieblingsmethode, wenn ich ein Projekt abkette, das kraus rechts gestrickt endet. Sie ist sehr dehnbar und bei kraus rechts Gestricktem sehr unauffällig. Diese Technik ist etwas komplizierter als normales Abketten, aber nach ein paar Maschen wirst du den Dreh heraushaben!

1. Eine Masche re stricken und Masche wieder auf die linke Nadel schieben. **(1–2)**

2. Spitze der rechten Nadel wie bei einer linken Masche in die vordere Schlaufe der ersten Masche auf der linken Nadel stechen. Die Spitze der rechten Nadel muss vor der Spitze der linken Nadel liegen.

3. Jetzt die Spitze der rechten Nadel wie bei einer rechten Masche in die vordere Schlaufe der zweiten Masche auf der linken Nadel stechen.

4. Garn um die Spitze der rechten Nadel schlagen und durch die vordere Schlaufe der zweiten Masche ziehen (also die zweite Masche durch die Schlaufe der ersten Masche stricken). **(3)**

5. Beide Maschen von der linken Nadel schieben. Die neue Masche liegt auf der rechten Nadel. **(4)**

6. Die neue Masche auf die linke Nadel schieben. **(5)**

7. Den 2. bis 6. Schritt wiederholen, bis alle Maschen abgekettet sind. Faden abschneiden und durch die letzte Masche ziehen. Festziehen.

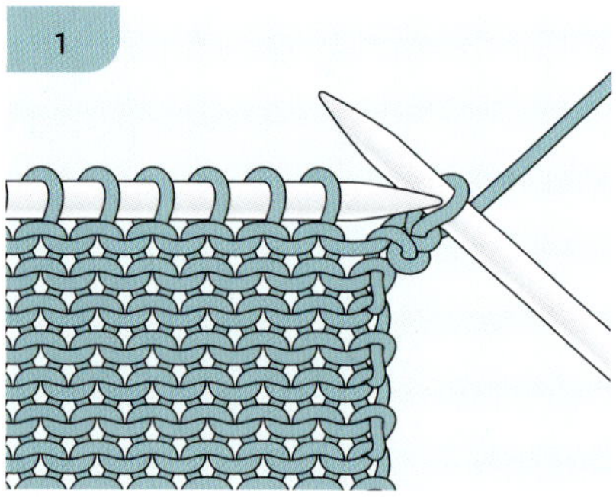

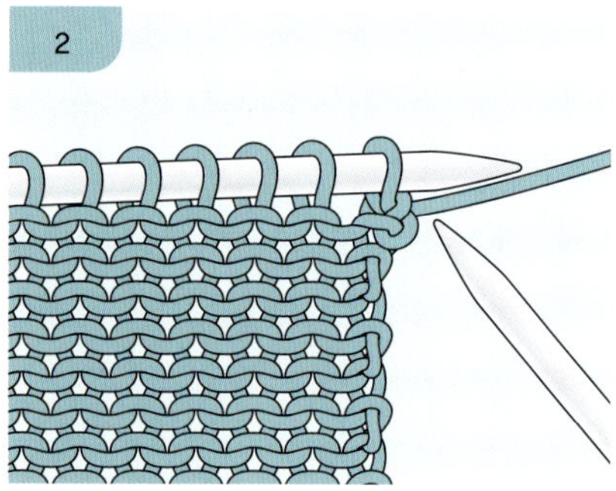

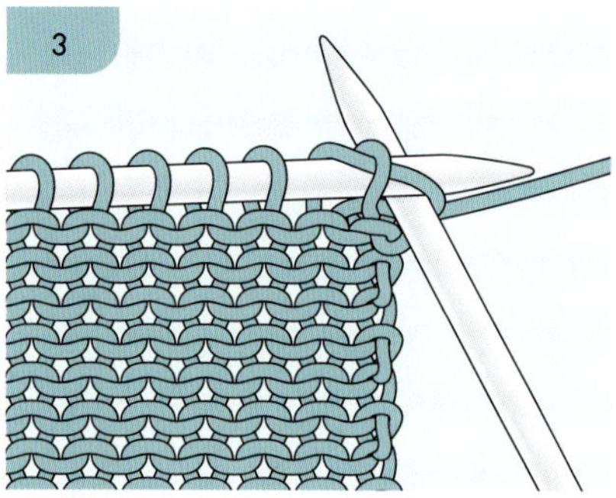

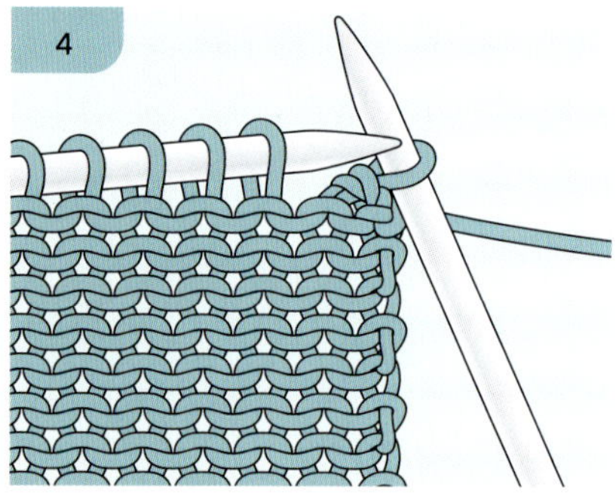

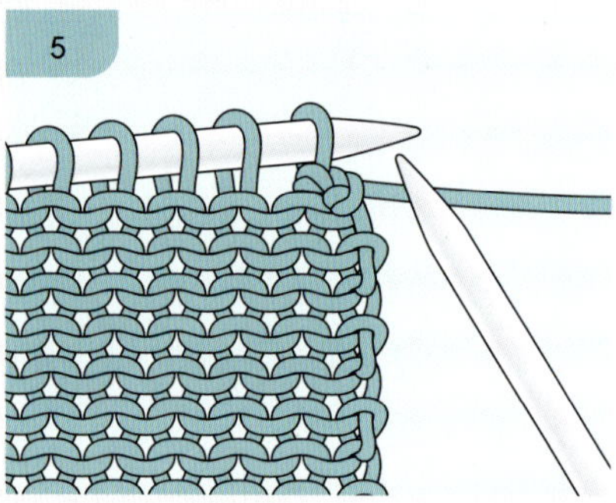

TIPP

Da das isländische Abketten sehr dehnbar ist, musst du die Maschen eventuell etwas fester ziehen als beim gestrickten Abketten, damit der Rand gerade bleibt. Wenn Festziehen alleine nicht ausreicht, kannst du zum Abketten zu einer dünneren Nadel wechseln.

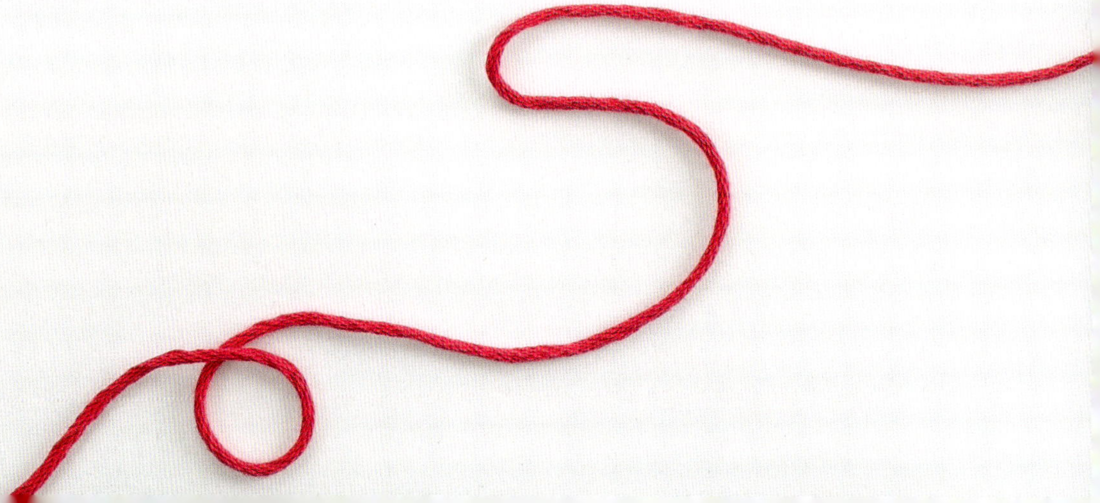

GESTRICKT ABKETTEN

Gestricktes Abketten ist die am häufigsten verwendete Methode. Es entsteht ein sauberer Rand, der etwas dehnbar ist.

1. Die ersten beiden Maschen auf deiner Nadel rechts stricken.

2. Die linke Nadel in die erste Masche der rechten Nadel stechen. **(1)**

3. Die erste Masche über die zweite Masche heben und von der Nadel schieben (1 Masche abgenommen). **(2–3)**

4. Eine weitere Masche von der linken Nadel rechts stricken (es liegen wieder zwei Maschen auf der rechten Nadel).

5. Den 2. bis 4. Schritt wiederholen, bis alle Maschen gestrickt wurden und nur noch eine Masche übrig ist.

6. Mit der letzten Masche auf deiner Nadel den Faden abschneiden und mindestens 10 cm hängen lassen. Den Faden durch die letzte Schlaufe ziehen und festziehen.

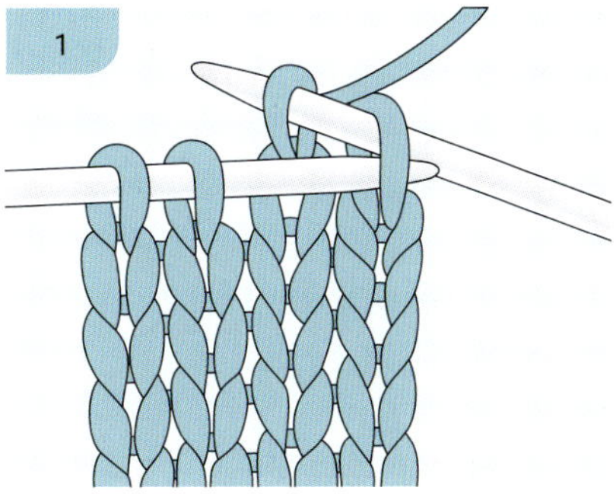

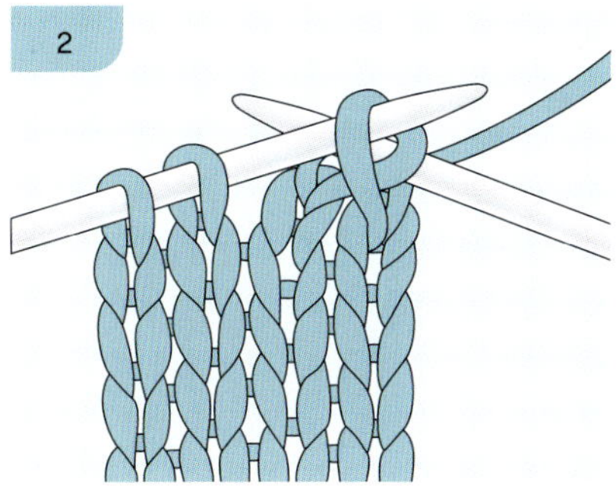

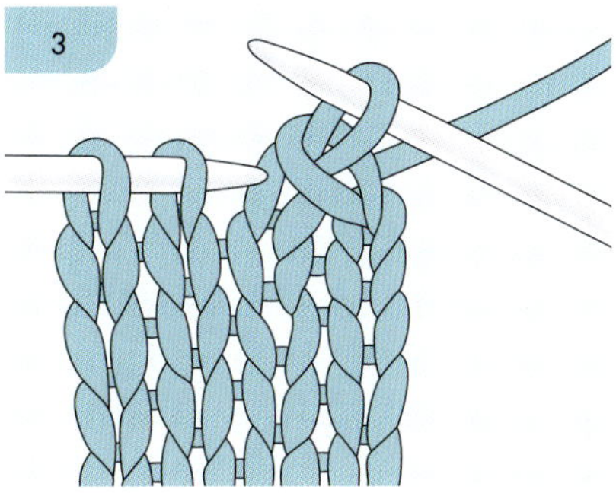

TIPPS

Wenn du eher fest strickst, mit einer dickeren Nadel abketten – dadurch wird der Rand nicht zu fest.

Wenn du wie beim Tundra-Schlauchschal oder den kuscheligen Tassenwärmern angewiesen wirst, im Muster abzuketten, gehst du wie in der obigen Anleitung vor, arbeitest die Maschen jedoch links oder rechts, je nachdem, was in der vorherigen Bündchenreihe gearbeitet wurde.

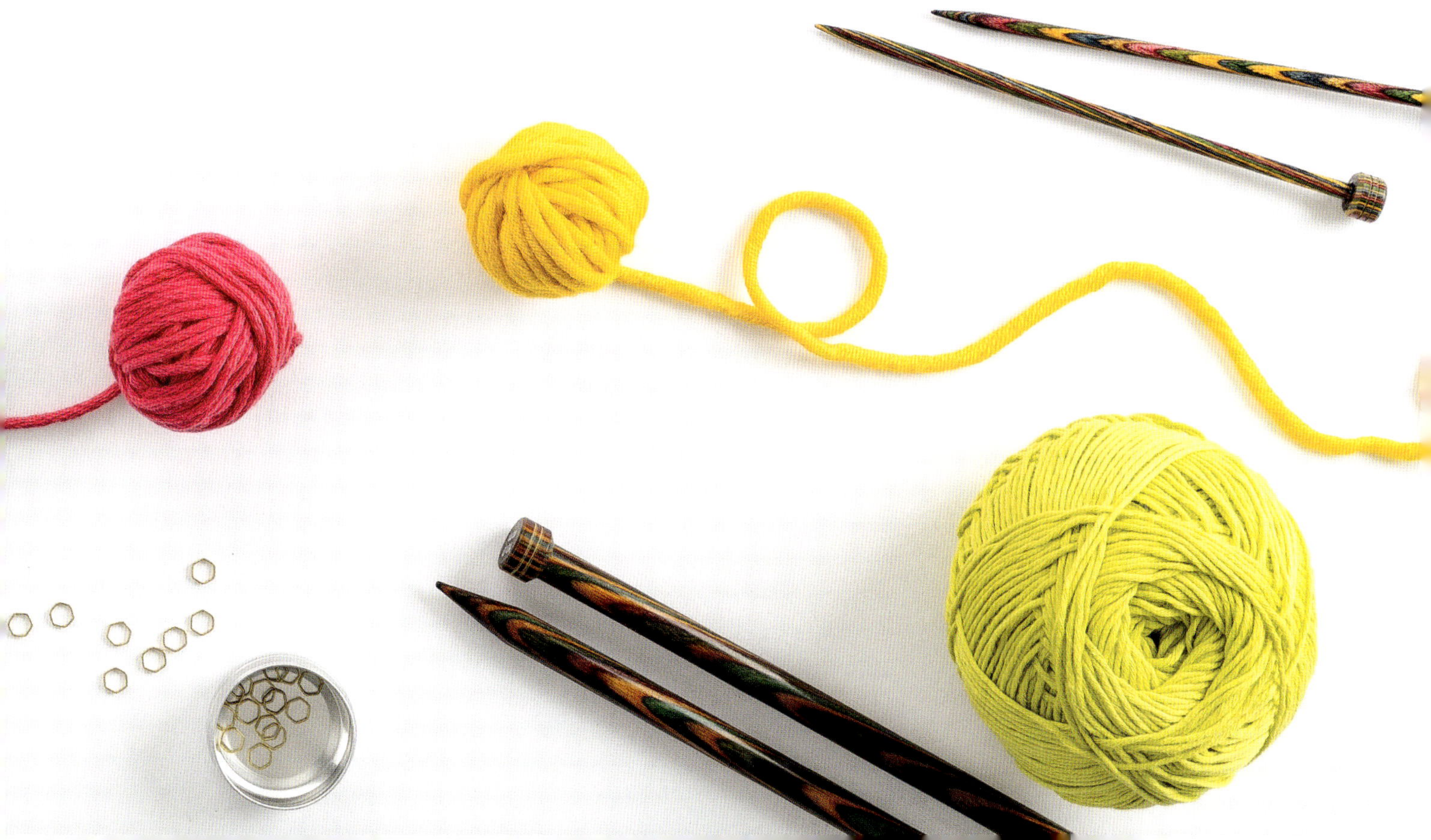

MASCHEN AUFNEHMEN

Durch Aufnehmen von Maschen kannst du neue Maschen an eine vorhandene Arbeit anstricken. Die genaue Technik für das Aufnehmen hängt von der Arbeit ab, an der du Maschen aufnimmst, und davon, wie du weiterstrickst. Die Anleitung hier ist für das Aufnehmen am Rand einer glatt gestrickten Arbeit und dem Weiterstricken in kraus rechts (wie bei der Sonntagsmorgen-Decke).

Aufgrund der unterschiedlichen Breite von Reihen und Maschen (Maschen sind in der Regel breiter als Reihen hoch sind) ist die allgemeine Daumenregel, zwei Maschen über drei Reihen aufzunehmen (d. h. aufnehmen, aufnehmen, überspringen).

Um Maschen aufzunehmen, brauchst du Stricknadeln und das Garn zum Weiterstricken. (Ich halte manchmal eine dünnere Nadel in meiner linken Hand, um die Maschen leichter aufnehmen zu können.).

1. Die Arbeit so halten, dass die Vorderseite zu dir zeigt und der Rand, an dem du Maschen aufnehmen willst, horizontal vor dir liegt.

2. Wenn du Maschen am Anschlag- oder Abkettrand aufnimmst **(1)**, die rechte Nadel zwischen dem Anschlag-/Abkettrand und der nächsten/vorherigen Reihe von vorne nach hinten einstechen. Wenn du Maschen an der Seite aufnimmst, die Nadel von vorne nach hinten zwischen der ersten und zweiten Masche einstechen.

3. Das Garn wie zum Stricken um die rechte Nadel schlagen **(2)**. Das Garn hindurchziehen, um die Masche zu bilden.

4. Den 2. und 3. Schritt entlang des Rands des Projekts wiederholen, bis alle Maschen aufgenommen sind.

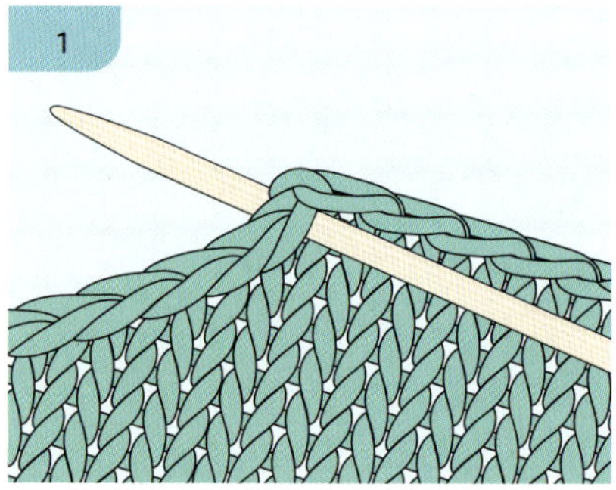

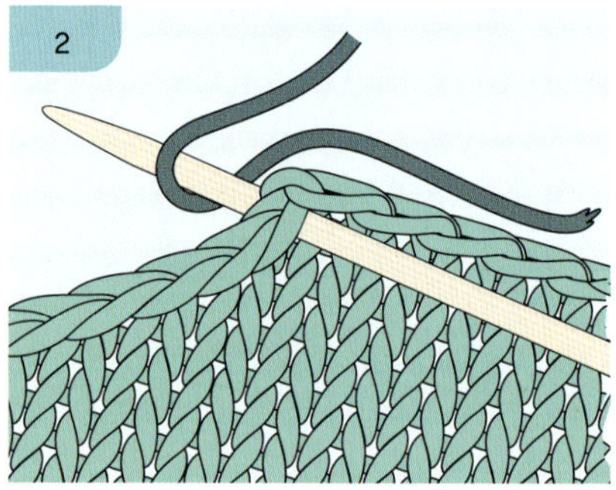

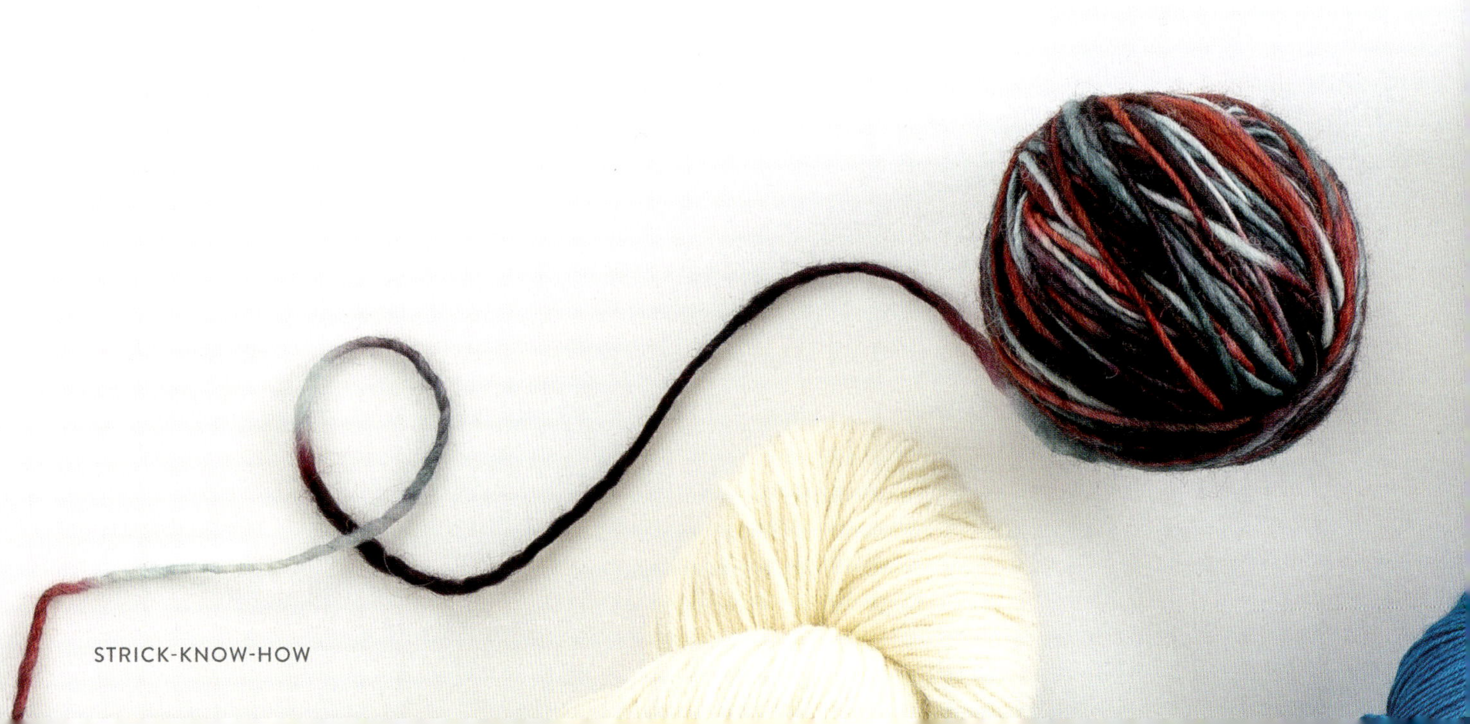

MATRATZENSTICH

Mit dem Matratzenstich werden zwei Strickstücke mit einer unsichtbaren vertikalen Naht verbunden. Er eignet sich für glatt oder kraus gestrickte Arbeiten. Dadurch sieht dein Projekt aus, als hättest du es rund gestrickt, obwohl du es in Reihen gearbeitet hast.

Auf der Rückseite deiner Arbeit entsteht durch den Matratzenstich eine sichtbare Rippe, die auf der Vorderseite jedoch nicht zu sehen ist. Verwende die gleiche Garnfarbe wie in dem Projekt, damit die Naht noch unauffälliger wird.

Hinweis: Auf beiden Seiten verschwindet eine Masche in der Naht. Oft verschwinden dadurch Ränder an Mosaikmotiven, sodass ein schöner nahtloser Look entsteht. Deshalb haben Anleitungen mit Bündchen, die zusammengenäht werden, auch eine Maschenanzahl eines Vielfachen von 4+2, da zwei Maschen beim Zusammennähen verschwinden.

1. Einen Faden (entweder der Faden vom Anschlag/Abketten oder ein neuer Faden) in eine Stopfnadel einfädeln. Der Faden muss mindestens zweimal so lang wie die Naht sein.

2. Die beiden zusammenzunähenden Ränder mit der Vorderseite zu dir zeigend nebeneinanderlegen.

3. Die ersten beiden Maschenkolonnen am rechten Teil identifizieren. Die Nadel unter dem Querfaden zwischen den beiden Maschen hindurchführen. Der Querfaden sieht wie eine Leiter zwischen den V-Formen der ersten beiden Maschen aus. Wenn du einen neuen Faden verwendest, mindestens 10 cm zum Vernähen hängen lassen.

4. Die Nadel unter dem ersten Querfaden zwischen den ersten beiden Maschen am linken Teil hindurchführen.

5. Die Nadel unter dem nächsten Querfaden am rechten Teil hindurchführen. Dies ist die nächste »Sprosse« auf der »Leiter« vom 3. Schritt.

6. Mache am linken Teil weiter und führe die Nadel unter dem Querfaden hindurch, der über dem Querfaden vom 4. Schritt liegt.

7. Den 5. und 6. Schritt über die Länge der gewünschten Naht wiederholen. Alle paar Stiche leicht am Garn ziehen, um die Naht zu schließen. (Hinweis: Wenn sich die Naht kräuselt, ziehst du zu fest! Dehne die Naht leicht, bevor du fortfährst.)

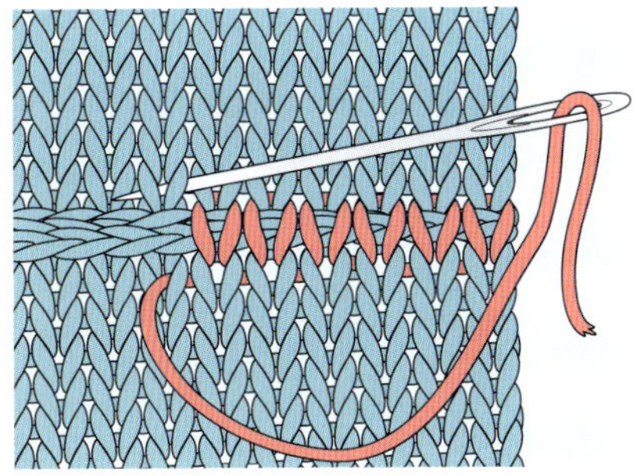

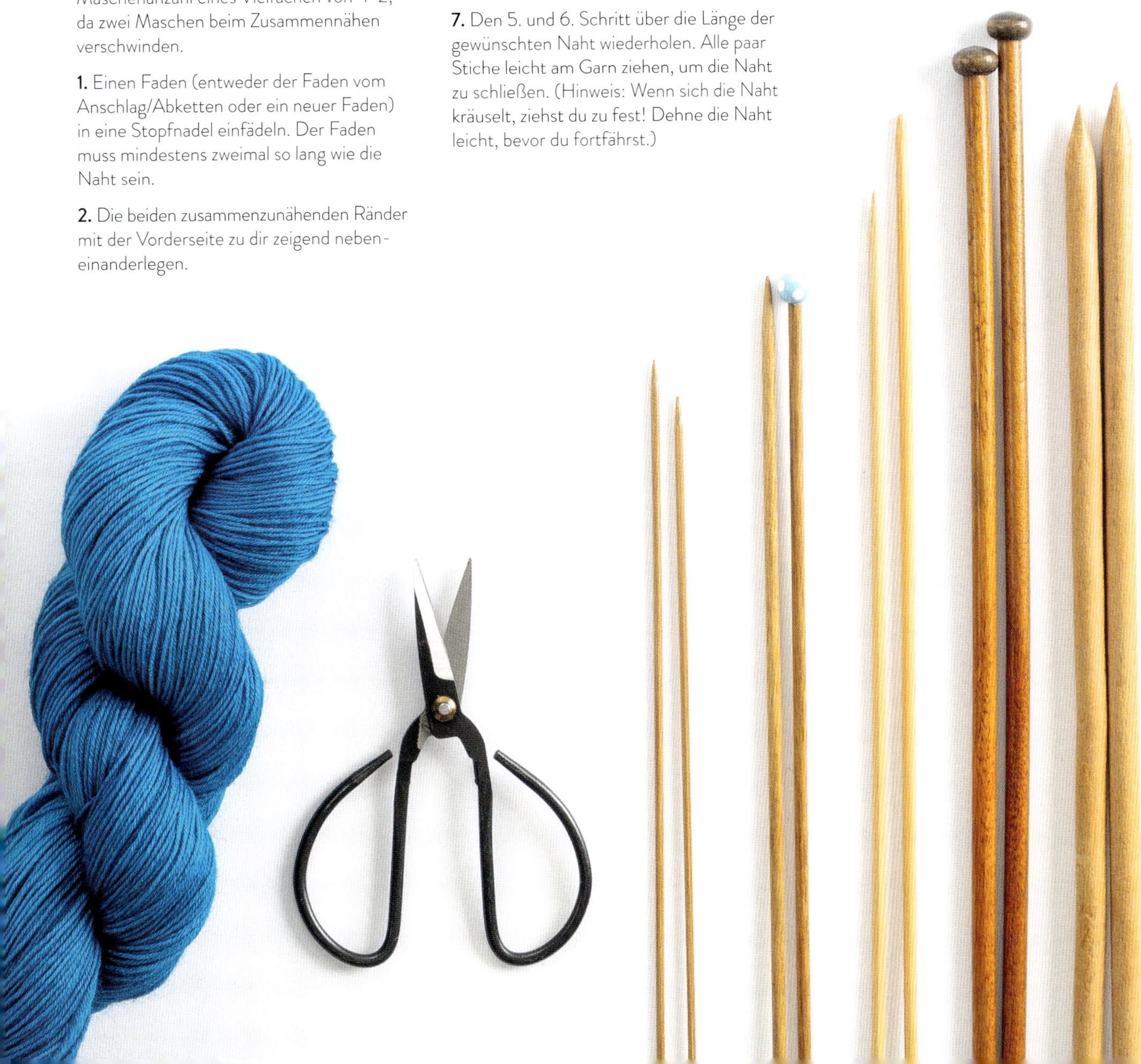

Deine Arbeit fertigstellen

Es gibt so viele Möglichkeiten, dein Projekt fertigzustellen! Ich rate dazu, Gestricktes immer zu spannen, egal wie es später verwendet wird. Aber am Ende entscheidest du. Ich zeige dir hier, wie du Fransen oder Quasten anbringst – du kannst diese witzigen Details nach Belieben verwenden.

SPANNEN

Spannen ist einfach und kann sogar Spaß machen. Ich rate sehr dazu, fertige Projekte zu spannen (außer bei einem Spültuch, das du gleich benutzen wirst!). Durch Spannen bekommt deine Arbeit die perfekte Form und das Maschenbild wird glatter und sauberer. Ich spanne meine Projekte, bevor ich die Fäden vernähe oder Teile zusammennähe.

Naturfasern

Garn, das in erster Linie aus Naturfasern besteht (Wolle, Baumwolle, Bambus usw.), lässt sich gut durch Einweichen spannen.

1. Weiche das Projekt in kühlem Wasser ein, in das du etwas milde Seife gegeben hast (es gibt spezielles Wollwaschmittel, aber ich habe festgestellt, dass das Babyshampoo meiner Tochter prima funktioniert).

2. Lege das Projekt auf ein Handtuch oder eine Schaumstoffmatte, sodass du es nach Wunsch in Form bringen und feststecken kannst.

3. Lasse deine Arbeit trocknen (für ein paar Stunden oder einige Tage, je nach Größe des Projekts, Temperatur und Luftfeuchtigkeit). Jetzt ist sie fertig gespannt.

Acrylgarn

Oft wird gesagt, dass man Acrylgarn nicht zu spannen braucht. Manchmal heißt es auch, dass man Acryl nicht spannen kann. Ich sage dir, dass das absolut nicht stimmt. Durch Spannen verwandelt sich das Aussehen deiner Projekte, aber beim Spannen von Projekten aus Acrylgarn musst du anders vorgehen.

Du brauchst lediglich einen Dampfglätter oder ein Bügeleisen mit Dampfeinstellung, deine Spannmatten (oder Spielmatten für Kinder aus Schaumstoff), gerade Nadeln und ein Maßband.

1. Lege dein Projekt auf die Spannmatten und stecke es entsprechend den angegebenen Maßen fest. Verwende so viele Nadeln wie nötig, um dein Projekt genau in die gewünschte Form zu bringen.

2. Dämpfe das Projekt, indem du mit dem Dampfglätter oder dem Bügeleisen mit Dampfeinstellung mit etwa 1,2 cm Abstand darüberfährst. Bewege den Dampfglätter bzw. das Bügeleisen kontinuierlich über dem Projekt hin und her, bis die ganze Arbeit feucht ist und etwas weicher wird. Achte darauf, dass du die Arbeit nicht mit dem Bügeleisen berührst – DADURCH SCHMILZT DAS GARN – wir müssten alle weinen, und das darf einfach nicht passieren!

3. Lasse dein Projekt trocknen und voilà – du hast Acrylgarn gespannt.

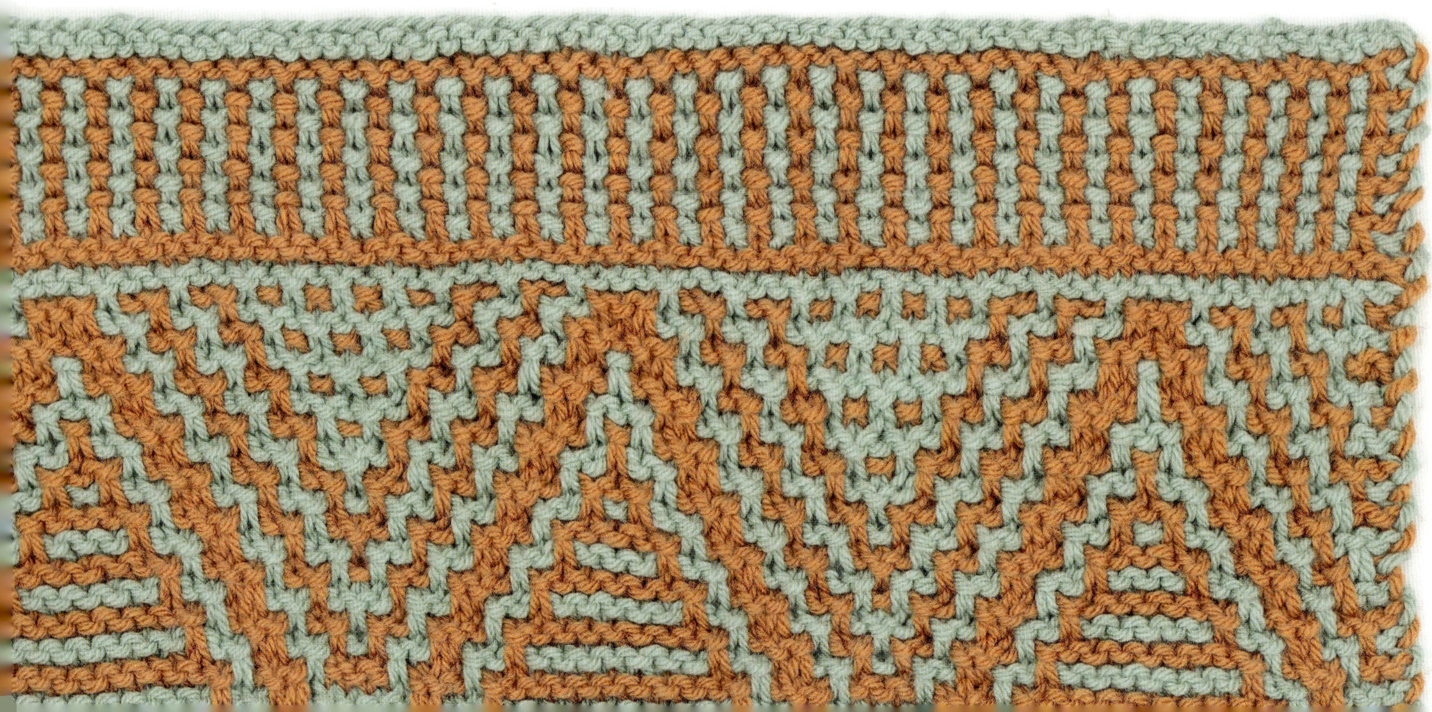

FRANSEN ANBRINGEN

Um Fransen anzufertigen, brauchst du nur dein Garn, eine Schere und ein Stück Pappe. Schneide deine Pappe auf mindestens 20 cm Länge und 1,2 cm breiter als die Länge deiner fertigen Fransen (d. h., wenn deine Fransen 10 cm lang werden sollen, schneide die Pappe auf eine Breite von etwa 12 cm).

1. Wickele das Garn in der Breite um das Stück Pappe. Damit die Fransen alle in etwa dieselbe Länge haben, wickele das Garn in einer gleichmäßigen Schicht über das ganze Stück Pappe, ohne dass das Garn in einem Bereich übereinanderliegt.

2. Schneide das Garn entlang eines Randes der Pappe, sodass das Garn doppelt so lang ist, wie die Fransen werden sollen.

3. Um die Fransen anzubringen, nimm einen (oder mehrere Fäden, wenn gewünscht) und falte ihn in der Mitte.

4. Steche die Häkelnadel von der Rückseite der Arbeit an dem Punkt ein, wo du die Fransen anbringen möchtest.

5. Nimm deine Fadenschlaufe mit der Häkelnadel von der Vorderseite der Arbeit auf und ziehe sie durch zur Rückseite.

6. Hebe die Schlaufe an und ziehe die Fadenenden hindurch. Ziehe die Schlaufe fest.

7. Wiederhole den 3. bis 6. Schritt, bis alle Fransen angebracht sind.

8. Schneide anschließend alle Fransen auf die gleiche Länge. Du kannst sie auch unter Dampf spannen.

QUASTEN ANFERTIGEN

Quasten sind ganz einfach! Du brauchst nur Garn, eine Schere, eine Stopfnadel und ein Stück Pappe. Schneide die Pappe auf eine Länge von etwa 20 cm und eine Breite, die 1,2 cm breiter als die Länge der fertigen Quaste ist (d. h., wenn die Quaste 10 cm lang sein soll, schneide die Pappe auf eine Breite von etwa 12 cm).

1. Wickele das Garn in der Breite um das Stück Pappe (wickele mehr Garn, als du zu brauchen glaubst). Damit die Fäden in der Quaste alle in etwa dieselbe Länge haben, wickele das Garn in einer gleichmäßigen Schicht über das ganze Stück Pappe, ohne dass das Garn in einem Bereich übereinanderliegt.

2. Schneide das Garn entlang eines Randes der Pappe, sodass die zugeschnittenen Fäden doppelt so lang sind, wie die Quaste werden soll.

3. Schneide einen etwa 38 cm langen Faden zu. Wickele ihn um die Mitte der zugeschnittenen Fäden und verknote ihn. Dies wird das obere Ende deiner Quaste und die Fadenenden werden zum Anbringen der Quaste an deiner Arbeit verwendet.

4. Schneide einen weiteren Faden in etwa 25 cm Länge zu, wickele ihn etwa 2,5 cm vom oberen Ende der Quaste um die Quaste.

5. Verknote ihn fest und wickele die Fadenenden mehrmals um die Quaste, um den »Kopf« der Quaste stärker zu definieren.

6. Ziehe die Fadenenden mit der Stopfnadel durch die Mitte der Quaste.

7. Schneide die Quaste gleichmäßig zu.

8. Befestige die Quaste mit den Fadenenden oben an der Quaste und einer Stopfnadel an deiner Arbeit und vernähe die Fäden nach Bedarf.

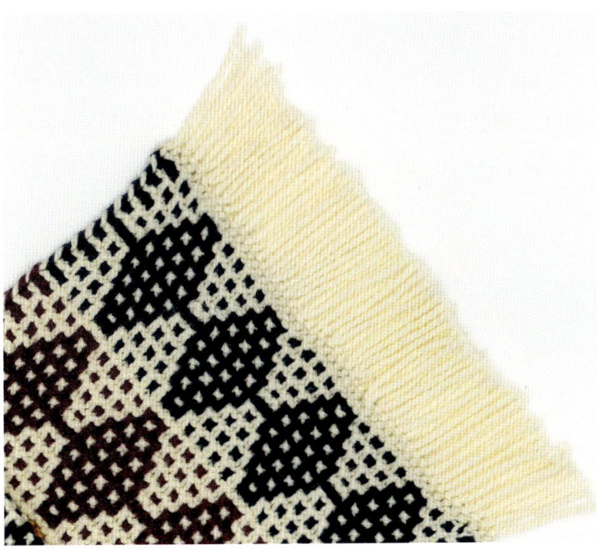

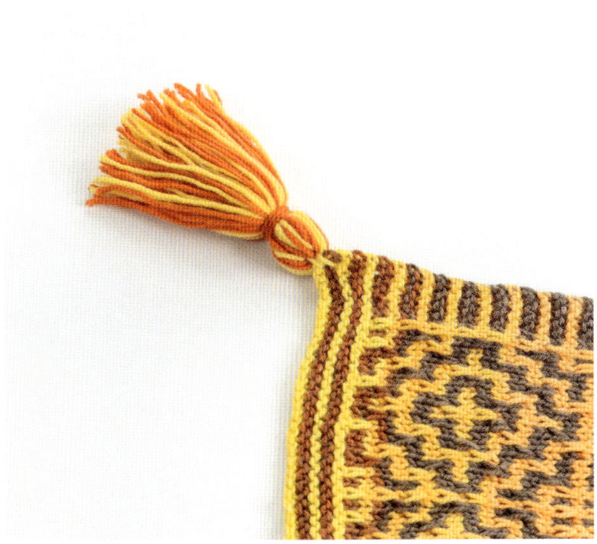

Dein eigenes Motiv entwerfen

Nachdem du nun an einigen Mosaikprojekten gearbeitet hast, willst du vielleicht dein eigenes Design ausprobieren? Es macht Spaß! Es gibt zwei Grundregeln, die ich beim Entwerfen eines Motivs beachte und hier nun erkläre. Anschließend findest du ein Raster mit Kästchen, damit du dich an deinem eigenen Diagramm versuchen kannst!

TIPP

Ein Mosaikmotiv nur mit einer schriftlichen Anleitung zu entwerfen, ist sehr schwierig. Zeichne zunächst auf, wie das Motiv aussehen soll. Anschließend kannst du eine Anleitung erstellen, wenn du das möchtest.

DIE GRUNDREGELN

- Die erste und letzte Masche jedes Diagramms zeigen die »aktive« Farbe der jeweiligen Reihe an. Wechsele die aktive Farbe alle zwei Reihen.
- Halte mitgeführte Fäden kurz.
- Eines der besten Eigenschaften von Mosaikmotiven ist, dass auf der Rückseite keine lästigen, langen Fäden mitgeführt werden. Dies ist allerdings nur möglich, wenn die Farben häufig gewechselt werden.
- Halte beim Entwerfen die Abfolgen deiner inaktiven Farbe auf weniger als fünf Maschen (ich bleibe in der Regel bei weniger als drei Maschen, aber manchmal breche ich diese Regel!).
- Das bedeutet, dass du in einer »schwarzen« Reihe des Diagramms nicht mehr als drei aufeinander folgende weiße Maschen haben solltest.
- In einer »weißen« Reihe des Diagramms solltest du nicht mehr als drei aufeinander folgende schwarze Maschen haben.
- Manchmal sind lange Farbfolgen am Rand des Rapports in einem Diagramm leicht zu übersehen. Zähle daher nach, wie viele Maschen du in jeder Farbe am Anfang/Ende des Rapports hast.
- Mosaikmotive wirken besser mit geometrischen Formen als mit organischen Formen.
- Mosaikmotive haben meistens geometrische Formen, weil man nur dann eine Masche der anderen Farbe abheben kann, wenn sie direkt unter der Masche liegt, die du abheben willst. Anders als bei anderen mehrfarbigen Techniken kann eine Farbe nur in einer Reihe erscheinen, wenn sie die aktive Farbe ist oder wenn es eine Masche derselben Farbe gibt, die von unten hochgezogen werden kann.
- Dies mag einfach klingen, aber sobald du mit Diagrammen zu experimentieren beginnst, siehst du, wie dies das Aussehen deiner Designs einschränken kann.

Wir wollen uns ein visualisiertes Beispiel ansehen:

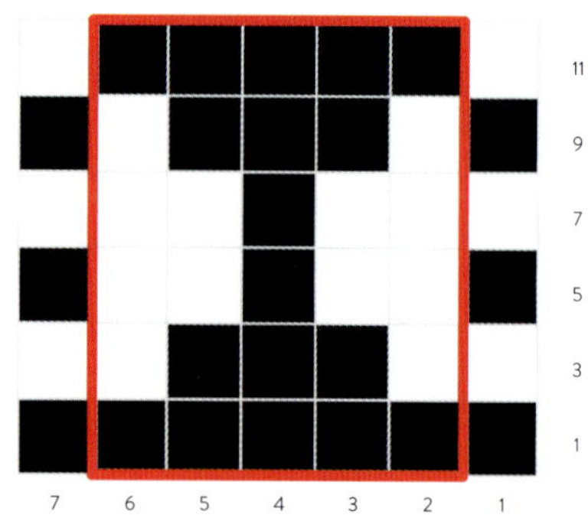

Diagramm 1

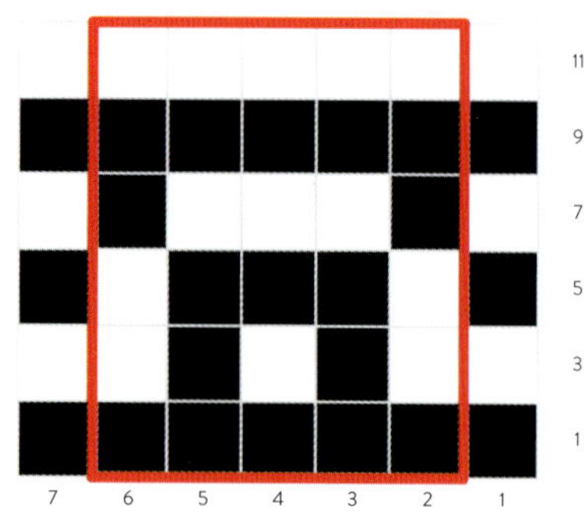

Diagramm 2

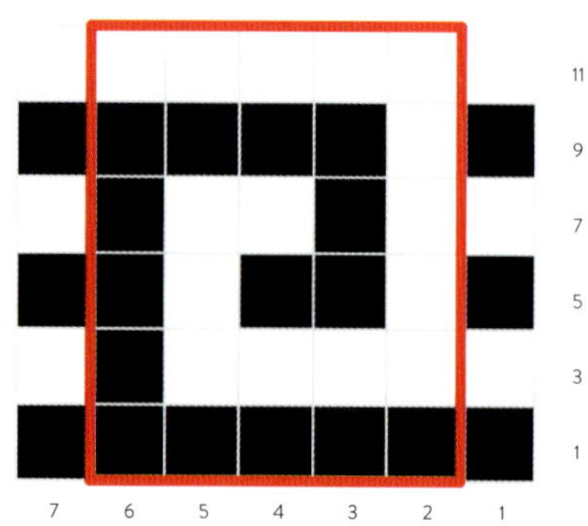

Diagramm 3

Diagramm 1 funktioniert nicht, da die 5., 9. und 11. Reihe alle Maschen in der inaktiven Farbe haben, die es in der vorherigen Reihe nicht gab. Außerdem hat die 11. Reihe außer den Randmaschen nur Maschen in der inaktiven Farbe – das ist nicht möglich. Diagramm 2 ist besser, funktioniert aber trotzdem nicht, da die 7. Reihe zwei schwarze Maschen hat, die in der vorherigen Reihe weiß waren. Schwierig, nicht wahr? Schwarze Maschen werden immer in Reihen eingeführt, die mit einer schwarzen Masche beginnen, das Umgekehrte gilt für weiße Maschen.

Am einfachsten lernt man es durch Üben! Mit dem nachstehenden Kästchengitter kannst du das Entwerfen deiner eigenen Diagramme üben. Ich habe die Reihen und Maschen nummeriert, aber du kannst die Nummerierung auch ignorieren und an einer beliebigen Stelle auf der Seite beginnen. Wahrscheinlich passen mehrere Entwürfe auf die Seite. Wenn du noch mehr Diagramme anfertigen willst, kopiere die Seite einfach oder nutze anderes Karopapier. Du kannst auch kostenlose Softwareprogramme online verwenden (ich habe für alle Diagramme in diesem Buch Stitch Fiddle verwendet).

Beginne mit einfachen Motiven und lass deiner Fantasie dann freien Lauf! Halte Garn und Nadeln bereit, damit du sehen kannst, wie dein Projekt gestrickt aussieht – oft sieht ein einfaches Motiv, das mehrmals wiederholt wird, fantastisch aus!

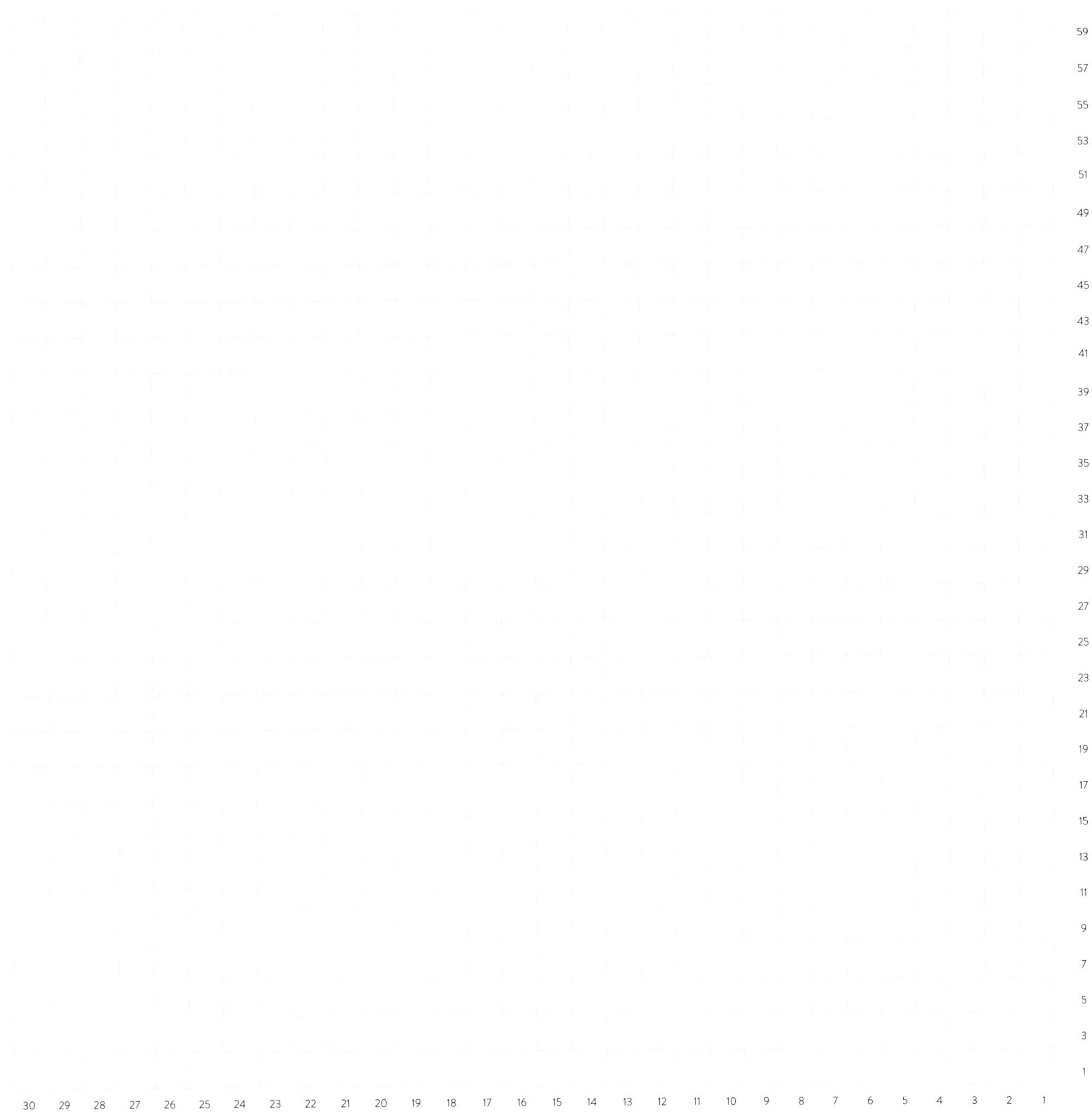

Über die Autorin

Ashleigh Wempe ist Strick-Autodidaktin und unabhängige Strickmuster-Designerin, die gerne mit Farben experimentiert. Sie ist stolze Veteranin der Air Force und arbeitet tagsüber als Verfahrenstechnikerin. Ashley wuchs im Mittleren Westen auf und ist nach 15 Jahren, in denen sie in Lateinamerika, den USA und Korea gelebt hat und gereist ist, in ihre Heimatstadt in Minnesota zurückgekehrt. Dies ist ihr erstes Buch und sie freut sich auf viele weitere! Ashleys Designs wurden in verschiedenen Veröffentlichungen gezeigt und sind auf Ravelry erhältlich. Sie lebt mit ihrem Mann und zwei lebhaften Töchtern, die immer ihr Garn durcheinander bringen und ihre Maschenmarkierer verstecken!

Du findest sie online unter AshleighWempe.com und auf Instagram unter @AshleighWempe oder aber auf Ravelry.

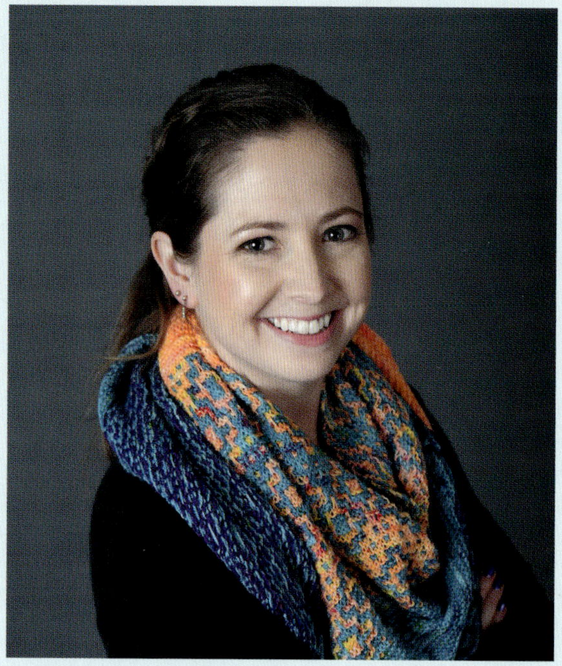

Bezugsquellen

Ich bin Lion Brand sehr dankbar, die mir für die meisten Anleitungen in diesem Buch Garn gesponsort haben. Ich habe Lion Brand speziell gewählt, weil es erschwinglich und für die meisten Stricker*innen leicht zu finden ist – außerdem sind alle Garne in diesem Buch maschinenwaschbar! Ich wollte ein Buch voller Projekte schreiben, die sich gut als Geschenke eignen – und meiner Erfahrung nach ist es fast immer eine gute Idee, maschinenwaschbare Arbeiten zu verschenken statt Arbeiten, die von Hand gewaschen werden müssen.

Lion Brand

Adresse: 135 Kero Road, Carlstadt, NJ, 07072 USA

E-Mail: support@lionbrand.com

Telefon: 1-800-661-7551

Danksagungen

Es braucht viele Menschen, um ein Buch zu schreiben! Dieser Prozess war eine fantastische Erfahrung und nur dank der folgenden Menschen überhaupt möglich.

An meine Redakteurin, Sarah Callard, danke, dass du Vertrauen in mich hattest und immer da warst, um Fragen zu beantworten. Danke an alle anderen Mitarbeiter*innen bei David und Charles, dass sie meinen Vorschlag angenommen und mir geholfen haben, das Buch umzusetzen!

An meine technische Redakteurin, Sam Winkler von Bewildered Panda Knits, vielen Dank, dass du meine Anleitungen sorgfältig durchkämmt hast – du hast wahrlich ein Auge für Details!

Danke an Katrina Moyer, dass du meine Haare und mein Make-up für das Autorinnenfoto gemacht hast – du hast dafür gesorgt, dass ein Mädel, das nie Make-up trägt, sich natürlich und schön gefühlt hat! Und danke an Bre von Page Family Photography, dass du einen schnellen Fotoshoot so einfach und entspannt gemacht hast!

Ein riesengroßes Dankeschön an Lion Brand Yarns für die großzügigen Spenden für den allergrößten Teil der Projekte in diesem Buch.

Danke an meine Eltern, meine Schwestern und meine Großeltern, dass ihr meine allerersten Strickmodelle getragen habt!

Danke an Sophia und Olivia, meine beiden Mädchen, für die endlose Liebe und das frühmorgendliche Kuscheln. Nachdem das Buch nun fertig ist, kann ich endlich all die Stofftiere und Accessoires machen, die ihr euch gewünscht habt!

Und vor allem danke an meinen Mann Ryan, dass du meine erste Testperson und die Stimme der Vernunft warst, immer Kaffee nachgegossen hast, mit den Mädchen in den Park gegangen bist, die nicht strickspezifischen Teile des Buchs lektoriert hast und dieses Buch überhaupt erst möglich gemacht hast! Ohne dich gäbe es dieses Buch nicht! Ich liebe dich!

Stichwortverzeichnis

Impressum

Originalausgabe unter dem Titel *Mosaic knitting workshop*
erschienen bei: David and Charles, einem Imprint von David and Charles, Ltd Suite A, Tourism House, Pynes Hill, Exeter, EX2 5WS

Für die deutsche Ausgabe:
Produktmanagerin: Svenja Wiglinghaus
Übersetzung: Karen Lühning
Lektorat: Brigitte Schnock
Korrektorat: Susen Truffel-Reiff
Satz: satz & repro Grieb, München
Umschlaggestaltung: Regina Degenkolbe
Herstellung: Julia Hegele
Printed in China by Leo Paper Products Ltd.

★★★★★

Sind Sie mit diesem Titel zufrieden? Dann würden wir uns über Ihre Weiterempfehlung freuen. Erzählen Sie es im Freundeskreis, berichten Sie Ihrem Buchhändler oder bewerten Sie bei Onlinekauf. Und wenn Sie Kritik, Korrekturen, Aktualisierungen haben, freuen wir uns über Ihre Nachricht an:
Christian Verlag, Postfach 40 02 09,
D-80702 München oder per E-Mail an
lektorat@verlagshaus.de.

Unser komplettes Programm finden Sie unter

www.christophorus-verlag.de

Die Deutsche Nationalbibliothek verzeichnet diese Publikation in der Deutschen Nationalbibliografie; detaillierte bibliografische Daten sind im Internet über https://www.dnb.de/ abrufbar.

ISBN 978-3-8410-6770-8

MIX
Papier | Fördert gute Waldnutzung
FSC® C020056

Kreativ-Service

Sie haben Fragen zu unseren Büchern und Materialien? Wir beraten Sie gern rund um alle Kreativthemen. Rufen Sie uns einfach an. Wir interessieren uns auch für Ihre eigenen Ideen und Anregungen. Sie erreichen uns per E-Mail kreativ-service@c-verlag.de oder unter der Telefonnummer 0049-89-1306 99 577.

Besuchen Sie uns im Internet: **www.christophorus-verlag.de** & **www.selbstgemacht.de**